智囊图书·建筑书系

全国土木工程类实用创新型规划教材

建筑工程资料编制与管理

JIANZHU GONGCHENG ZILIAO BIANZHI YU GUANLI

主　编　王右军　吴承敏

副主编　黄　健　何美华　王春生

哈爾濱工業大學出版社

HITP

内 容 简 介

本书是土建专业工程资料编制与管理的指导教材，根据相关专业规范和要求对资料的收集整理进行全面讲解，以建筑工程施工单位资料员为主要培养对象。全书分7个模块，分别为建筑工程资料管理的概念、建筑工程资料管理、建筑工程准备阶段资料、监理单位项目管理资料、施工单位项目管理资料、建筑工程竣工验收备案和建筑工程施工资料编制指导。

本书可供建筑工程资料员岗位培训和考核使用，也可作为建筑施工企业管理人员、部门领导及技术负责人日常工作及培训上岗的参考用书，也是质量监督人员、监理工程师以及城建档案管理等资料审阅人员的必备工具书。

图书在版编目(CIP)数据

建筑工程资料编制与管理 / 王右军，吴承敏主编 .—哈尔滨：哈尔滨工业大学出版社，2014.3

ISBN 978-7-5603-4606-9

Ⅰ. ①建… Ⅱ. ①王…②吴… Ⅲ. ①建筑工程－技术档案－档案管理－高等学校－教材 Ⅳ. ①G275.3

中国版本图书馆CIP数据核字（2014）第032656号

责任编辑　苗金英
出版发行　哈尔滨工业大学出版社
社　　址　哈尔滨市南岗区复华四道街10号　邮编150006
传　　真　0451-86414749
网　　址　http：// hitpress.hit.edu.cn
印　　刷　天津市蓟县宏图印务有限公司
开　　本　850mm×1168mm　1/16　印张14.75　字数438千字
版　　次　2014年3月第1版　2014年3月第1次印刷
书　　号　ISBN 978-7-5603-4606-9
定　　价　38.00元

Preface 前言

本书主要用于建筑工程技术专业实践技能训练，是建筑工程技术专业职业岗位实践技能培训教材。“建筑工程资料编制与管理”是建筑工程技术专业的一门实践性课程，通过该门课程的学习使学生了解工程技术资料的概况，掌握工程技术资料填写收集的基本方法，并通过示范的讲解和资料的归档解说，使学生掌握建筑工程技术资料管理的技能，这对培训学生的专业岗位能力，使其迅速成长为具有实际操作能力的施工技术管理人才有重要作用。

本书在编写过程中严格依据《建设工程文件归档整理规范》（GB/T 50328—2001）、《建筑工程资料管理规程》（JGJ/T 185—2009）、《建筑工程质量验收统一标准》（GB 50300 最新报批稿）、《建设工程监理规范》（GB/T 50319—2013）及建筑工程质量专业验收规范等国家现行的有关规范、规程和建设标准。教材中主要阐述了建设项目全过程中各阶段和各参建单位资料编制的内容，系统地介绍了施工阶段施工技术资料的编制内容、要求及方法；特别是在专业实务部分，依据工程实例，按照管理程序，形成前期的资料管理计划的编制、中期资料技术交底的管理、后期资料收集、分组组卷移交的全过程管理模式，力求符合《建筑与市政工程施工现场专业人员职业标准》中有关资料员的职业标准，使学生能够掌握建设工程技术资料管理的基本知识，具有初步编制建筑工程技术资料的能力。

为增强本书的实用性，便于读者加深理解，更好地阐述建筑工程资料的编制过程，编者虚构了一个高层框架剪力墙结构工程项目，用大量的工程资料表格进行了示范性的填写，并对应该如何填写这些表格进行了说明，以方便工程技术资料编制人员查阅使用。

本书可供建筑工程资料员岗位培训和考核使用，也可作为建筑施工企业管理人员、部门领导及技术负责人日常工作及培训上岗的参考用书，也是质量监督人员、监理工程师以及城建档案管理等资料审阅人员的必备工具书。

本书参考借鉴了其他学者的研究成果，在此向他们表示衷心的感谢！特别感谢海口恒智天成软件有限公司林树林经理给予的帮助。

由于编者水平有限，编写时间较匆忙，书中难免存在不妥和疏漏之处，恳切希望读者批评指正。

编　者

目录 Contents

模块 5 施工单位项目管理资料

模块6 建筑工程竣工验收备案

模块7 建筑工程施工资料编制指导

模块 1

建筑工程资料管理的概念

【模块概述】

建筑工程资料管理是建筑工程在建设过程中形成的各种形式的信息记录，包括基建文件、监理资料、施工资料和竣工图等内容。

1.1 建筑工程资料管理的意义

建筑工程资料是建筑工程实施过程中形成的，客观地反映建设项目实施情况的文字、图像记录，是工程竣工验收和竣工核定的必备条件，是城建档案的重要组成部分，也是对工程进行检查、维修、管理、使用、改建的重要依据。《中华人民共和国建筑法》《建设工程质量管理条例》等法律、法规，《建筑工程施工质量验收统一标准》等规范，均把工程资料放在了重要位置。

任何新建、改建、扩建的建筑工程，参与工程建设的建设、勘察、设计、监理和施工等单位均应重视工程资料的管理。在工程实践中，工程资料的验收应与工程竣工验收同步进行，其收集管理必须符合当地对工程资料管理的规定，在工程竣工验收合格后归档时，应符合《建设工程文件归档整理规范》（GB/T 50328—2001）和当地档案管理部门的规定。工程资料不符合要求的，将导致无法进行工程竣工验收。

现实中，未验收的工程如果资料欠缺、遗失或损毁，工程验收则不能正常进行，必须通过有资格的检测单位按有关标准规定进行相应的实体检验或抽样试验，验证工程质量是否符合设计及相关规范要求。已经投入使用的工程，如果没有妥善保存工程资料，则工程的维护、维修、改造将缺少依据，难以进行。

在贯彻执行 ISO 9000 质量管理体系系列标准工作中，资料是其中一项重要内容，是证明管理有效性的重要依据，是评价管理水平的重要见证材料。由于产品结构和制造工艺复杂，必须在产品质量的形成过程中加强管理和实施监督，要求企业在生产过程中建立相应的质量体系，提供能充分证明质量符合要求的客观证据。

由此可以看出工程资料的重要性。为了保证建筑工程的安全和使用功能，必须重视工程资料的真实性、可靠性，因此，我们应当规范工程资料的管理，将工程资料视为工程质量验收的重要依据，将工程资料作为工程质量的重要组成部分。

1.2 建筑工程资料管理的基本概念

1.2.1 建筑工程资料

建筑工程资料是建筑工程在建设过程中形成的各种形式信息记录的统称，主要包括工程准备阶段资料、监理资料、施工资料、竣工图和竣工文件，简称工程资料。

（1）工程准备阶段资料：建筑工程开工前从项目立项申请开始到办完开工手续为止，通常包括立项、审批、征地、拆迁、勘察、设计、招投标等工程准备阶段形成的文件。

（2）监理资料：建筑工程在工程建设监理过程中形成的资料。

（3）施工资料：建筑工程在工程施工过程中形成的资料。

（4）竣工图：建筑工程竣工验收后，反映建筑工程施工结果的图纸。

（5）竣工文件：建筑工程竣工验收、备案和移交等活动中形成的文件。

1.2.2 建筑工程资料管理

工程资料管理是建筑工程资料的填写、编制、审核、审批、收集、整理、组卷、移交及归档等工作的统称。

建筑工程资料的组卷是指按照一定的原则和方法，将有保存价值的工程资料分类整理成案卷的过程，也称立卷。

建筑工程资料的归档是指工程资料整理、组卷并按规定移交相关档案管理部门的工作。

1.2.3 建设工程档案

建设工程档案是在工程建设活动中直接形成的具有保存价值的文字、图标、声像等各种形式的历史记录，这些记录经整理形成工程档案。

建筑工程资料与建设工程档案的区别在于：资料是一个相对性的概念，只要对人们研究解决某一问题有信息支持价值，无论其具体是什么，均可视为资料；档案是保存备查的历史文件，在工作中，总要产生和使用许多文件，由于工作的持续进行和事业发展的客观需要，人们又自然要把日后仍需考查的文件有意识地留存下来，就成了档案；档案没有资料那样的相对性，档案可作为资料使用，资料却不能作为档案看待并使用。

模块 2

建筑工程资料管理

【模块概述】

建筑工程资料管理是将建筑工程形成的各种信息记录按照相应的要求进行收集、分类、归档的过程。

2.1 工程建设各责任主体在建筑工程资料管理中的职责

建设、勘察、设计、施工、监理等工程建设各责任主体在工程建设中均负有全过程的工程资料管理职责。工程建设各责任主体应将工程文件的形成和积累纳入工程建设管理的各个环节和有关人员的职责范围，其职责主要包括：收集、分类组卷、使用保管、归档、移交等。

2.1.1 建设单位应履行的职责

（1）在工程招标及勘察、设计、施工、监理等单位签订协议、合同时，应对工程文件的套数、费用、质量、移交时间等提出明确要求。

（2）收集和整理工程准备阶段、竣工验收阶段形成的文件，并应进行立卷归档。

（3）负责组织、监督和检查勘察、设计、施工、监理等单位的工程文件的形成、积累和立卷归档工作。

（4）收集和汇总勘察、设计、施工、监理等单位立卷归档的工程档案。

（5）在组织工程竣工验收前，应提请当地的城建档案管理机构对工程档案进行预验收；未取得工程档案验收认可文件，不得组织工程竣工验收。

（6）对列入城建档案馆（室）接收范围的工程，工程竣工验收后3个月内，向当地城建档案馆（室）移交一套符合规定的工程档案。

2.1.2 勘察、设计、施工、监理等单位应履行的职责

勘察、设计、施工、监理等单位应分别收集管理好工程建设中形成的主要资料，并确保资料的真实性和完整性，并将本单位形成的工程文件立卷后及时向建设单位移交。

其中，建设工程项目实行施工总承包的，施工总包单位负责收集、汇总各分包施工单位形成的工程档案，并应及时向建设单位移交；各分包施工单位应将本单位形成的工程文件整理、立卷后及时移交施工总包单位。建设工程项目由几个单位施工承包的，各施工承包单位负责收集、整理立卷其承包项目的工程文件，并应及时向建设单位移交。

2.2 城建档案管理机构的管理职责

城建档案管理机构是指负有城建档案管理工作职能的部门。一般为建设行政主管部门设立的城建档案工作管理机构或者配备城建档案管理人员的办公室，业务上受同级档案部门的监督、指导。

城建档案管理机构的管理职责是：对工程文件的立卷归档工作进行监督、检查、指导。在工程竣工验收前，对工程档案进行预验收，验收合格后，须出具工程档案认可文件。

2.3 工程文件的归档范围

工程文件归档范围的基本原则是：工程建设各责任主体对与工程建设有关的重要活动、记载工程建设主要过程和现状、具有保存价值的各种载体的文件，均应收集齐全，整理立卷后归档。

工程文件的具体归档范围应符合表2.1的要求。

表 2.1　建设工程文件归档范围和保管期限表

序号	归档文件	保存单位和保管期限				
		建设单位	施工单位	设计单位	监理单位	城建档案机构
	工程准备阶段文件					
一	立项文件					
1	项目建议书	永久				√
2	项目建议书审批意见及前期工作通知书	永久				√
3	可行性研究报告及附件	永久				√
4	可行性研究报告审批意见	永久				√
5	关于立项有关的会议纪要、领导讲话	永久				√
6	专家建议文件	永久				√
7	调查资料及项目评估研究材料	长期				√
二	建设用地、征地、拆迁文件					
1	选址申请及选址规划意见通知书	永久				√
2	用地申请报告及县级以上人民政府城乡建设用地批准书	永久				√
3	拆迁安置意见、协议、方案等	长期				√
4	建设用地规划许可证及其附件	永久				√
5	划拨建设用地文件	永久				√
6	国有土地使用证	永久				√
三	勘察、测绘、设计文件					
1	工程地质勘察报告	永久		永久		√
2	水文地质勘察报告、自然条件、地震调查	永久		永久		√
3	建设用地钉桩通知单（书）	永久				√
4	地形测量和拨地测量成果报告	永久		永久		√
5	申报的规划设计条件和规划设计条件通知书	永久		长期		√
6	初步设计图纸和说明	长期		长期		
7	技术设计图纸和说明	长期		长期		
8	审定设计方案通知书及审查意见	长期		长期		√
9	有关行政主管部门（人防、环保、消防、交通、园林、市政、文物、通讯、保密、河湖、教育、白蚁防治、卫生等）批准文件或取得的有关协议	永久				√
10	施工图及其说明	长期		长期		
11	设计计算书	长期		长期		
12	政府有关部门对施工图设计文件的审批意见	永久		长期		√

续表 2.1

序号	归档文件	保存单位和保管期限				
		建设单位	施工单位	设计单位	监理单位	城建档案机构
四	招投标文件					
1	勘察设计招投标文件	长期				
2	勘察设计承包合同	长期		长期		√
3	施工招投标文件	长期				
4	施工承包合同	长期	长期			√
5	工程监理招投标文件	长期				
6	监理委托合同	长期		长期		√
五	开工审批文件					
1	建设项目列入年度计划的申报文件	永久				√
2	建设项目列入年度的批复文件或年度计划项目表	永久				√
3	规划审批申报表及报送的文件和图纸	永久				
4	建设工程规划许可证及其附件	永久				√
5	建设工程开工审查表	永久				
6	建设工程施工许可证	永久				√
7	投资许可证、审计证明、缴纳绿化建设费等证明	长期				√
8	工程质量监督手续	长期				√
六	财务文件					
1	工程投资估算材料	短期				
2	工程设计概算材料	短期				
3	施工图预算材料	短期				
4	施工预算	短期				
七	建设、施工、监理机构及负责人					
1	工程项目管理机构（项目经理部）及负责人名单	长期				√
2	工程项目监理机构（项目监理部）及负责人名单	长期			长期	√
3	工程项目施工管理机构（施工项目经理部）及负责人名单	长期	长期			√
	监理文件					
1	监理规划					
（1）	监理规划	长期			短期	√
（2）	监理实施细则	长期			短期	√
（3）	监理部总控制计划等	长期			短期	
2	监理月报中的有关质量问题	长期			长期	√

续表 2.1

序号	归档文件	保存单位和保管期限				
		建设单位	施工单位	设计单位	监理单位	城建档案机构
3	监理会议纪要中的有关质量问题	长期			长期	√
4	进度控制					
（1）	工程开工 / 复工审批表	长期			长期	√
（2）	工程开工 / 复工暂停令	长期			长期	√
5	质量控制					
（1）	不合格项目通知	长期			长期	√
（2）	质量事故报告及处理意见	长期			长期	√
6	造价控制					
（1）	预付款报审与支付	短期				
（2）	月付款报审与支付	短期				
（3）	设计变更、洽商费用报审与签认	长期				
（4）	工程竣工决算审核意见书	长期				√
7	分包资质					
（1）	分包单位资质材料	长期				
（2）	供货单位资质材料	长期				
（3）	试验等单位资质材料	长期				
8	监理通知					
（1）	有关进度控制的监理通知	长期			长期	
（2）	有关质量控制的监理通知	长期			长期	
（3）	有关造价控制的监理通知	长期			长期	
9	合同与其他事项管理					
（1）	工程延期报告及审批	永久			长期	√
（2）	费用索赔报告及审批	长期			长期	
（3）	合同争议、违约报告及处理意见	永久			长期	√
（4）	合同变更材料	长期			长期	√
10	监理工作总结					
（1）	专题总结	长期			短期	
（2）	月报总结	长期			短期	
（3）	工程竣工总结	长期			长期	√
（4）	质量评价意见报告	长期			长期	√

续表 2.1

序号	归档文件	保存单位和保管期限				
		建设单位	施工单位	设计单位	监理单位	城建档案机构
	施工文件					
一	建设安装工程					
（一）	土建（建筑与结构）工程					
1	施工技术准备文件					
（1）	施工组织设计	长期				
（2）	技术交底	长期	长期			
（3）	图纸会审记录	长期	长期	长期		√
（4）	施工预算的编制和审查	短期	短期			
（5）	施工日志	短期	短期			
2	施工现场准备					
（1）	控制网设置资料	长期	长期			√
（2）	工程定位测量资料	长期	长期			√
（3）	基槽开挖线测量资料	长期	长期			√
（4）	施工安全措施	短期	短期			
（5）	施工环保措施	短期	短期			
3	地基处理记录					
（1）	地基钎探记录和钎探平面布点图	永久	长期			√
（2）	验槽记录和地基处理记录	永久	长期			√
（3）	桩基施工记录	永久	长期			√
（4）	试桩记录	长期	长期			√
4	工程图纸变更记录					
（1）	设计会议会审记录	永久	长期	长期		√
（2）	设计变更记录	永久	长期	长期		√
（3）	工程洽商记录	永久	长期	长期		√
5	施工材料预制构件质量证明文件及复试试验报告					
（1）	砂、石、砖、水泥、钢筋、防水材料、隔热保温、防腐材料、轻集料试验汇总表	长期				√
（2）	砂、石、砖、水泥、钢筋、防水材料、隔热保温、防腐材料、轻集料出厂证明文件	长期				√
（3）	砂、石、砖、水泥、钢筋、防水材料、轻集料、焊条、沥青复试试验报告	长期				√
（4）	预制构件（钢筋、混凝土）出厂合格证、试验记录	长期				√
（5）	工程物质选样送审表	短期				
（6）	进场物质批次汇总表	短期				

续表 2.1

序号	归档文件	保存单位和保管期限				
		建设单位	施工单位	设计单位	监理单位	城建档案机构
（7）	工程物质进场报验表					
6	施工试验记录					
（1）	土壤（素土、灰土）干密度试验报告					√
（2）	土壤（素土、灰土）击实试验报告					√
（3）	砂浆配合比通知单					
（4）	砂浆（试块）抗压强度试验报告					√
（5）	混凝土配合比通知单					
（6）	混凝土（试块）抗压强度试验报告					√
（7）	混凝土抗渗试验报告					√
（8）	商品混凝土出厂合格证、复试报告					√
（9）	钢筋接头（焊接）试验报告					√
（10）	防水工程试水检查记录					
（11）	楼地面、屋面坡度检查记录					
（12）	土壤、砂浆、混凝土、钢筋连接、混凝土抗渗试验报告汇总表					√
7	隐蔽工程检查记录					
（1）	基础和主体结构钢筋工程		长期			√
（2）	钢结构工程		长期			√
（3）	防水工程		长期			√
（4）	高程控制		长期			
8	施工记录					
（1）	工程定位测量检查记录		长期			√
（2）	预检工程检查记录					
（3）	冬施混凝土搅拌测温记录					
（4）	冬施混凝土养护测温记录					
（5）	烟道、垃圾道检查记录					
（6）	沉降观测记录					√
（7）	结构吊装记录					
（8）	现场施工预应力记录					√
（9）	工程竣工测量		长期			√
（10）	新型建筑材料		长期			√
（11）	施工新技术		长期			√

续表 2.1

序号	归档文件	保存单位和保管期限				
		建设单位	施工单位	设计单位	监理单位	城建档案机构
9	工程质量事故处理记录	永久				√
10	工程质量检验记录					
(1)	检验批质量验收记录	长期	长期		长期	
(2)	分面工程质量验收记录	长期	长期		长期	
(3)	基础、主体工程验收记录	永久	长期		长期	√
(4)	幕墙工程验收记录	永久	长期		长期	√
(5)	分部（子分部）工程质量验收记录	永久	长期		长期	√
（二）	电气、给排水、消防、采暖、通风、空调、燃气、建筑智能化、电梯工程					
1	一般施工记录					
(1)	施工组织设计	长期	长期			
(2)	技术交底	短期				
(3)	施工日志	短期				
2	图纸变更记录					
(1)	图纸会审	永久	长期			√
(2)	设计变更	永久	长期			√
(3)	工程洽商	永久	长期			√
3	设备、产品质量检查、安装记录					
(1)	设备、产品质量合格证、质量保证书	长期	长期			√
(2)	设备装箱单、商检证明和说明书、开箱报告	长期				
(3)	设备安装记录	长期				√
(4)	设备试运行记录	长期				√
(5)	设备明细表	长期	长期			√
4	预检记录	短期				
5	隐蔽工程检查记录	长期	长期			
6	施工试验记录					
(1)	电气接地电阻、绝缘电阻、综合布线、有线电视末端等测试记录	长期				√
(2)	楼宇自控、监视、安装、视听、电话等系统调试记录	长期				√
(3)	变配电设备安装、检查、通电、满负荷测试记录	长期				√
(4)	给排水、消防、采暖、通风、空调、燃气等管道强度、严密性、灌水、通风、吹洗、漏风、试压、通球、阀门等试验记录	长期				√
(5)	电梯照明、动力、给排水、消防、采暖、通风、空调、燃气等系统调试、试运行记录	长期				√

续表 2.1

序号	归档文件	保存单位和保管期限				
		建设单位	施工单位	设计单位	监理单位	城建档案机构
(6)	电梯接地电阻、绝缘电阻测试记录；空载、半载、满载、超载试运行记录；平衡、运速、噪声调整试验报告	长期				√
7	质量事故处理记录	永久	长期			√
8	工程质量检验记录					
(1)	检验批质量验收记录	长期	长期		长期	
(2)	分项工程质量验收记录	长期	长期		长期	
(3)	分部（子分部）工程质量验收记录	永久	长期		长期	√
(三)	室外工程					
1	室外安装（给水、雨水、污水、热力、燃气、电讯、电力、照明、电视、消防等）施工文件	长期				√
2	室外建筑环境（建筑小品、水景、道路、园林绿化等）施工文件	长期				√
二	市政基础设施工程					
(一)	施工技术准备					
1	施工组织设计	短期	短期			
2	技术交底	长期	长期			
3	图纸会审记录	长期	长期			√
4	施工预算的编制和审查	短期	短期			
(二)	施工现场准备					
1	工程定位测量资料	长期	长期			√
2	工程定位测量复核记录	长期	长期			√
3	导线点、水准点测量复核记录	长期	长期			√
4	工程轴线、定位桩、高程测量复核记录	长期	长期			√
5	施工安全措施	短期	短期			
6	施工环保措施	短期	短期			
(三)	设计变更、洽商记录					
1	设计变更通知单	长期	长期			√
2	洽商记录	长期	长期			√
(四)	原材料、成品、半成品、构配件、设备出厂质量合格证及试验报告					
1	砂、石、砌块、水泥、钢筋（材）、石灰、沥青、涂料、混凝土外加剂、防水材料、黏接材料、防腐保温材料、焊接材料等试验汇总表	长期				√
2	砂、石、砌块、水泥、钢筋（材）、石灰、沥青、涂料、混凝土外加剂、防水材料、黏接材料、防腐保温材料、焊接材料等质量合格证书和出厂检（试）验报告及现场复试报告	长期				√

续表 2.1

序号	归档文件	保存单位和保管期限				
		建设单位	施工单位	设计单位	监理单位	城建档案机构
3	水泥、石灰、粉煤灰混合料；沥青混合料、商品混凝土等试验汇总表	长期				√
4	水泥、石灰、粉煤灰混合料；沥青混合料、商品混凝土等出厂合格证和试验报告、现场复试报告	长期				√
5	混凝土预制构件、管材、管件、钢结构构件等试验汇总表	长期				√
6	混凝土预制构件、管材、管件、钢结构构件等出厂合格证书和相应的施工技术资料	长期				√
7	厂站工程的成套设备、预应力混凝土张拉设备、各类地下管线井室设施、产品等汇总表	长期				√
8	厂站工程的成套设备、预应力混凝土张拉设备、各类地下管线井室设施、产品等出厂合格证书及安装使用说明	长期				√
9	设备开箱报告	短期				
（五）	施工试验记录					
1	砂浆、混凝土试块强度、钢筋（材）焊连接、填土、路基强度试验等汇总表	长期				
2	道路压实度、强度试验记录					
（1）	回填土、路床压实试验及土质的最大干密度和最佳含水量试验报告	长期				√
（2）	石灰类、水泥类、二灰类无机混合料基层的标准击实试验报告	长期				√
（3）	道路基层混合料强度试验记录	长期				√
（4）	道路面层压实度试验记录	长期				√
3	混凝土试块强度试验记录					
（1）	混凝土配合比通知单	短期				
（2）	混凝土试块强度试验报告	长期				√
（3）	混凝土试块抗渗、抗冻试验报告	长期				√
（4）	混凝土试块强度统计、评定记录	长期				√
4	砂浆试块强度试验记录					
（1）	砂浆配合比通知单	短期				
（2）	砂浆试块强度试验报告	长期				√
（3）	砂浆试块强度统计、评定记录	长期				√
5	钢筋（材）焊、连接试验报告	长期				√
6	钢管、钢结构安装及焊缝处理外观质量检查记录	长期				
7	桩基础试（检）验报告	长期				√
8	工程物质选样送审记录	短期				
9	进场物质批次汇总记录	短期				
10	工程物质进场报验记录	短期				

续表 2.1

序号	归档文件	保存单位和保管期限				
		建设单位	施工单位	设计单位	监理单位	城建档案机构
（六）	施工记录					
1	地基与基槽验收记录					
（1）	地基钎探记录及钎探位置图	长期	长期			√
（2）	地基与基槽验收记录	长期	长期			√
（3）	地基处理记录及示意图	长期	长期			√
2	桩基施工记录					
（1）	桩基位置平面示意图	长期	长期			√
（2）	打桩记录	长期	长期			√
（3）	钻孔桩钻进记录及成孔质量检查记录	长期	长期			√
（4）	钻孔（挖孔）桩混凝土浇灌记录	长期	长期			√
3	构件设备安装和调试记录					
（1）	钢筋混凝土大型预制构件、钢结构等吊装记录	长期	长期			
（2）	厂（场）、站工程大型设备安装调试记录	长期	长期			√
4	预应力张拉记录					
（1）	预应力张拉记录表	长期				√
（2）	预应力张拉孔道压浆记录	长期				√
（3）	孔位示意图	长期				√
5	沉井工程下沉观测记录	长期				√
6	混凝土浇灌记录	长期				
7	管道、箱涵等工程项目推进记录	长期				√
8	构筑物沉降观测记录	长期				√
9	施工测温记录	长期				
10	预制安装水池壁板缠绕钢丝应力测定记录	长期				√
（七）	预检记录					
1	模板预检记录	短期				
2	大型构件和设备安装前预检记录	短期				
3	设备安装位置检查记录	短期				
4	管道安装检查记录	短期				
5	补偿器冷拉及安装情况记录	短期				
6	支（吊）架位置、各部位连接方式等检查记录	短期				
7	供水、供热、供气管道吹（冲）洗记录	短期				

续表 2.1

序号	归档文件	保存单位和保管期限				
		建设单位	施工单位	设计单位	监理单位	城建档案机构
8	保温、防腐、油漆等施工检查记录	短期				
（八）	隐蔽工程检查（验收）记录	长期	长期			√
（九）	工程质量检查评定记录					
1	工序工程质量评定记录	长期	长期			
2	部位工程质量评定记录	长期	长期			
3	分部工程质量评定记录	长期	长期			√
（十）	功能性试验记录					
1	道路工程的弯沉试验记录	长期				√
2	桥梁工程的动、静载试验记录	长期				√
3	无压力管道的严密性试验记录	长期				√
4	压力管道的强度试验、严密性试验、通球试验等记录	长期				√
5	水池满水试验	长期				√
6	消化池气密性试验	长期				√
7	电气绝缘电阻、接地电阻测试记录	长期				√
8	电气照明、动力试运行记录	长期				√
9	供热管网、燃气管网等管网试运行记录	长期				√
10	燃气储罐总体试验记录	长期				√
11	电讯、宽带网等试运行记录	长期				√
（十一）	质量事故及处理记录					
1	工程质量事故报告	永久	长期			√
2	工程质量事故处理记录	永久	长期			√
（十二）	竣工测量资料					
1	建筑物、构筑物竣工测量记录及测量示意图	永久	长期			√
2	地下管线工程竣工测量记录	永久	长期			√
竣工图						
一	建筑安装工程竣工图					
（一）	综合竣工图					
1	综合图					
（1）	总平面布置图（包括建筑、建筑小品、水景、照明、道路、绿化等）	永久	长期			√
（2）	竖向布置图	永久	长期			√
（3）	室外给水、排水、热力、燃气等管网综合图	永久	长期			√

续表 2.1

序号	归档文件	保存单位和保管期限				
		建设单位	施工单位	设计单位	监理单位	城建档案机构
（4）	电气（包括电力、电讯、电视系统等）综合图	永久	长期			√
（5）	设计总说明书	永久	长期			√
2	室外专业图					
（1）	室外给水	永久	长期			√
（2）	室外雨水	永久	长期			√
（3）	室外污水	永久	长期			√
（4）	室外热力	永久	长期			√
（5）	室外燃气	永久	长期			√
（6）	室外电讯	永久	长期			√
（7）	室外电力	永久	长期			√
（8）	室外电视	永久	长期			√
（9）	室外建筑小品	永久	长期			√
（10）	室外消防	永久	长期			√
（11）	室外照明	永久	长期			√
（12）	室外水景	永久	长期			√
（13）	室外道路	永久	长期			√
（14）	室外绿化	永久	长期			√
（二）	专业竣工图					
1	建筑竣工图	永久	长期			√
2	结构竣工图	永久	长期			√
3	装修（装饰）工程竣工图	永久	长期			√
4	电气工程（智能化工程）竣工图	永久	长期			√
5	给排水工程（消防工程）竣工图	永久	长期			√
6	采暖通风空调工程竣工图	永久	长期			√
7	燃气工程竣工图	永久	长期			√
二	市政基础设施工程竣工图					
1	道路工程	永久	长期			√
2	桥梁工程	永久	长期			√
3	广场工程	永久	长期			√
4	隧道工程	永久	长期			√
5	铁路、公路、航空、水运等交通工程	永久	长期			√
6	地下铁道等轨道交通工程	永久	长期			√

续表 2.1

序号	归档文件	保存单位和保管期限				
		建设单位	施工单位	设计单位	监理单位	城建档案机构
7	地下人防工程	永久	长期			√
8	水利防灾工程	永久	长期			√
9	排水工程	永久	长期			√
10	供水、供热、供气、电力、电讯等地下管线工程	永久	长期			√
11	高压架空输电线工程	永久	长期			√
12	污水处理、垃圾处理处置工程	永久	长期			√
13	场、厂、站工程	永久	长期			√
竣工验收文件						
一	工程竣工总结					
1	工程概况表	永久				√
2	工程竣工总结	永久				√
二	竣工验收记录					
（一）	建筑安装工程					
1	单位（子单位）工程质量验收记录	永久	长期			√
2	竣工验收证明书	永久	长期			√
3	竣工验收报告	永久	长期			√
4	竣工验收备案表（包括各专项验收认可文件）	永久				√
5	工程质量保修书	永久	长期			√
（二）	市政基础设施工程					
1	单位工程质量评定表及报验单	永久	长期			√
2	竣工验收证明书	永久	长期			√
3	竣工验收报告	永久	长期			√
4	竣工验收备案表（包括各专项验收认可文件）	永久	长期			√
5	工程质量保修书	永久	长期			√
三	财务文件					
1	决算文件	永久				√
2	交付使用财产总表和财产明细表	永久	长期			√
四	声像、缩微、电子档案					
1	声像档案					
（1）	工程照片	永久				√
（2）	录音、录像材料	永久				√

续表 2.1

序号	归档文件	保存单位和保管期限				
		建设单位	施工单位	设计单位	监理单位	城建档案机构
2	缩微品	永久				√
3	电子档案					
（1）	光盘	永久				√
（2）	磁盘	永久				√

注：1. 保管期限分为永久、长期、短期三种
（1）永久是指工程档案需永久保存
（2）长期是指工程档案的保存期限等于该工程的使用寿命
（3）短期是指工程档案保存 20 年以下
2. 同一案卷内有不同保管期限的文件，该案卷保管期限应从长

2.4 工程文件的质量要求

（1）归档的工程文件应为原件。

（2）工程文件的内容及其深度必须符合国家有关工程勘察、设计、施工、监理等方面的技术规范、标准和规程要求：

① 监理文件按《建设工程监理规范》（GB/T 50319—2013）编制。

② 建筑安装工程施工技术文件及其竣工验收文件按各省有关规定编制。

③ 市政工程施工技术文件及其竣工验收文件应按照原建设部印发的《市政工程施工技术资料管理规定》（城建 [1994]469 号）和各省有关规定编制。

（3）工程文件应采用耐久性强的书写材料，如碳素墨水、蓝黑墨水，不得使用易褪色的书写材料，如：红色墨水、纯蓝墨水、圆珠笔、复写纸、铅笔等。

（4）工程文件应字迹清楚，图样清晰，图表整洁，签字盖章手续完备。

（5）工程文件中文字材料幅面尺寸规格宜为 A4 幅面（297 mm×210 mm）。图纸宜采用国家标准图幅。

（6）工程文件的纸张应采用能够长期保存的韧力大、耐久性强的纸张。图纸一般采用蓝晒图，竣工图应是新蓝图。计算机出图必须清晰，不得使用计算机出图的复印件。

（7）所有竣工图均应加盖竣工图章，并符合以下要求：

① 竣工图章的基本内容应包括：“竣工图”字样、施工单位、编制人、审核人、技术负责人、编制日期、监理单位、现场监理、总监。

② 竣工图章示例如图 2.1 所示。

③ 竣工图章尺寸应为：50 mm×80 mm。

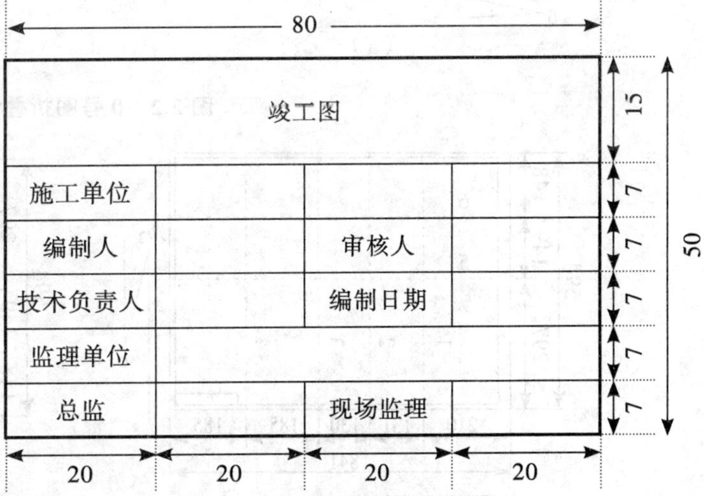

图 2.1 竣工图章示例图

④ 竣工图章应使用不易褪色的红印泥，应盖在图标栏上方空白处。

（8）竣工图的编制

① 竣工图的编制应按国家建委 1982 年 [建发施字 50 号]《关于编制基本建设竣工图的几项暂行规定》执行。

② 地下管线工程竣工图的编制，应按 1995 年中华人民共和国行业标准《城市地下管线探测技术规程》（CJJ 61）中的有关规定执行。

③ 凡按图施工没有变动的，则由施工单位，在原施工图上加盖“竣工图”标志后，即作为竣工图，但原施工图必须是经施工图设计文件审查机构审查合格并加盖图纸审查章的图纸（以下同）。

④ 凡在施工中，虽有一般性设计变更，但能将原施工图加以修改补充作为竣工图的，可不重新绘制，由施工单位负责在原施工图上注明修改的部分和修改依据，并附以设计变更通知单和施工说明，加盖“竣工图”标志后，即作为竣工图。

⑤ 凡实际工程中与原施工图对比，发生结构形式改变、工艺改变、平面布置等重大改变的，设计单位应重新绘制竣工图。在实际施工中，当施工图发生重大修改时，建设单位应当将修改后的施工图报原施工图设计文件审查机构审查合格后，交由监理单位、施工单位实施，并在竣工后加盖“竣工图”归档。

⑥ 不同幅面的竣工图应按《技术制图复制图的折叠方法》（GB/T 10609.3—2009）统一折叠成 A4 幅面（297 mm×210 mm），图标栏露在外面，0 号、1 号、2 号、3 号图折叠方法如图 2.2、图 2.3、图 2.4、图 2.5 所示。

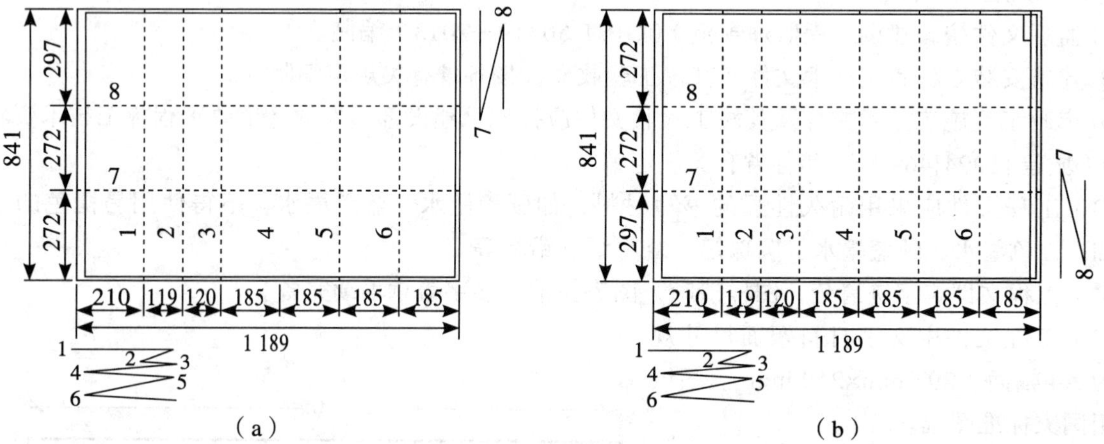

图 2.2　0 号图折叠示意

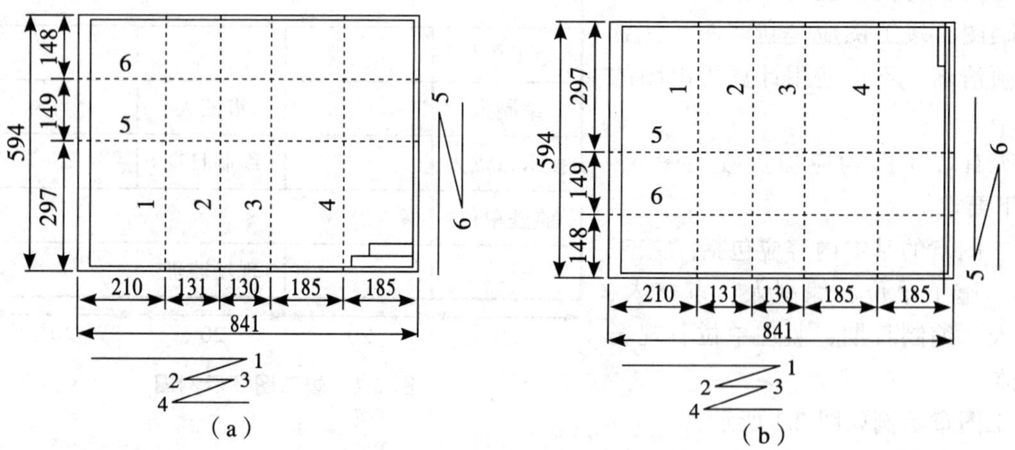

图 2.3　1 号图折叠示意

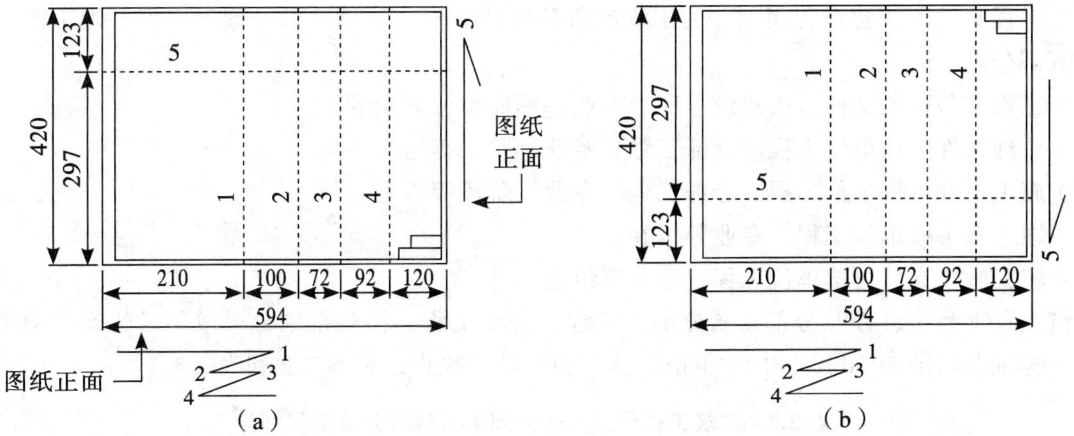

图 2.4　2 号图折叠示意

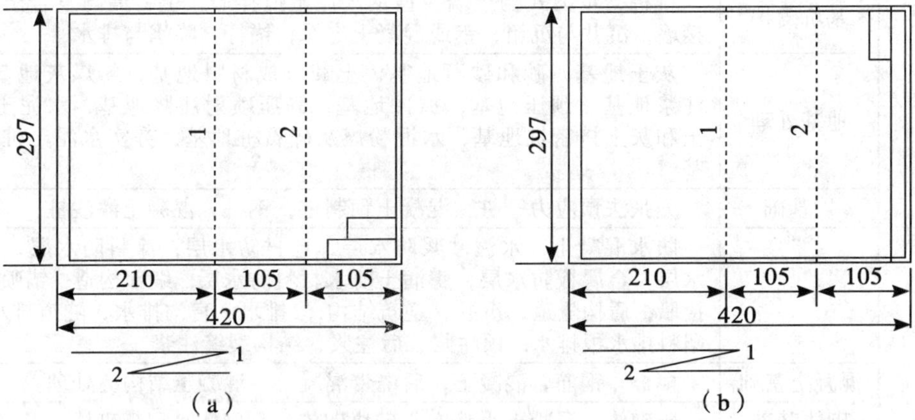

图 2.5　3 号图折叠示意

2.5　工程文件的立卷

2.5.1　立卷的原则

立卷的基本原则：立卷应遵循工程文件的自然形成规律，保持卷内文件的有机联系，便于档案的保管和利用。

（1）一般一个建设工程项目由多个单位工程组成时，工程文件应按单位工程组卷。但如一个项目由许多特别小的单位工程组成时，也可以将这些小的单位工程作为一个大的单位工程对待。

例如：一个项目有 100 栋别墅，这些别墅每栋面积只有 200~300 m^2，如果按照每栋别墅为一个单位工程来组卷是不现实的，此时可以将 100 栋别墅作为一个单位工程来组卷。

（2）一个单位工程总承包单位、多个分包施工单位施工时，应按照总包单位、分包单位分别组卷。

例如：一个项目的总承包单位将桩基子分部工程、钢结构子分部工程、铝合金门窗子分部工程分别分包给三个施工单位，那么这三个子分部工程应该分别组卷。

（3）一个项目有多个监理单位监理时，工程文件应按监理单位组卷。

2.5.2 立卷的方法

（1）工程文件可按建设程序划分为工程准备阶段的文件、监理文件、施工文件、竣工图、竣工验收文件五部分。

（2）工程准备阶段文件可按建设程序、专业、形成单位等组卷。

（3）监理文件可按单位工程、分部工程、专业、阶段等组卷。

（4）施工文件可按单位工程、分部工程、专业、阶段等组卷。

（5）竣工图可按单位工程、专业等组卷。

（6）竣工验收文件可按单位工程、专业等组卷。

建筑工程项目中，涉及分部（子分部）工程、分项工程、检验批划分可按照《建筑工程施工质量验收统一标准》（GB 50300）（2013 年报批稿）相关规定执行，见表 2.2 和表 2.3。

表 2.2 建筑工程分部（子分部）工程、分项工程划分

序号	分部工程	子分部工程	分项工程
1	地基与基础	土方工程	土方开挖，土方回填，场地平整
		基坑支护	排桩，重力式挡土墙，型钢水泥土搅拌墙，土钉墙与复合土钉墙，地下连接墙，沉井与沉箱，钢或混凝土支撑，锚杆，降水与排水
		地基处理	灰土地基，砂和砂石地基，土载合成材料地基，粉煤灰地基，强夯地基，注浆地基，预压地基，振冲地基，高压喷射注浆地基，水泥土搅拌桩地基，土和灰土挤密桩地基，水泥粉煤灰碎石桩地基，夯实水泥土桩地基，砂桩地基
		桩基础	先张法预应力管桩，混凝土预制桩，钢桩，混凝土灌注桩
		地下防水	防水混凝土，水泥砂浆防水层，卷材防水层，涂料防水层，塑料防水板防水层，金属板防水层，膨润土防水材料防水层；细部构造；锚喷支护，地下连接墙，盾构隧道，沉井，逆筑结构;渗排水、盲沟排水，隧道排水，坑道排水，塑料排水板排水；预注浆、后注浆，结构裂缝注浆
		混凝土基础	模板、钢筋、混凝土，后浇带混凝土，混凝土结构缝处理
		砌体基础	砖砌体，混凝土小型空心砌块砌体，石砌体，配筋砌体
		型钢、钢管混凝土基础	型钢、钢管焊接与螺栓连接，型钢、钢管与钢筋连接，浇筑混凝土
		钢结构基础	钢结构制作，钢结构安装，钢结构涂装
2	主体结构	混凝土结构	模板，钢筋，混凝土，预应力、现浇结构，装配式结构
		砌体结构	砖砌体，混凝土小型空心砌块砌体，石砌体，配筋砌体，填充墙砌体
		钢结构	钢结构焊接，紧固件连接，钢零部件加工，钢构件组装及预拼装，单层钢结构安装，多层及高层钢结构安装，空间格构钢结构制作，空间格构钢结构安装，压型金属板，防腐涂料涂装，防火涂料涂装，开沟安装、雨棚安装
		型钢、钢管混凝土结构	型钢、钢管现场拼装，柱脚锚固，构件安装，焊接、螺栓连接，钢筋骨架安装，型钢、钢管与钢筋连接，浇筑混凝土
		轻钢结构	钢结构制作，钢结构安装，墙面压型板，屋面压型板
		索膜结构	膜支撑构件制作，膜支撑构件安装，索安装，膜单元及附件制作，膜单元及附件安装
		铝合金结构	铝合金焊接，紧固件连接，铝合金零部件加工，铝合金构件组装，铝合金构件预拼装，单层及多层铝合金结构安装，空间格构铝合金结构安装，铝合金压型板，防腐处理，防火隔热
		木结构	方木和原木结构，胶合木结构，轻型木结构，木结构防护

续表 2.2

序号	分部工程	子分部工程	分项工程
3	建筑装饰装修	地面	基层，整体面层，板块面层，地毯面层，地面防水，垫层及找平层
		抹灰	一般抹灰，保温墙体抹灰，装饰抹灰，清水砌体勾缝
		门窗	木门窗安装，金属门窗安装，塑料门窗安装，特种门安装，门窗玻璃安装
		吊顶	整体面层吊顶，板块面层吊顶，格栅吊顶
		轻质隔墙	板材隔墙，骨架隔墙，活动隔墙，玻璃隔墙
		饰面板	石材安装，瓷板安装，木板安装，金属板安装，塑料板安装，玻璃板安装
		饰面砖	外墙饰面砖粘贴，内墙饰面砖粘贴
		涂饰	水性涂料涂饰，溶剂型涂料涂饰，美术涂饰
		裱糊与软包	裱糊、软包
		外墙防水	砂浆防水层，涂膜防水层，防水透气膜防水层
		细部	橱柜制作与安装，窗帘盒和窗台板制作与安装，门窗套制作与安装，护栏和扶手制作与安装，花饰制作与安装
		金属幕墙	构件与组件加工制作，构架安装，金属幕墙安装
		石材与陶板幕墙	构件与组件加工制作，构架安装，石材与陶板幕墙安装
		玻璃幕墙	构件与组件加工制作，构架安装，玻璃幕墙安装
4	屋面工程	基层与保护	找平层，找坡层，隔气层，隔离层，保护层
		保温与隔热	板状材料保温层，纤维材料保温层，喷涂硬泡聚氨酯保温层，现浇泡沫混凝土保温层，种植隔热层，架空隔热层，蓄水隔热层
		防水与密封	卷材防水层，涂膜防水层，复合防水层，接缝密封防水
		瓦面与板面	烧结瓦和混凝土瓦铺装，沥青瓦铺装，金属板铺装，玻璃采光顶铺装
		细部构造	檐口，檐沟和天沟，女儿墙和山墙，水落口，变形缝，伸出屋面管道，屋面出入口，反水过水孔，设施基座，屋脊，屋顶窗
5	建筑给水排水及供暖	室内给水系统	给水管道及配件安装，给水设备安装，室内消火栓系统安装，消防喷淋系统安装，管道防腐，绝热
		室内排水系统	排水管道及配件安装，雨水管道及配件安装，防腐
		室内热水供应系统	管道及配件安装，辅助设备安装，防腐，绝热
		卫生器具安装	卫生器具安装，卫生器具给水配件安装，卫生器具排水管道安装
		室内供暖系统	管道及配件安装，辅助设备及散热器安装，金属辐射板安装，低温热水法板辐射供暖系统安装，系统水压试验及调试，防腐，绝热
		室外给水管网	给水管道安装，消防水泵接合器及室外消火栓安装，管沟及井室
		室外排水管网	排水管道安装，排水管沟与井池

续表 2.2

序号	分部工程	子分部工程	分项工程
5	建筑给水排水及供暖	室外供热管网	管道及配件安装，系统水压试验及调试、防腐、绝热
		建筑中水系统及游泳池系统	建筑中水系统管道及辅助设备安装，游泳池水系统安装
		供热锅炉及辅助设备安装	锅炉安装，辅助设备明亮管道安装，安全附件安装，烘炉、煮炉和试行，换热站安装，防腐，绝热
		太阳能热水系统	预埋件及后置锚栓安装和封堵，基座、支架、集热器安装，接地装置安装，电线、电缆敷设，辅助设备及管道安装，防腐，绝热
6	通风与空调	送排风系统	风管与配件制作，部件制作，风管系统安装，空气处理设备安装，消声设备制作与安装，风管与设备防腐，风机安装，系统调试
		防排烟系统	风管与配件制作，部件制作，风管系统安装，防排烟风口、常闭正压风口与设备安装，风管与设备防腐，风机安装，系统调试
		除尘系统	风管与配件制作，部件制作，风管系统安装，除尘器与排污设备安装，风管与设备防腐，风机安装，系统调试
		空调风系统	风管与配件制作，部件制作，风管系统安装，空气处理设备安装，消声设备制作与安装，风管与设备防腐，风机安装，风管与设备绝热，系统调试
		空气能量回收系统	空气能量热回收装置安装，新风导入管道安装，排风管道安装，空气过滤系统的安装，空气能量回收装置系统运行试验及调试
		净化空调系统	空气质量控制系统，风管与配件制作，部件制作，风管系统安装，空气处理设备安装，消声设备制作与安装，风管与设备防腐，风机安装，风管与设备绝热，高效过滤器安装，系统调试
		制冷设备系统	制冷机组安装，制冷剂管道及配件安装，制冷附属设备安装，管道及设备的防腐与绝热，系统调试
		空调水系统	管道冷热（煤）水系统安装，冷却水系统安装，冷凝水系统安装，阀门及部件安装，冷却塔安装，水泵及附属设备安装，管道与设备的防腐与绝热，系统调试
		地源热泵系统	地埋管换热系统，地下水换热系统，地表水换热系统，建筑物内系统，整体运转、调试
7	建筑电气	室外电气	架空线路及杆上电气设备安装，变压器、箱式变电所安装，成套配电柜、控制柜（屏、台）和动力、照明配电箱（盘）及控制柜安装，电线、电缆导管和线槽敷设，电线、电缆穿管和线槽敷设，电缆头制作、导线连接和线路电气试验，建筑物外部装饰灯具、航空障碍标志灯安装，庭院路灯安装，建筑照明通电试运行，接地装置安装
		变配电室	变压器、箱式变电所安装，成套配电柜、控制柜（屏、台）和动力、照明配电箱（盘）安装，裸母线、封闭母线、插接式母线安装，电缆沟内和电缆竖井内电缆敷设，电缆头制作、导线连接和线路电气试验，接地装置安装，避雷引下线和变配电室接地干线敷设
		供电干线	裸母线、封闭母线、插接式母线安装，桥架安装和桥架内电缆敷设，电缆沟内和电缆竖井内电缆敷设，电线、电缆导管和线槽敷设，电线、电缆穿管和线槽敷线，电缆头制作、导线连接和线路电气试验
		电气动力	成套配电柜、控制柜（屏、台）和动力、照明配电箱（盘）及控制柜安装，低压电动机、电加热器及电动执行机构检查、接线，低压电气动力设备检测、试验和空载试运行，桥架安装和桥架内电缆敷设，电缆头制作、导线连接和线路电气试验，插座、开关、风扇安装
		电气照明安装	成套配电柜、控制柜（屏、台）和动力、照明配电箱（盘）安装，电线、电缆导管和线槽敷设，电线、电缆导管和线槽敷线，槽板配线，钢索配线，电缆头制作、导线连接和线路电气试验，普通灯具安装，专用灯具安装，插座、开关、风扇安装，建筑照明通电试运行

续表 2.2

序号	分部工程	子分部工程	分项工程
7	建筑电气	备用和不间断电源安装	成套配电柜、控制柜（屏、台）和动力、照明配电箱（盘）安装，柴油发电机组安装，不间断电源的其他功能单元安装，裸母线、封闭母线、插接式母线安装，电线、电缆导管和线槽敷设，电线、电缆导管和线槽敷线，电缆头制作、导线连接和线路电气试验，接地装置安装
		防雷及接地安装	接地装置安装，避雷引下线和变配电室接地干线敷设，建筑物等电位连接，接闪器安装
8	建筑智能化	通信网络系统	通信系统，卫星及有线电视系统，公共广播系统，视频会议系统
		计算机网络系统	信息平台及办公自动化应用软件，网络安全系统
		建筑设备监控系统	空调与通风系统，空气能量回收系统，室内空气质量控制系统，变配电系统，照明系统，给排水系统，热源和热交换系统，冷冻和冷却系统，电梯和自动扶梯系统，中央管理工作站与操作分站，子系统通信接口
		火灾报警及消防联动系统	火灾和可燃气体探测系统，火灾报警控制系统，消防联动系统
		会议系统与信息导航系统	会议系统、信息导航系统
		专业应用系统	专业应用系统
		安全防范系统	电视监控系统，入侵报警系统，巡更系统，出入口控制（门禁）系统，停车管理系统，智能卡应用系统
		综合布线系统	缆线敷设和终接，机柜、机架、配线架的安装，信息插座和光缆芯线终端的安装
		智能化集成系统	集成系统网络，实时数据库，信息安全，功能接口
		电源与接地	智能建筑电源，防雷及接地
		计算机机房工程	路由交换系统，服务器系统，空间环境，室内外空气能量交换系统，室内空调环境，视觉照明环境，电磁环境
		住宅（小区）智能化系统	火灾自动报警及消防联动系统，安全防范系统（含电视监控系统、入侵报警系统、巡更系统、门禁系统、楼宇对讲系统、住户对讲呼救系统、停车管理系统），物业管理系统（多表现场计量及与运程传输系统、建筑设备监控系统、公共广播系统、小区网络及信息服务系统、物业办公自动化系统），智能家庭信息平台
9	建筑节能	围护系统节能	墙体节能、幕墙节能、门窗节能、屋面节能、地面节能
		供暖空调设备及管网节能	供暖节能、通风与空调设备节能，空调与供暖系统冷热源节能，空调与供暖系统管网节能
		电气动力节能	配电节能、照明节能
		监控系统节能	监测系统节能、控制系统节能
		可再生能源	太阳能系统、地源热泵系统

续表 2.2

序号	分部工程	子分部工程	分项工程
10	电梯	电力驱动的曳引式或强制式电梯安装	设备进场验收，土建交接检验，驱动主机，导轨，门系统，轿厢，对重，安全部件，悬挂装置，随行电缆，补偿装置，电气装置，整机安装验收
		液压电梯安装	设备进场验收，土建交接检验，液压系统，导轨，门系统，轿厢，对重，安全部件，悬挂装置，随行电缆，电气装置，整机安装验收
		自动扶梯、自动人行道安装	设备进场验收，土建交接检验，整机安装验收

表 2.3　建筑工程分部（子分部）工程、分项工程划分

单位工程	子单位工程	分部工程
室外设施	道路	路基、基层、面层、广场与停车场、人行道、人行地道、挡土墙、附属构筑物
	边坡	土石方，挡土墙，支护
附属建筑及室外环境	附属建筑	车棚，围墙，大门，挡土墙
	室外环境	建筑小品，亭台，水景，边廊，花坛，场坪绿化，景观桥
室外安装	给水排水	室外给水系统，室外排水系统
	供热	室外供热系统
	供冷	供冷管道安装
	电气	室外供电系统，室外照明系统

2.5.3 立卷宜遵循要求

（1）案卷不宜过厚，一般不超过 40 mm。

（2）案卷内不应有重份文件；不同载体的文件一般应分别组卷。

2.5.4 卷内文件的排列

（1）文字材料按事项、专业顺序排列。同一事项的请示与批复、同一文件的印本与定稿、主体与附件不能分开，并按批复在前、请示在后，印本在前、定稿在后，主体在前、附件在后的顺序排列。

（2）图纸按专业排列，同专业图纸按图号顺序排列。

（3）既有文字材料又有图纸的案卷，文字材料排前，图纸排后。

2.5.5 案卷的编目

（1）编制卷内文件页号应符合下列规定：

① 卷内文件均按有书写内容的页面编号。每卷单独编号，页号从“1”开始。

② 页号编写位置：单面书写的文件在右下角；双面书写的文件，正面在右下角，背面在左下角。折叠后的图纸一律标在右下角。

③ 成套图纸或印刷成册的科技文件材料，自成一卷的，原目录可代替卷内目录，不必重新编写页码。

④ 案卷封面、卷内目录、卷内备考表不编写页号。

（2）卷内目录的编制应符合下列规定：

① 卷内目录式样应按照图 2.6 要求编制。

② 序号：以一份文件为单位，用阿拉伯数字从 1 依次标注。

③ 责任者：填写文件的直接形成单位和个人。有多个责任者时，选择两个主要责任者，其余用“等”代替。

④ 文件编号：填写工程文件原有的文号或图号。

⑤ 文件题名：填写文件标题的全称。

⑥ 日期：填写文件形成的日期。

⑦ 页次：填写文件在卷内文件首页之前。

⑧ 卷内目录排列在卷内文件首面之前。

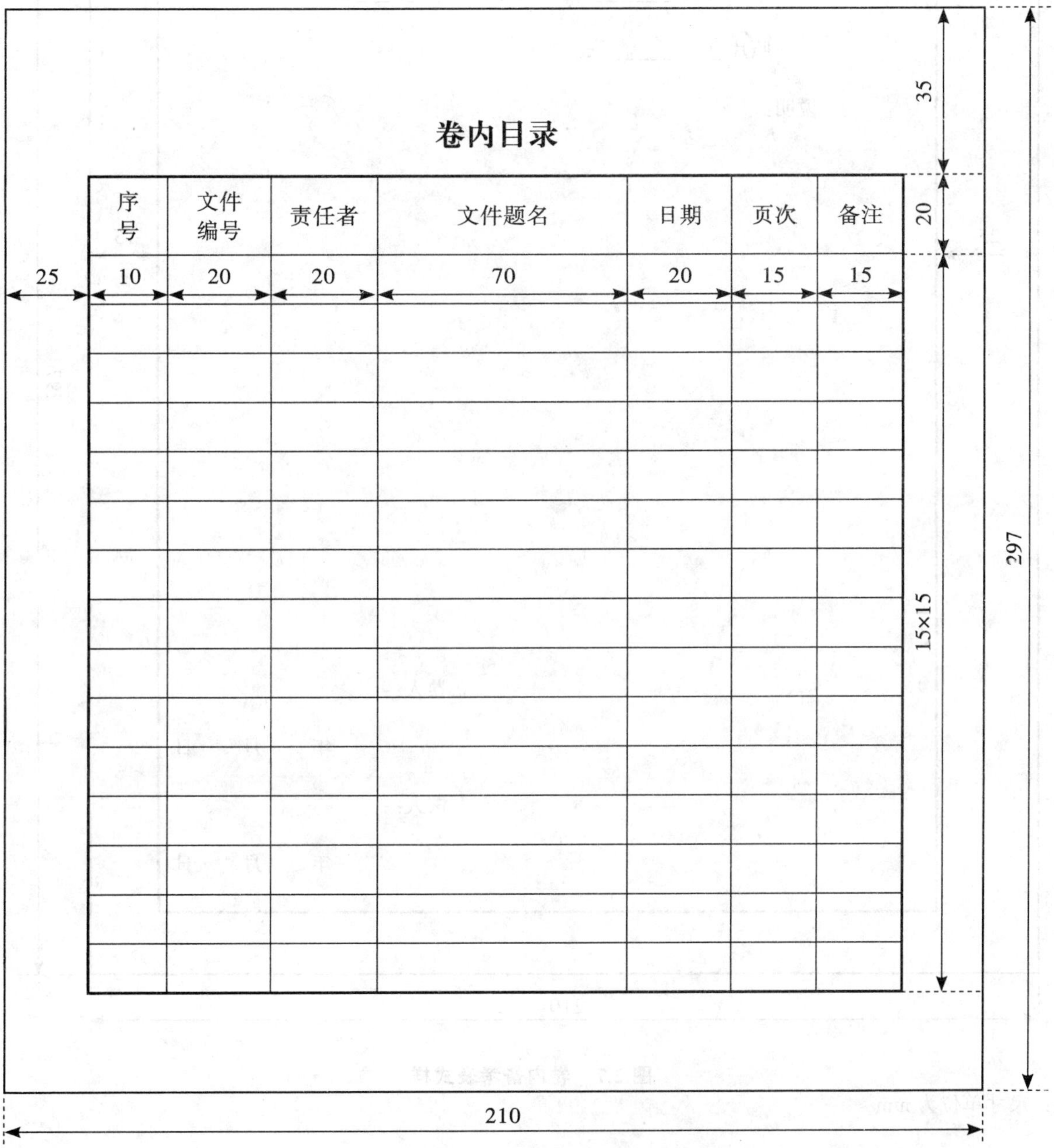

图 2.6　卷内目录式样

注：尺寸单位为 mm

2.5.6 卷内备考表的编制规定

（1）卷内备考表的式样应符合图 2.7 的要求。

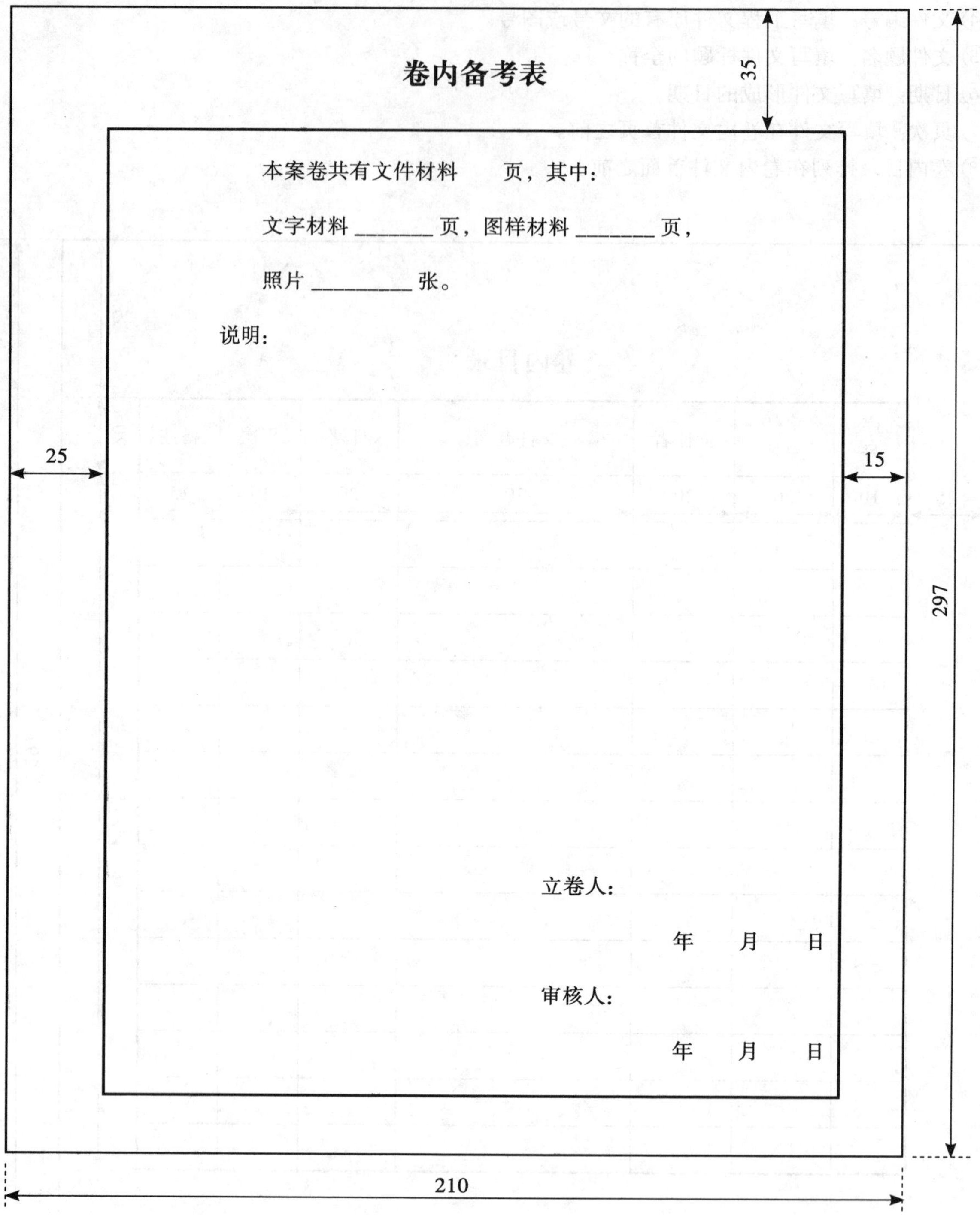

图 2.7　卷内备考表式样

注：尺寸单位为 mm

（2）卷内备考表主要标明卷内文件的总页数、各类文件页数（照片张数），以及立卷单位对案卷情况的说明。

（3）卷内备考表排列在卷内文件的尾页之后。

2.5.7 案卷封面的编制规定

（1）案卷封面印刷在卷盒、卷夹的正表面，也可采用内封面形式。案卷封面的式样宜符合图 2.8 的要求。

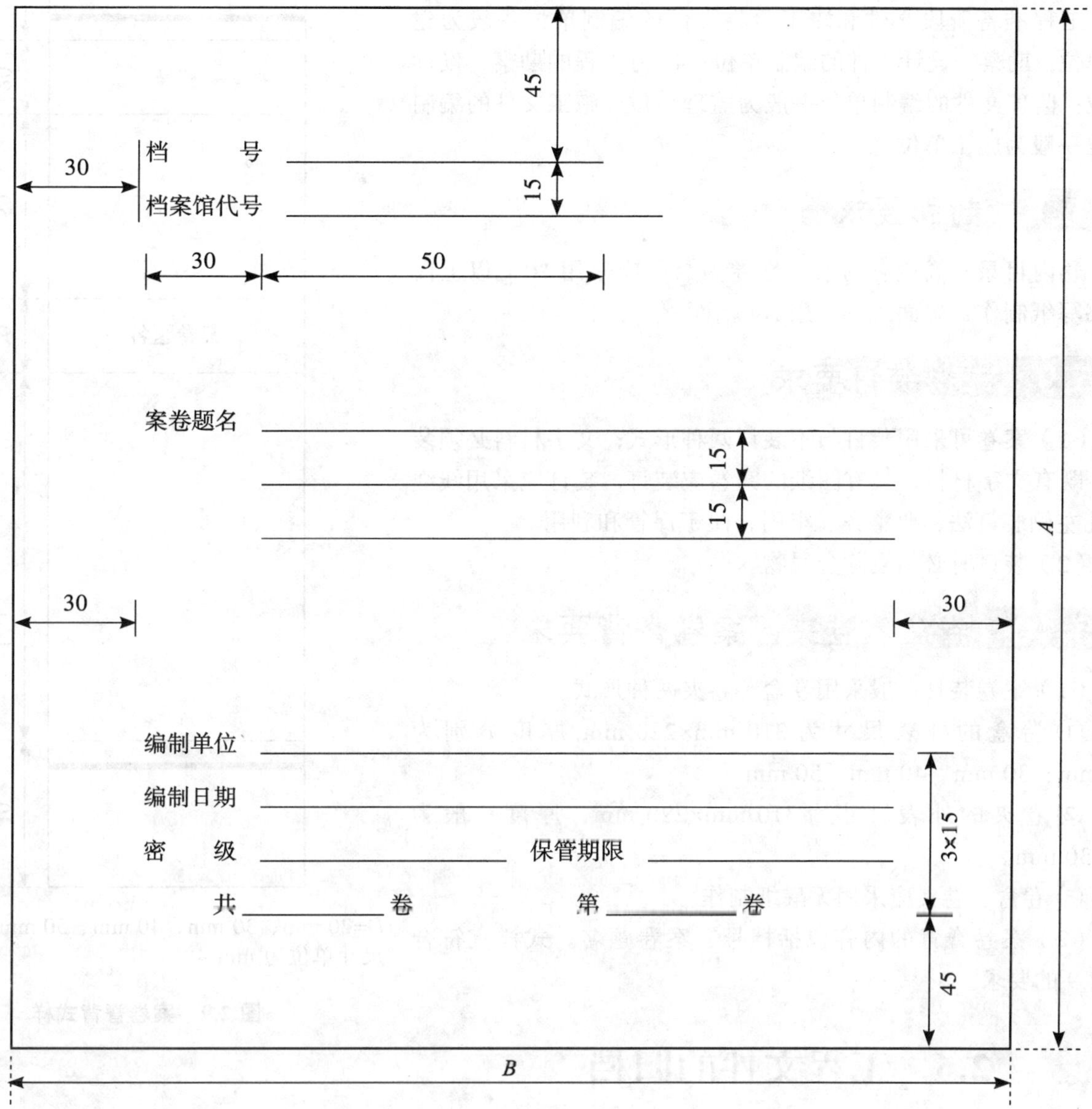

图 2.8　案卷封面式样

注：尺寸单位为 mm
卷盒、卷夹封面 $A \times B = 310 \times 220$
案卷封面 $A \times B = 297 \times 210$

（2）案卷封面的内容应包括：档号、档案馆代号、案卷题名、编制单位、起止日期、密级、保管期限、共几卷、第几卷。

（3）档号应由分类号、项目号和案卷号组成。档号由档案保管单位填写。

（4）档案机构代号应填写国家给定的本档案机构的编号。档案机构代号由档案机构填写。

（5）案卷题名应简明、准确地提示卷内文件的内容。案卷题名应包括工程名称、专业名称、卷内文件的内容。

（6）编制单位应填写案卷内文件的形式单位或主要责任者。

（7）起止日期应填写案卷内全部文件形成的起止日期。

（8）保管期限分为永久、长期、短期三种。

（9）密级分为绝密、机密、秘密三种。同一案卷内有不同密级的文件，应以高密级为本卷密级。

工程准备阶段文件和竣工验收文件的编制单位一般为建设单位；勘察、设计文件的编制单位一般为工程的勘察、设计单位；监理文件的编制单位一般为监理单位；施工文件的编制单位一般为施工单位。

2.5.8 封面要求

卷内目录、卷内备考表、案卷内封面应采用 70 g 以上白色书写纸制作，幅面统一采用 A4 幅面。

2.5.9 案卷装订要求

（1）案卷可采用装订与不装订两种形式；文字材料必须装订；既有文字材料，又有图纸的案卷应装订；装订应采用线绳三孔左侧装订法，要整齐、牢固，便于保管和利用。

（2）装订时必须剔除金属物。

2.5.10 卷盒、卷夹、案卷脊背要求

（1）案卷装具一般采用卷盒、卷夹两种形式。

① 卷盒的外表尺寸为 310 mm×220 mm, 厚度分别为 20 mm、30 mm、40 mm、50 mm。

② 卷夹的外表尺寸为 310 mm×220 mm，厚度一般为 20~30 mm。

③ 卷盒、卷夹应采用无酸纸制作。

（2）案卷脊背的内容包括档号、案卷题名。式样宜符合图 2.9 的要求。

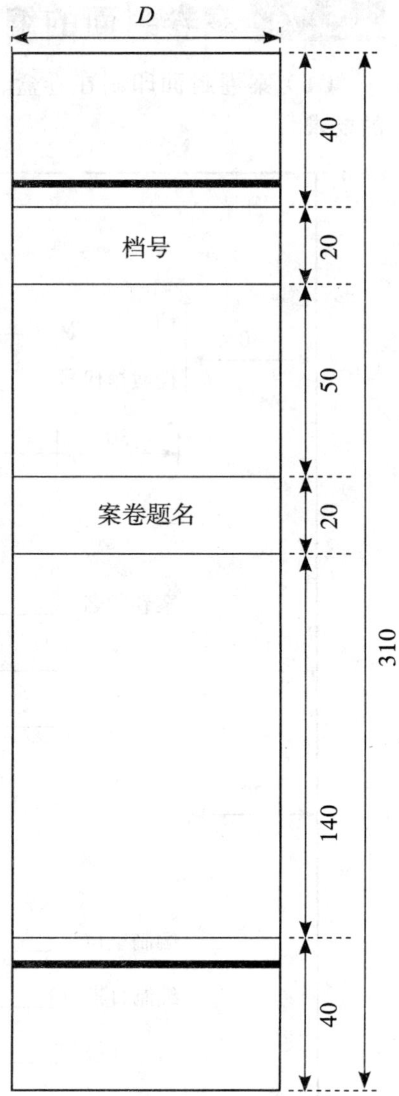

D=20 mm、30 mm、40 mm、50 mm
尺寸单位为 mm

图 2.9 案卷脊背式样

2.6 工程文件的归档

（1）归档文件应符合下列规定:

① 归档文件必须完整、准确、系统，能够反映工程建设活动的全过程。

② 归档的文件必须经过分类整理，并应组成符合要求的案卷。

（2）归档时间应符合下列规定:

① 根据建设程序和工程特点，归档可以分阶段进行，也可以在单位或分部工程通过竣工验收后进行。

② 勘察、设计单位应当在任务完成时，施工、监理单位应当在工程竣工验收前，将各自形成的有关工程档案向建设单位归档。

（3）勘察、设计、施工单位在收齐工程文件并整理立卷后，建设单位、监理单位应根据城建管理机构的要求对档案文件完整、准确、系统情况和案卷质量进行审查。审查合格后向建设单位移交。

（4）工程档案一般不少于两套，一套由建设单位保管，一套（原件）移交当地城建档案机构。其

中，施工文件除施工日记、分项检验批验收记录外，其余均应向城建档案机构移交。

（5）勘察、设计、施工、监理等单位向建设单位移交档案时，应编制移交清单，双方签字，盖章后方可交接。

（6）凡设计、施工及监理单位需要向本单位归档的文件，应按国家有关规定和本规定附录 A 的要求单独立卷归档。

2.7 工程档案的验收、移交

（1）列入城建档案机构档案接收范围的工程，建设单位在组织工程竣工验收前，应提请城建档案管理机构对工程档案进行预验收。建设单位未取得城建档案管理机构出具的认可文件，不得组织工程竣工验收。

（2）城建档案管理机构在进行工程档案预验收时，应重点验收以下内容：

① 工程档案齐全、系统、完整。

② 工程档案的内容真实、准确地反映工程建设活动和工程实际状况。

③ 工程档案已整理立卷，立卷符合本规范的规定。

④ 竣工图绘制方法、图式及规格等符合专业技术要求，图面整洁，盖有竣工图章。

⑤ 文件的形成、来源符合实际，要求单位或个人签章的文件，其签章手续完备。

⑥ 文件材质、幅面、书写、绘图、用墨、托裱等符合要求。

（3）列入城建档案机构接收范围的工程，建设单位在工程竣工验收后 3 个月内，必须向城建档案馆（室）移交一套符合规定的工程档案。

（4）停建、缓建建设工程的档案，暂由建设单位保管。

（5）对改建、扩建和维修工程，建设单位应当组织设计、施工单位据实修改、补充和完善原工程档案。对改变的部位，应当重新编制工程档案，并在工程验收后 3 个月内向城建档案馆（室）移交。

（6）建设单位向城建档案机构移交工程档案时，应办理移交手续，填写移交目录，双方签字、盖章后交接。

习题

2.1 建设单位在工程资料管理中应履行的职责是什么？

2.2 勘察、设计、施工、监理等单位在工程资料管理中应履行的职责是什么？

2.3 城建档案管理机构工程资料的管理职责是什么？

2.4 了解建设工程文件归档范围和保管期限。

2.5 工程资料保管期限分为几种？它们的定义是什么？

2.6 工程文件中文字材料幅面尺寸规格是什么？

2.7 工程资料中有些图纸的图幅很大，应如何处理？

2.8 工程文件立卷的原则是什么？

2.9 了解建筑工程分部（子分部）工程、分项工程划分。

2.10 城建档案管理机构在进行工程档案预验收时，应重点验收什么内容？

2.11 对列入城建档案机构接收范围的工程，建设单位必须在工程竣工验收后多长时间内向城建档案馆（室）移交一套符合规定的工程档案？

模块3 建筑工程准备阶段资料

【模块概述】

工程准备阶段资料是项目开工前期资料，包括建设项目立项文件、建设用地文件、勘察设计文件、招投标资料、工程开工、报建资料等。

工程准备阶段资料主要由建设单位负责收集、管理。工程准备阶段资料的形成过程如图 3.1 所示。

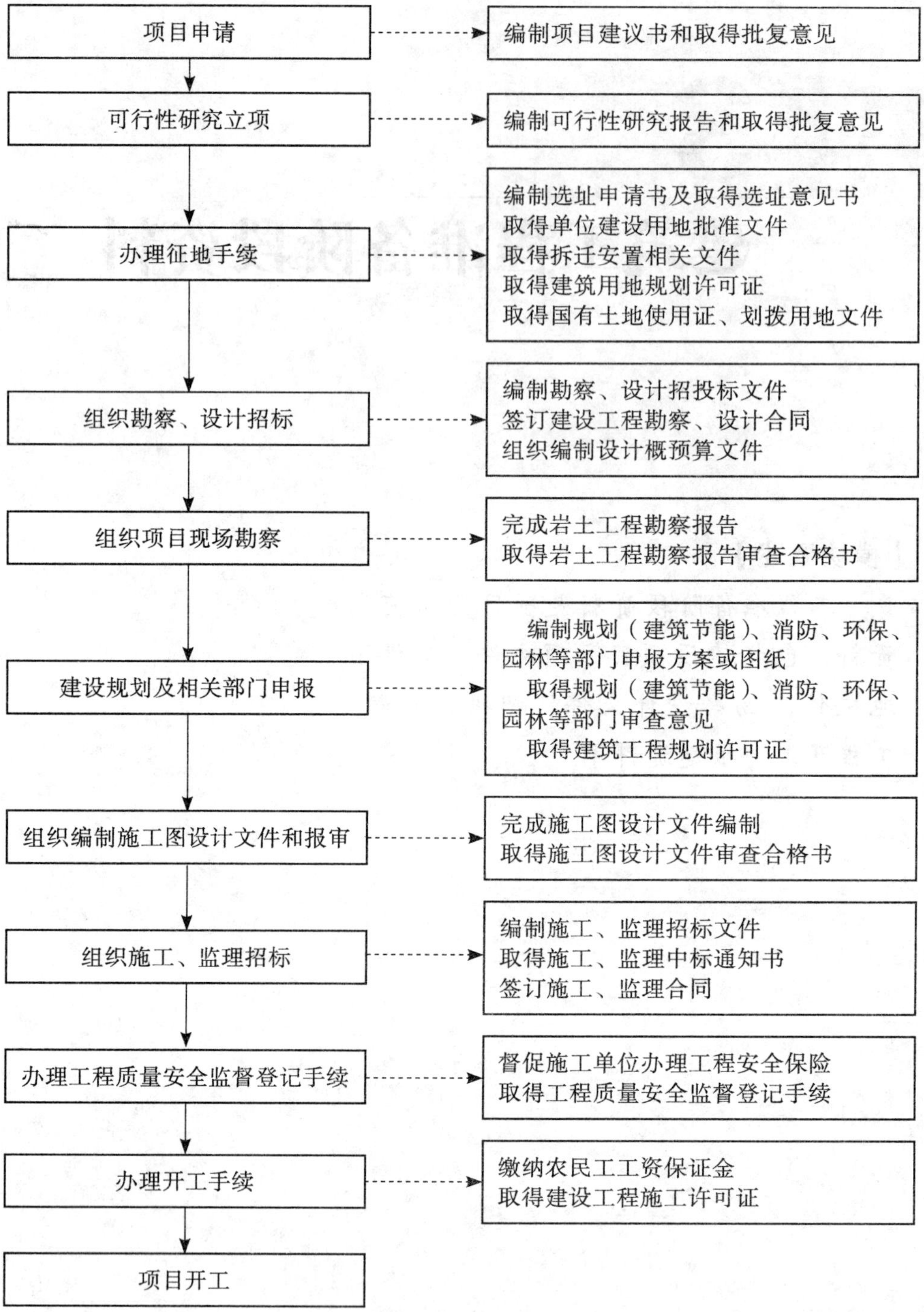

图 3.1 工程准备阶段资料的形成过程

3.1 项目建议书

项目建议书（又称立项申请书）是项目建设筹建单位或项目法人，根据国民经济的发展、国家和地方中长期规划、产业政策、生产力布局、国内外市场、所在地的内外部条件，提出的某一具体项目需要建设、需要进行可行性研究的建议文件，是对拟建项目提出的框架性的总体设想。项目建议书主要论证项目建设的必要性，建设方案和投资估算也比较粗，投资误差为 ±30% 左右。我们可以说，项目建议书是项目发展周期的初始阶段基本情况的汇总，是选择和审批项目的依据，也是制作可行性研究报告的依据。

项目建议书一般应向发改委项目管理部门申报。根据项目大小、投资主体的不同，项目建议书的批复分别由国家、行业或地方政府管理部门审批。

3.2 可行性研究报告

可行性研究报告是投资决策之前，对拟建项目进行全面技术经济分析的科学论证，从经济、技术、生产、供销直到社会各种环境、法律等各种因素进行具体调查、研究、分析，确定有利和不利的因素，分析项目是否可行，估计成功率大小、经济效益和社会效果程度，为决策者和主管机关审批的上报文件。

可行性研究报告的批复：大中型项目由国家发展改革委员会或由国家发展改革委托的有关单位审批；小型项目分别由行业或国家有关主管部门审批；建设资金自筹的企业大中型项目由市发展改革委员会审批，报国家及有关部门备案；地方投资的文教、卫生事业的大中型项目由市发展改革委员会审批。

3.3 项目选址申请及选址规划意见通知书

依据《中华人民共和国城乡规划法》规定，按照国家规定需要有关部门批准或者核准的建设项目，以划拨方式提供国有土地使用权的，建设单位在报送有关部门批准或者核准前，应当向城乡规划主管部门申请核发选址意见书。选址申请及选址规划意见通知书由各级规划委员会审批。

3.4 建设用地批准文件

依据《中华人民共和国土地管理法》规定，经批准的建设项目需要使用国有建设用地的，建设单位持建设项目的有关批准文件，向市、县人民政府土地行政主管部门提出建设用地申请，由市、县人民政府土地行政主管部门审查，拟订供地方案，报市、县人民政府批准；需要上级人民政府批准的，应当报上级人民政府批准。由此，建设用地批准文件由市、县级国有土地管理部门办理。

3.5 建设用地规划许可证

依据《中华人民共和国城乡规划法》规定，在市、镇规划区内以划拨方式提供国有土地使用权的建设项目，经有关部门批准、核准、备案后，建设单位应当向市、县人民政府城乡规划主管部门提出建设用地规划许可申请，由市、县人民政府城乡规划主管部门依据控制性详细规划核定建设用地的位置、面积、允许建设的范围，核发建设用地规划许可证。由此，建设用地规划许可证由建设单位提出申请，规划行政管理部门办理。

3.6 国有土地使用证、划拨建设用地文件

国有土地使用证、划拨建设用地文件由国有土地管理部门办理。

3.7 岩土工程勘察报告

岩土工程勘察报告是对于一个建设项目，为查明建筑物的地质条件而进行的综合性的地质勘察工作的成果报告。报告是由建设单位委托的勘察单位勘察形成的，并应符合《岩土工程勘察规范》（GB 50021）

的规定。

编制完毕的岩土工程勘察报告还应报岩土工程勘察文件审查机构审查，取得审查合格书。

3.8 建设工程规划许可证

依据《中华人民共和国城乡规划法》规定，在市、镇规划区内进行建筑物、构筑物、道路、管线和其他工程建设的建设单位或者个人应当向市、县人民政府城乡规划主管部门或者省、自治区、直辖市人民政府确定的镇人民政府申请办理建设工程规划许可证。

对符合控制性详细规划和规划条件的，由市、县人民政府城乡规划主管部门或者省、自治区、直辖市人民政府确定的镇人民政府核发建设工程规划许可证。

在乡、村庄规划区内进行乡镇企业、乡村公共设施和公益事业建设的建设单位或者个人应当向乡、镇人民政府提出申请，由乡、镇人民政府报市、县人民政府城乡规划主管部门核发乡村建设规划许可证。

3.9 消防设计审核意见

依据《中华人民共和国消防法》的规定，按照国家工程建设消防技术标准需要进行消防设计的建设工程的消防设计、施工，必须符合国家工程建设消防技术标准。建设单位应当将消防设计文件报送公安机关消防机构审核。未经依法审核或者审核不合格的，负责审批该工程施工许可的部门不得给予施工许可证，建设单位、施工单位不得施工；其他建设工程取得施工许可后经依法抽查不合格的，应当停止施工。

消防设计审核意见应由消防部门审核形成。

3.10 施工图设计文件审查合格书

依据《房屋建筑和市政基础设施工程施工图设计文件审查管理办法》的规定，建设工程施工图设计文件必须经建设主管部门认定的施工图审查机构，按照有关法律、法规，对施工图涉及公共利益、公众安全和工程建设强制性标准的内容进行审查。

施工图审查机构对审查通过的施工图设计文件出具施工图设计文件审查合格书。

3.11 工程质量安全监督登记手续

1. 工程质量监督登记手续

依据《建设工程质量管理条例》规定，建设单位在领取施工许可证或开工报告前，应当按照国家有关规定办理工程质量监督手续。

建设单位在办理质量监督注册手续时，应提供下列主要文件：建设项目计划审批原件；工程规划许可证；施工图审查批准书；监理单位资质等级证书以及工程监理通知书；中标通知书和建设单位与施工企业签订的施工合同。

上述资料齐全的，工程质量监督机构给予办理工程质量监督登记手续。

2. 工程安全监督登记手续

依据《建设工程安全生产管理条例》的规定，建设单位在申请领取施工许可证前，应当提供建设工程有关安全施工措施的资料。依法批准开工报告的建设单位应当自开工报告批准之日起15日内，将保证安全施工的措施报送建设工程所在地的县级以上地方人民政府建设行政主管部门或者其他有关部门备案。

目前，各地对建设单位申报安全监督登记手续时必须提供的资料要求不一，但是一般应包括以下资料：建设工程规划许可证，施工、监理单位中标通知书和合同，施工、监理单位资质证书，经监理单位审核通过的施工组织设计，施工企业安全生产许可证及年审记录，施工企业现场安全生产管理机构人员名单，项目建造师和项目专职安全员的安全生产考核合格证书，年审记录及继续教育记录，监理单位总监理工程师及监理员的执业证书，危险性较大的分部分项工程安全管理措施和法律法规规定的其他文件资料。

建设单位在提交上述文件后，由监督注册部门审查符合要求后，当即办理监督注册手续。

3.12 建设工程施工许可证

依据《中华人民共和国建筑法》的规定，建筑工程开工前，建设单位应当按照国家有关规定向工程所在地县级以上人民政府建设行政主管部门申请领取施工许可证；但是，国务院建设行政主管部门确定的限额以下的小型工程除外。按照国务院规定的权限和程序批准开工报告的建筑工程，不再领取施工许可证。

建设单位申领建设工程施工许可证，应当具备下列条件：

（1）已经办理该建筑工程用地批准手续。

（2）在城市规划区的建筑工程，已经取得规划许可证。

（3）需要拆迁的，其拆迁进度符合施工要求。

（4）已经确定建筑施工企业。

（5）有满足施工需要的施工图纸及技术资料。

（6）有保证工程质量和安全的具体措施。

（7）建设资金已经落实。

（8）法律、行政法规规定的其他条件。包括：建设工程质量安全监督登记手续、人防工程施工图设计文件审查批准书（易地建设项目，应提供市民防局对该项目人防易地建设核准意见）、建设工程消防设计审核意见书（人员密集场所、特殊建设工程等需要进行消防设计的建设工程提供）；建设单位按规定必须交纳的各种费用项目（交纳农民工工资保证金、墙改专项基金等）。

建设行政主管部门在上述条件具备后核发建设工程施工许可证。

习题

3.1 什么是项目建议书？

3.2 什么是可行性研究报告？

3.3 建设单位申请领取施工许可证，应当具备哪些条件？

模块 4

监理单位项目管理资料

【模块概述】

监理资料是监理单位根据监理合同及行业准则对项目实行监督管理所形成的文件。监理资料管理是信息管理的一项重要工作，也是监理工程师实施工程建设监理、进行目标控制的基础性工作。

工程监理资料可分为监理管理资料、进度控制资料、质量控制资料、造价控制资料、合同管理资料及竣工验收资料六类。

工程监理资料，是项目监理机构必须建立并完善的管理制度，应设专人管理并及时、准确、完整地收集、整理、编制、传递监理文件资料，应采用计算机技术进行监理文件资料管理，实现监理文件资料管理的科学化、程序化、规范化。

工程监理资料是项目监理机构及时整理、分类汇总的监理文件资料，应按规定组卷，形成监理档案。工程监理单位应根据工程特点和有关规定，合理确定监理档案保存期限，并向有关部门移交监理档案。

施工期间监理资料和施工资料形成过程如图 4.1 所示。

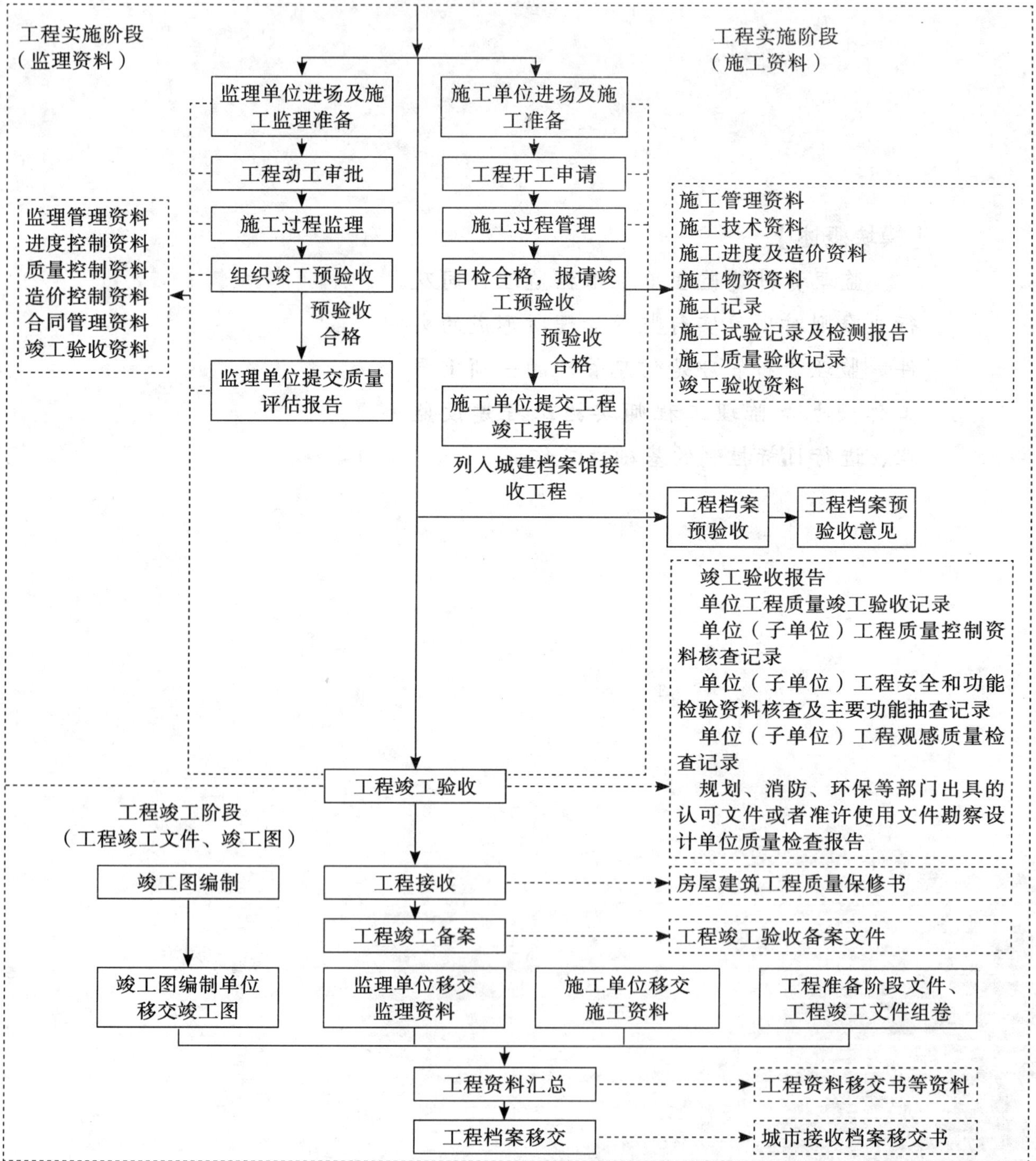

图 4.1　施工期间监理资料和施工资料形成过程

4.1 监理管理资料

4.1.1 监理规划

监理规划是结合项目具体情况制定的指导整个项目监理工作开展的纲领性文件。监理规划应明确项目监理机构的工作目标，确定具体的监理工作制度、内容、程序、方法和措施，并具有指导性和针对性。

监理规划应在签订建设工程监理合同及收到施工合同、施工组织设计、工程设计文件后编制，在召开第一次工地例会前报送建设单位。

监理规划编审程序：总监理工程师组织专业监理工程师编制；总监理工程师签字后由工程监理单位技术负责人审批，并加盖单位公章。

监理规划主要内容包括：

（1）工程概况。

（2）监理工作的范围、内容、目标。

（3）监理工作依据。

（4）监理组织形式、人员配备及进场计划、监理人员岗位职责。

（5）工程质量控制。

（6）工程造价控制。

（7）工程进度控制。

（8）合同与信息管理。

（9）安全生产管理的监理工作。

（10）组织协调。

（11）监理工作制度。

（12）监理工作设施。

在监理工作实施过程中，如工程实际情况或条件发生变化而需要调整监理规划时，应由总监理工程师组织专业监理工程师修改，经工程监理单位技术负责人批准后报建设单位。

4.1.2 监理实施细则

监理实施细则是在监理规划指导下，对于一类以上或技术复杂或采用新材料、新工艺、新技术、新设备的工程，以及专业性较强、危险性较大的分部分项工程，由专业监理工程师针对各专业具体情况制定的具有实施性和可操作性的业务文件，监理实施细则必须由项目总监理工程师批准方可实施。

监理实施细则编制依据为：

（1）监理规划。

（2）相关标准、工程设计文件。

（3）施工组织设计、专项施工方案。

监理实施细则主要内容包括：

（1）专业工程特点。

（2）监理工作流程。

（3）监理工作要点。

（4）监理工作方法及措施。

在监理工作实施过程中，监理实施细则可根据实际情况进行补充、修改，经总监理工程师批准后实施。

4.1.3 监理月报

监理月报是项目施工过程中，项目监理机构就工程实施情况和监理工作定期（本月底或下月初或按合同要求时间）向建设单位所做的汇报。监理月报由项目总监组织编写，签署后报送建设单位和本监理单位，并存档。

监理月报的主要内容包括：

（1）本月工程施工情况。

（2）本月工程形象进度。

（3）工程进度。

（4）工程质量。

（5）工程计量与工程款支付情况。

（6）安全监理工作情况。

（7）合同其他事项的处理情况。

（8）本月监理工作小结。

4.1.4 工程会议纪要

工程会议纪要分第一次工地例会纪要、工地例会纪要（一般为日常定期召开）及专题会议纪要。工程会议纪要主要内容应包括：会议时间与地点，会议主持人与记录人，与会单位及人员姓名、职务，会议的主要内容、事项等。

1. 第一次工地例会

第一次工地例会由建设单位主持，项目监理部根据会议记录整理，经总监理工程师审阅，与会各方代表会签后印发，其具体会议内容包括：

（1）各单位分别介绍驻现场的组织机构、人员及分工。

（2）建设单位宣布对总监的授权。

（3）建设单位介绍工程开工准备情况。

（4）施工单位介绍工程施工准备情况。

（5）建设单位和项目总监对施工准备情况提出意见和要求。

（6）项目总监介绍监理规划主要内容（俗称监理交底）。

（7）商议确定各方参加工程会议的主要人员，会议周期、地点及主要议题。

2. 工地例会

由项目总监工程师主持召开，项目监理部负责起草，并经与会各方代表会签后印发，其主要内容包括：

（1）检查上次例会纪要议定事项的落实情况，分析未完成事项的原因。

（2）检查分析工程进度计划完成情况，提出下一阶段进度目标及其落实措施。

（3）检查分析工程质量、安全状况，针对存在的质量、安全问题提出改进措施。

（4）检查工程量核定及工程款支付情况。

（5）解决需要协调的有关事项。

（6）其他有关事项。

3．专题会议

专题工程会议是为解决施工过程中的专门问题而召开的会议，由项目总监理工程师或其授权的专业监理工程师主持。工程项目各主要参建单位均可向项目监理机构书面提出召开专题工程会议的动议。动议内容包括：主要议题、与会单位、人员及召开时间。经项目总监与有关单位协调取得一致意见后，由项目总监签发召开专题工程会议的书面通知，与会各方应认真做好会前准备。专题会议纪要形成过程与工地例会相同。

4.1.5 监理日志

监理日志以项目监理工作为记载对象，是项目监理机构在被监理工程施工期间每日记录气象、施工记录、监理工作及有关事项的日记。由项目总监指定专人负责逐日连续记载。监理日志不得补记，不得隔页或扯页以保持其原始记录，监理人员应及时填写监理日记并签字，项目总监或总监代表定期对监理日志进行审阅。

监理日志主要内容有施工记录及主要事项记载。

（1）施工记录：当日施工人数、作业内容及部位，使用的主要施工机械设备、材料等；对主要的分部分项工程开工、完工情况。

（2）主要事项记载：记载当日的下列监理工作内容和有关事项。

① 施工过程巡视检查和旁站监理、见证取样送检。

② 施工测量放线、工程报验情况及验收结果。

③ 材料、设备、构配件和主要施工机械设备进场情况及进场验收结果。

④ 施工单位资料报审及审查结果。

⑤ 施工图、交接、工程变更的有关事项。

⑥ 所发监理通知（书面或口头）的主要内容及签发、接收人。

⑦ 建设单位、施工单位提出的有关事宜及处理意见。

⑧ 工地会议议定的有关事项及协调确定的有关问题。

⑨ 工程质量事故（缺陷）及处理方案。

⑩ 异常事件（可能引发索赔的事件）及对施工的影响情况。

⑪ 设计人员到工地及处理、交代的有关事宜。

⑫ 质量监督人员、有关领导来工地检查、指导工作情况及有关指示。

⑬ 其他重要事项。

4.1.6 工作联系单

工作联系单是工程参建各方责任主体就有关事项进行联系、说明、要求、协调、意见、建议、决定、通知等的联系用表；当对方执行情况不需要书面回复时均用此表。

工作联系单见表 4.1。

表 4.1　工作联系单

工程名称：×× 花园　　　　编号：××

致：×× 建筑工程公司 事由：本工程召开第一次工地例会事宜 内容：经商议，本工程第一次工地例会定于 ×××× 年 × 月 × 日（星期一）15:00 召开，地点为甲方现场会议室，届时请你司本工程项目经理部专职管理人员到会，即项目经理、项目技术负责人、专职质检员、专职安全员、专职材料员（材料取样员）、专职资料员等 会议主要内容： 1. 建设单位、施工单位及监理单位分别介绍各自驻现场的组织机构、人员及其分工； 2. 建设单位介绍本工程情况； 3. 施工单位介绍施工准备情况； 4. 建设单位和总监理工程师对施工准备情况提出意见和要求； 5. 总监理工程师进行工程监理交底； 6. 讨论议定施工过程中参加定期工地例会的主要人员，召开定期工地例会周期、地点及主要议题 抄报：建设和有关单位 发文单位（盖章）：×× 工程监理有限公司 负责人（签字）：××× ×××× 年 ×× 月 ×× 日

其中：

（1）事由：指需要联系事项的主题。

（2）内容：指需要联系的详细说明，要求内容完整、齐全，技术用语规范，文字简练明了。

（3）单位：指提出工作联系事项的单位，填写本工程现场管理机构名称全称并加盖公章。

（4）负责人：指提出工作联系事项单位在本工程的负责人（工作联系单发出单位有权签发的负责人，应为：建设单位的现场代表，即施工合同中规定的工程师；施工单位的项目经理；监理单位的项目总监；设计单位的本工程设计负责人；不得任何人随意签发）。

4.1.7 监理通知单

监理通知单应符合现行国家标准《建设工程监理规范》(GB/T 50319—2013)的有关规定。在监理工作中，项目监理机构按委托监理合同授予的权限，对施工单位发出指令、提出要求；除另有规定外，均应采用此表。监理工程师现场发出的口头指令及要求，也应采用此表予以确认。

在监理工作中，针对施工单位在工程施工中出现的不符合设计要求，不符合施工技术标准，不符合合同约定的情况及偷工减料，使用不合格的材料、构配件及设备，纠正施工单位在工程质量、进度、造价、安全等方面的违规、违章、违程行为。

监理通知单的签发，可由项目总监或总监代表或专业监理工程师，但总监代表、专业监理工程师签发须经项目总监审阅。监理通知单书写时应写清楚出现的问题部位、现象及违背了强制性条文标准及规范标准的具体条款。施工单位对监理通知单有异议时，应在收到通知单后 24 小时内用工作联系单向项目监理机构书面提出修改申请，但在未得到项目总监修改意见前，施工单位应履约予以执行；并在合同约定的时限内用监理通知回复单书面回复，回复内容应根据监理通知单内容一一对应、逐条回复，监理工程师应及时复检并认真签署复查意见。此表应一式三份，建设单位、监理单位、施工单位各保存一份。

监理通知单见表 4.2。

表 4.2 监理通知单

工程名称：×× 花园　　　　　　　　　　　　　　　　　　　　编号：××

致：×× 建筑工程公司（施工单位）
事由：主体结构十二层梁柱钢筋安装存在质量问题事宜
内容：根据现场检查主体结构十二层梁钢筋安装存在下列质量问题： 1.⑩ ~ ⑫ 轴 / Ⓐ ~ Ⓙ轴所有主次梁节点箍筋未设置 2.⑩ ~ ⑫ 轴边梁抗扭筋漏放 要求梁钢筋安装入模前整改完毕，并按合约及时将整改情况书面回复
抄报：建设和有关单位
项目监理机构（盖章）：×× 工程监理有限公司 总 / 专业监理工程师（签字）：××× ×××× 年 ×× 月 ×× 日 9:00

注：本表一式三份，项目监理机构、建设单位、施工单位各一份

4.1.8 工程暂停令

工程暂停令应符合现行国家标准《建设工程监理规范》(GB/T 50319—2013)的有关规定。监理人员发现施工存在重大质量隐患，可能造成质量事故或已经造成质量事故，应通过总监理工程师及时下达工程暂停令，要求施工单位停工整改。整改完毕并经监理人员复查，符合规定要求后，总监理工程师应及时签署工程复工报审表。总监理工程师下达工程暂停令和签署工程复工报审表，宜事先向建设单位报告。

在发生下列情况之一时，总监理工程师可签发工程暂停令：建设单位要求暂停施工且工程需要暂停施工；为了保证工程质量而需要进行停工处理；施工出现了安全隐患，总监理工程师认为有必要停工以消除隐患；发生了必须暂时停止施工的紧急事件；施工单位未经许可擅自施工，或拒绝项目监理机构管理。

项目监理机构应填写工程暂停(或局部工程暂停)的理由(原因)和要求施工单位在接到工程暂停令后完成的各项工作等相关内容。项目监理机构在签发工程暂停令时，应有充分的理由，并考虑由于停工可能带来的索赔事件。

项目监理机构签发的工程暂停令(或局部工程暂停令)应一式三份，并应由建设单位、监理单位、施工单位各保存一份。

工程暂停令见表 4.3。

表 4.3 工程暂停令

工程名称：×× 花园　　　　编号：××

致：×× 建筑工程公司(施工单位) 由于 在本工程外架拆除过程中，贵方安全管理人员不到位，存在严重安全隐患 原因，经建设单位同意，现通知你方于 2013 年 11 月 3 日 9:00 时起，暂停 本工程的外架拆除 部位(工序)施工，并按下述要求做好后续工作 要求： 1. 严格履约认真落实安全管理人员到位工作 2. 再次认真落实外架拆除的安全技术交底工作，并报项目监理部备案 抄报：建设和有关单位 项目监理机构(盖章)：×× 工程监理有限公司 总监理工程师(签字、加盖执业印章)：××× 2013 年 11 月 3 日

注：本表一式三份，项目监理机构、建设单位、施工单位各一份

4.2 监理进度控制资料

4.2.1 开工令

工程开工应符合现行国家标准《建设工程监理规范》(GB/T 50319—2013)的有关规定。项目监理机构总监理工程师应指定各专业监理工程师对施工单位施工准备情况检查开工条件:

(1)施工许可证已获政府主管部门批准。

(2)征地拆迁工作能满足工程进度的需要。

(3)施工组织设计已获总监理工程师批准。

(4)施工单位现场管理人员已到位,机具、施工人员已进场,主要工程材料已落实。

(5)进场道路及水、电、通信已满足开工要求。

上述开工条件已具备,总监理工程师对施工单位的开工报审表签署审查意见,建设单位代表签署审批意见。然后,项目监理机构总监理工程师签署开工令并加盖执业印章,并开工令附开工报审表。

整个项目一次开工,只填报一次;如工程项目含有多个单位工程且开工时间不同,则每个单位工程都应填报一次。

开工令见表 4.4。

表 4.4 开工令

工程名称: ×× 花园　　　　编号: ××

致: ×× 建筑工程公司(施工单位) 经审查,本工程已具备施工合同约定的开工条件,现同意你司开始施工,开工日期为: 2013 年 7 月 18 日 附件: 开工报审表 项目监理机构(盖章): ×× 工程监理有限公司 总监理工程师(签字、加盖执业印章): ××× 2013 年 7 月 17 日

注:本表一式三份,项目监理机构、建设单位、施工单位各一份

开工报审表见表4.5。

表4.5　开工报审表

工程名称：××花园　　　　　　　　　　　　　　　　　　编号：××

<table>
<tr><td>致：××房地产有限公司（建设单位）
××工程监理有限公司（项目监理机构）
我方承担的 ×× 花园工程，已完成相关准备工作，具备开工条件，特此申请于2013年7月18日开工，请予以审批
附件：证明文件资料（略）

施工单位（盖章）：××建筑工程公司
项目经理（签字）：×××
2013年7月15日</td></tr>
<tr><td>审查意见：
1．本工程施工图纸已委托符合资格的施工图审查机构进行审查，并盖有图审章
2．本工程施工图纸已经消防部门、建筑节能管理机构审查备案并符合要求
3．本工程施工图纸已经建设、设计、监理、施工单位进行会审并已确认
4．本工程施工合同已签订，生产人员意外伤害保险已办理，临时设施已搭设完成并符合消防要求
5．施工许可证和报监手续已办理
6．征地拆迁工作能满足施工进度的需要
7．施工组织设计已获总监批准
8．现场管理人员已到位，施工机具、人员已进场，主要工程材料已落实
9．施工现场质量管理检查记录已检查确认
10．质量、安全、技术管理制度已建立，组织机构已落实
11．进场道路及水、电、通讯等已满足开工要求
综上因素，本工程施工准备工作已基本就绪，具备施工条件，满足开工要求，同意本工程于2013年7月18日为正式开工日

项目监理机构（盖章）：××工程监理有限公司
总监理工程师（签字）：×××
2013年7月16日</td></tr>
<tr><td>审批意见：
同意开工，本工程正式开工日为：2013年7月18日

建设单位（盖章）：××房地产有限公司
建设单位代表（签字）：×××
2013年7月17日</td></tr>
</table>

注：本表一式三份，项目监理机构、建设单位、施工单位各一份

4.2.2 复工令

此表用于工程暂停原因消失时，施工单位申请恢复施工。复工报审表中证明文件资料是指证明已具备复工条件的相关资料；同意复工则注明同意的时间，不同意复工则注明原因和对施工单位的要求。

具备复工条件，总监理工程师对施工单位的复工报审表签署审查意见，建设单位代表签署审批意见。然后，项目监理机构总监理工程师签署复工令并加盖执业印章。

复工令见表 4.6。

表 4.6 复工令

工程名称：×× 花园　　　　编号：××

致：×× 建筑工程公司（施工单位） 我方发出的编号为：××停工令，要求暂停外架拆除部位（工序）施工，经查已具备复工条件，经建设单位同意，现通知你方于 2013 年 11 月 5 日 8:00 时起恢复施工。 附件：复工报审表 项目监理机构（盖章）：×× 工程监理有限公司 总监理工程师（签字、加盖执业印章）：××× 2013 年 11 月 4 日

注：本表一式三份，项目监理机构、建设单位、施工单位各一份

复工报审表见表 4.7。

表 4.7　复工报审表

工程名称：×× 花园　　　　　　　　　　　　　　　　　　　　　　　　　　　编号：××

致：×× 工程监理有限公司（项目监理机构）
编号为 ××（工程暂停令）所停工的 外架拆除 部位，现已满足复工条件，我方申请于 2013 年 11 月 5 日复工，请予以审批。 附件：证明文件资料（略） 施工单位（盖章）：×× 建筑工程公司 项目经理（签字）：××× 2013 年 11 月 4 日
审查意见： 经核查，你司专职安全员已到岗到位；对架子工进行了安全技术交底，其交底内容符合要求，并所有架子工本人已手工签字。同意外架拆除于 2013 年 11 月 5 日复工，请建设单位代表审批 项目监理机构（盖章）：×× 工程监理有限公司 总监理工程师（签字）：××× 2013 年 11 月 4 日
审批意见： 同意外架拆除于 2013 年 11 月 5 日复工，请施工单位履约执行安全生产制度，确保施工安全 建设单位（盖章）：×× 房地产有限公司 建设单位代表（签字）：××× 2013 年 11 月 4 日

注：本表一式三份，项目监理机构、建设单位、施工单位各一份

4.2.3 施工进度计划报审表

施工进度计划（或阶段性进度计划或调整计划）报审表是项目监理机构对施工单位所报送的工程施工进度计划的审批答复表。其内容应符合现行国家标准《建设工程监理规范》（GB/T 50319—2013）的有关规定。

施工进度计划报审表见表 4.8。

表 4.8 施工进度计划报审表

工程名称：×× 花园　　　　编号：××

致：×× 工程监理有限公司（项目监理机构） 我方根据施工合同的有关规定，已完成 ×× 花园工程施工进度计划的编制，并经我单位技术负责人审查批准，请予以审查 附件：施工总进度计划 阶段性进度计划 施工单位（盖章）：×× 建筑工程公司 项目经理（签字）：××× ×××× 年 ×× 月 ×× 日
审查意见： 经审符合要求，同意按此计划组织施工 专业监理工程师（签字）：××× ×××× 年 ×× 月 ×× 日
审核意见： 同意专业监理工程师的审查意见，实施过程中确保人、财、物及管理资源的投入，如期实现里程碑节点工期 项目监理机构（盖章）：×× 工程监理有限公司 总监理工程师（签字）：××× ×××× 年 ×× 月 ×× 日

注：本表一式三份，项目监理机构、建设单位、施工单位各一份

其中：

（1）施工进度计划报审是施工单位根据施工合同约定或监理工程师要求，编制的施工进度计划报项目监理机构审查、确认和批准。

（2）项目监理机构对施工进度的审查或批准，并不解除施工单位对施工进度计划的责任和义务。

（3）施工进度计划是根据项目监理机构批准的施工组织设计（方案），结合工程的大小、规模等情况，施工单位应分别编制按合同工期目标的施工进度计划；按单位工程或按施工单位划分的分目标；按不同计划期（年、季、月）制订的施工进度计划进行报审。

（4）对施工进度计划主要审核：

① 进度安排是否符合工程项目建设总进度；计划中总目标和分目标的要求，是否符合施工合同中开、竣工日期的约定。

② 施工进度计划中的项目是否有遗漏，分期施工是否满足分批动用的需要和配套动用的要求。

③ 施工顺序的安排是否符合施工工艺的要求。

④ 劳动力，材料，构配件，施工机具及设备，施工水、电等生产要素的供应计划是否能保证进度计划的实现，供应是否均衡，需求高峰期是否有足够能力实现计划供应。

⑤ 由建设单位提供的施工条件（资金、施工图纸、施工场地、采供的物资设备等），施工单位在施工进度计划中所提出的供应时间和数量是否准确、合理，是否有造成建设单位违约而导致工程延期和费用索赔的可能。

⑥ 工期是否进行了优化，进度安排是否合理。

⑦ 总包、分包单位分别编制的各单项工程施工进度计划之间是否相协调，专业分工与计划衔接是否明确合理。

（5）调整计划，是在原有计划已不适应实际情况，为确保进度控制目标的实现，需确定新的计划目标时对原有进度计划的调整，进度计划的调整方法一般采用通过压缩关键工作的持续时间来缩短工期及通过组织搭接作业、平行作业来缩短工期；对于调整计划，一般都会增加费用或涉及工期的延长，项目监理机构应慎重对待，尽量减少变更计划性的调整。

（6）施工进度计划报审表通过各专业监理工程师的审查，提出审查意见报总监理工程师，总监理工程师审核后同意与否均应签署意见，并就不同意的原因及理由简要列明。

（7）施工进度计划（或阶段性进度计划或调整计划）报审程序：

① 施工单位按施工合同要求的时间编制并及时填报施工进度计划报审表报项目监理机构。

② 总监理工程师指定各专业监理工程师对施工单位报送的施工进度计划及有关资料进行审查，并向总监理工程师报告。

③ 总监理工程师按施工合同要求的时间，对施工单位所报施工进度计划报审表予以确认或提出补充、修改意见。

4.3 监理质量控制资料

4.3.1 旁站记录

根据建设部《房屋建筑工程施工旁站监理管理办法（试行）》（建市 [2002]189 号）的通知，项目监理机构应结合工程实际情况编写切实可行的《旁站监理方案或细则》，且旁站监理的范围、内容不得少于该办法所规定的房屋建筑工程的关键部位、关键工序。《旁站监理方案或细则》应包括旁站监理的范围、内容、程序和旁站监理人员职责等。另外，根据《民用建筑节能条例》（国务院令 530 号）第十六条规定，旁站范围中应包括墙体、屋面的保温工程施工。

按照有关规定，在需要实施旁站监理的关键工序或关键部位施工前 24 小时，施工单位应填写工作联系单通知项目监理部。项目总监应派监理人员按照旁站监理方案实施旁站监理，如实准确地做好旁站记录。当旁站监理工作结束后，旁站监理人员在旁站记录上签字，确认记录的真实性、准确性。凡旁站监理人员未在旁站记录上签字的，不得进行下一道工序施工。

1．旁站记录填写

（1）本表是监理人员对关键部位、关键工序的施工质量，实施全过程现场跟踪监督活动的实时记录。

（2）表中关键部位或工序施工情况：是指旁站部位的施工作业内容，主要施工机械、材料、人员和完成的工程数量等记录，施工单位质检人员到岗情况、特殊工种人员持证情况以及施工机械、材料准备等情况。

（3）表中旁站情况：是指旁站监理人员到位及旁站部位施工质量情况，包括旁站人员对施工作业情况的监督检查。其主要内容包括：

① 记录旁站监理人员姓名、人数。

② 检查前道工序、检验批及隐蔽工程是否已验收合格。

③ 在现场跟班监督关键部位、关键工序的施工执行施工方案、工程建设强制性标准和施工质量情况。

④ 核查进场建筑材料、建筑构配件、设备和商品混凝土的质量检验报告及现场抽测商品混凝土坍楼度。

⑤ 监督施工单位按专项施工方案及时留置混凝土试件，包括标准养护试块和同条件养护试块等。

2．意见和建议

指出施工质量、安全问题和整改情况，以及后续施工应注意的事项。

3．房屋建筑工程的关键部位、关键工序

（1）基础工程方面：土方回填、混凝土灌注桩浇筑、地下室连续墙、土钉墙、后浇带及其他混凝土、防水混凝土浇筑，卷材防水层细部构造处理，钢结构安装。

（2）主体结构工程方面：梁柱节点钢筋隐蔽过程，混凝土浇筑，预应力张拉，装配式结构安全，钢结构安装，网架结构安装，索膜安装。

（3）涉及建筑节能和施工安全的室内外墙面细部装修、幕墙工程重要节点、隔热保温层制安、系统调试、超过一定规模的危险性分部分项工程等。

旁站记录见表 4.9。

表 4.9　旁站记录

工程名称：××花园　　　　　　　　　　　　　　　　　　　　　　　　　　　编号：××

施工单位	××建筑工程公司		
旁站的关键部位、关键工序	①–㉟轴/Ⓐ–Ⓙ轴，十二层楼面（标高 +15.70 m）C30 商品砼浇筑		
旁站开始时间	×××× 年 ×× 月 ×× 日 13 时 10 分	旁站结束时间	×××× 年 ×× 月 ×× 日 17 时 50 分
旁站的关键部位、关键工序施工情况： 1. 施工员、质检员、安全员均在现场，作业班组已进行技术交底 2. 砼工 25 人，钢筋工 1 人，木工 2 人跟班 3. 振动棒三台，平板振捣器一台，泵车一台，施工机械设备情况正常 4. 商品砼 C30，配合比编号 00369 5. 从①轴开始，由东到西浇筑，一次性浇筑完成，未换班 6. 砼量 570 m³，共 70 车			
旁站的情况： 1. 监理人员张 ××、李 ×× 现场实施旁站，对砼来料方量进行了小票登记 2. 砼浇筑前钢筋、模板已验收，总监已签发浇筑令 3. 对梁柱节点现场督促振捣到位 4. 砼坍落度检查：13:20 时抽测 200、16:10 时抽测 180、17:20 时抽测 185，均符合要求 5. 浇筑过程顺利无漏浆、离析现象 6. 现场按规定见证取样制作标养试块六组、同条件试块一组、拆模试块一组			
意见和建议： 1. 楼梯口存在板筋变形，现场整改后符合要求 2. 预埋件和套管等检查加固情况，均符合要求 3. 砼浇筑过程中发现工人振捣时有“快拔慢扦”现象，当场对工人进行教育，要求施工方质检员、班组长监督 4. 商品砼供应建议重新调整计划，确保供应的连续性 5. 对后期的后浇带施工缝处的砼浇筑工作严格重点控制 旁站监理员（签字）：李 ××　张 ×× ×××× 年 ×× 月 ×× 日			

注：本表一式一份，项目监理机构留存

4.3.2 见证取样和送检见证人备案

依据《房屋建筑工程和市政基础设施工程实行见证取样和送检的规定》，见证人员应由建设单位或该工程的监理单位具备建筑施工试验知识的专业技术人员担任，并应由建设单位或该工程的监理单位书面通知施工单位、检测单位和负责该项工程的质量监督机构。专业监理工程师应对施工单位报送的拟进场工程材料、构配件和设备的工程材料 / 构配件 / 设备报审表及其质量证明资料进行审核，并对进场的实物按照委托监理合同的约定或有关工程质量管理文件规定的比例采用平行检验或见证取样方式进行抽检。

对未经监理人员验收或验收不合格的工程材料、构配件、设备，监理人员应拒绝签认，并应签发监理通知，书面通知施工单位限期将不合格的工程材料、构配件、设备撤出现场。

见证取样和送检见证人备案书见表 4.10。

表 4.10 见证取样和送检见证人备案书

×× 建设工程质量检测中心： 我单位决定，由吴 ×× 、 孙 ×× 同志担任 ×× 花园 工程见证取样和送检见证人。（有关的签字和印章如下，请查收备案） 见证起始时间：×××× 年 ×× 月 见证人签字：吴 ××　　联系电话：×××××××× 见证人签字：孙 ××　　联系电话：×××××××× 建设单位负责人：王 ××　　建设单位（盖章）：×× 房地产有限公司 联系电话：×××××××× 监理单位负责人：陈 ××　　监理单位（盖章）：×× 工程监理有限公司 联系电话：×××××××× 施工单位负责人：赵 ××　　施工单位（盖章）：×× 建筑工程公司 联系电话：××××××××

注：备案时，见证员须提供加盖单位公章的上岗证复印件

4.3.3 见证记录

依据《房屋建筑工程和市政基础设施工程实行见证取样和送检的规定》建 [2000]211 号规定：涉及结构安全的试块、试件和材料见证取样和送检的比例不得低于有关技术标准中规定应取样数量的30%。下列试块、试件和材料必须实施见证取样和送检：

（1）用于承重结构的混凝土试块。

（2）用于承重墙体的砌筑砂浆试块。

（3）用于承重结构的钢筋及连接接头试件。

（4）用于承重墙的砖和混凝土小型砌块。

（5）用于拌制混凝土和砌筑砂浆的水泥。

（6）用于承重结构的混凝土中使用的掺加剂。

（7）地下、屋面、厕浴间使用的防水材料。

（8）国家规定必须实行见证取样和送检的其他试块、试件和材料。

在施工过程中，见证人员应按照见证取样和送检计划，对施工现场的取样和送检进行见证，取样人员应在式样或其包装上做出标识、封志。标识和封志应标明工程名称、取样部位、取样日期、样品名称和样品数量，并由见证人员和取样人员签字。见证人员应制作见证记录，并将见证记录归入施工技术档案。

见证记录见表 4.11。

表 4.11　见证记录

工程名称：×× 花园十二层 C35 商品砼浇筑　　　　编号：××

<table>
<tr><td>开始时间</td><td>×××× 年 ×× 月 ×× 日</td><td>试件编号</td><td>HY001</td><td>取样数量</td><td>3 组</td></tr>
<tr><td>见证取样记录</td><td colspan="5">见证取样取自 8 号罐车，在试块上已做出标识，注明取样部位、取样日期</td></tr>
<tr><td>见证取样和送检印章</td><td colspan="5">×× 工程监理有限公司
见证取样和送检印章</td></tr>
<tr><td rowspan="2">签字栏</td><td colspan="2">取样人员</td><td colspan="3">见证人员</td></tr>
<tr><td colspan="2">刘 ××</td><td colspan="3">李 ××</td></tr>
</table>

4.4 造价控制资料

4.4.1 工程款支付证书

《建设工程监理规范》(GB/T 50319—2013)规定项目监理机构应按下列程序进行工程计量和工程款支付工作:

(1)施工单位统计经专业监理工程师质量验收合格的工程量，按施工合同的约定填报工程量清单和工程款支付申请表。

(2)专业监理工程师进行现场计量，按施工合同的约定审核工程量清单和工程款支付申请表，并报总监理工程师审定。

(3)总监理工程师签署工程款支付证书，并由建设单位代表审批。

工程款支付证书是与工程款支付申请表配套使用的。在工程预付款、工程进度款、工程结算款等支付时使用。监理单位填写的工程款支付证书应一式三份，建设单位、监理单位、施工单位各保存一份。工程款支付证书见表4.12。

表4.12 工程款支付证书

工程名称: ×× 花园　　　　编号: ××

致: ×× 房地产有限公司(建设单位)

根据施工合同约定，经审核施工单位工程支付申请表，扣除有关款项后，同意本期支付工程款共计(大写)柒佰贰拾伍万捌仟圆整(小写: 7 258 000.00 元)。按施工合同约定及时付款

其中:

1. 施工单位申报款为: 7 535 600.00 元
2. 经审核施工单位应得款为: 7 412 300.00 元
3. 本期应扣款为: 154 300.00 元
4. 本期应付款为: 7 258 000.00 元

附件:

1. 施工单位的工程款支付申请表及附件
2. 项目监理机构审查记录

专业监理工程师(签字): ×××
×××× 年 ×× 月 ×× 日

审核意见:

同意支付。含本次支付累计支付施工单位工程款:(大写)贰仟捌佰陆拾万叁仟圆,(小写)¥28 603 000.00 元，已支付施工单位工程款占合同总价的 36%

项目监理机构(盖章): ×× 工程监理有限公司
总监理工程师(签字、执业印章): ×××
×××× 年 ×× 月 ×× 日

审批意见:

同意本期应付数额支付工程进度款

建设单位(盖章): ×× 房地产有限公司
建设单位代表(签字): ×××
×××× 年 ×× 月 ×× 日

注: 本表一式三份，项目监理机构、建设单位、施工单位各一份

4.4.2 费用索赔报审表

根据《建设工程监理规范》(GB/T 50319—2013)，当施工单位提出费用索赔的理由同时满足以下条件时，项目监理机构应予以受理：

(1) 索赔事件造成了施工单位直接经济损失。

(2) 索赔事件是由于非施工单位的责任发生的，且符合施工合同约定。

(3) 施工单位已按照施工合同规定的期限和程序提出索赔意向通知书，并附有索赔凭证材料。

费用索赔报审表应一式三份，并应由建设单位、监理单位、施工单位各保存一份。

索赔意向通知书见表 4.13，费用索赔报审表见表 4.14。

表 4.13 索赔意向通知书

工程名称：×× 花园　　　　编号：××

致：×× 花园工程项目监理部 根据《建设工程施工合同》××（条款）的约定，由于发生了 建设单位对 ×× 花园工程所有配电箱选用品牌最终确定时间拖延 50 天，导致各类配电箱采购进场时间延误，不能满足现场配电箱的预埋箱体施工进度需要，造成窝工 30 个工日事件，且该事件的发生非我方原因所致。为此，我方向 ×× 房地产有限公司（单位）提出索赔要求 附件：(索赔事件资料) 1.《×× 花园》配电箱送样定板确认报审表 2. 配电箱订货合同 提出单位（盖章）：×× 建筑工程公司 负责人（签字）：××× ×××× 年 ×× 月 ×× 日

表 4.14　费用索赔报审表

工程名称：×× 花园　　　　　　　　　　　　　　　　　　　　　　　　编号：××

<table>
<tr><td>
致：×× 花园工程项目监理部（项目监理机构）
根据施工合同 ×× 条款，由于甲方对所有配电箱选用品牌最终确定拖延 50 天的原因，我方申请索赔金额（大写）壹仟玖佰壹拾肆元陆角，请予批准
索赔理由：按照贵部于 ×××× 年 × 月 × 日经商议后签发的《×× 花园工程已供材料选样定板管理办法》和施工合同相关条款约定，我项目部于 90 天前已向贵部及甲方申报《×× 花园工程配电箱选样定板确认报审表》，贵部已于 80 天前签署意见并由我部材料员直接送达甲方签收。但甲方未能及时签批，拖延至 35 天前才批复给我项目部，造成订货延期 50 天，不能按经批准的施工计划及时进货到工地造成窝工损失 30 个工日
索赔金额的计算：30 工日 ×63.82 元 / 工日 =1 914.60 元人工费用，（大写）壹仟玖佰壹拾肆元陆角整

附件（证明材料）：
1．索赔意向通知书
2．×× 花园工程配电箱选样定板确认报审表
3．配电箱订货合同

施工单位（盖章）：×× 建筑工程公司
项目经理（签字）：×××
×××× 年 ×× 月 ×× 日
</td></tr>
<tr><td>
审核意见：
不同意此项索赔。
同意此项索赔，索赔金额为（大写）
同意 / 不同意√索赔的理由：由于建设单位最终确定选用的 ×× 花园工程配电箱品牌为本工程招投标文件所列出的三个品牌范围内的厂商之一，作为施工单位不管建设单位选择原招投标文件所列范围内的哪个品牌配电箱，都应早有材料采购计划和意向，尽管建设单位最终确认意见反馈是延迟约有 50 天时间，但还有一个月的订货期，且本工程所用配电箱是常用产品。另外，负责施工的班组在配电箱未到工地期间，还有大量墙面管线开槽埋设工作可安排作业，没有实际上窝工现象发生，故本次费用索赔不成立
附件：索赔金额的计算

项目监理机构（盖章）：×× 工程监理有限公司
总监理工程师（签字、加盖执业印章）：×××
×××× 年 ×× 月 ×× 日
</td></tr>
<tr><td>
审批意见：
同意项目监理机构审核意见，此费用索赔不成立

建设单位（盖章）：×× 房地产有限公司
建设单位代表（签字）：×××
×××× 年 ×× 月 ×× 日
</td></tr>
</table>

4.5 合同管理资料

按《建设工程监理规范》(GB/T 50319—2013)，在项目施工过程中，当施工单位提出工程延期要求符合施工合同文件的规定条件时，项目监理机构应予以受理。当影响工期事件具有持续性时，项目监理机构可在收到施工单位提交的阶段性工程延期“工程临时/最终延期报审表”进行审查后，由总监理工程师签署审核意见、签字、加盖执业印章，报建设单位审批并建设单位代表签字。当施工单位提交最终的工程延期“工程临时/最终延期报审表”后，项目监理机构应复查工程延期及临时延期情况，由总监理工程师签署工程最终延期审核意见、签字、加盖执业印章，报建设单位审批并建设单位代表签字。“工程临时/最终延期报审表”见表4.15和表4.16。

表4.15 工程临时/最终延期报审表(一)

工程名称：×× 花园　　　　编号：××

致：××花园工程项目监理部(项目监理机构) 根据施工合同 ×× (条款)，由于施工图纸延误原因，我方申请工程临时/最终延期 5 (日历天)，请予批准 附件： 1．工程延期依据及工期计算：略 2．证明材料：略 施工单位(盖章)：××建筑工程公司 项目经理(签字)：××× ××××年××月××日
审核意见： ☑同意临时/最终延长工期 5 (日历天)。工程竣工日期从施工合同约定的××××年5月10日延迟到××××年5月15日 不同意延长工期，请按约定竣工日期组织施工 项目监理机构(盖章)：××工程监理有限公司 总监理工程师(签字、加盖执业印章)：××× ××××年××月××日
审批意见： 同意项目监理机构审核意见，本工程竣工日期从原来的××××年5月10日延迟到××××年5月15日 建设单位(盖章)：××房地产有限公司 建设单位代表(签字)：××× ××××年××月××日

注：本表一式三份，项目监理机构、建设单位、施工单位各一份

施工单位的工程延期报审能够成立并获得总监理工程师批准的依据：

(1)工期拖延事件是否属实。

(2)是否符合本工程施工合同规定。

(3)延期事件是否发生在工期网络计划的关键线路上。

(4)延期天数的计算是否正确，证据资料是否充足。

表 4.16 工程临时 / 最终延期报审表（二）

工程名称：×× 花园　　　　　　　　　　　　　　　　　　　　　　　编号：××

<table>
<tr><td>
致：×× 花园工程项目监理部（项目监理机构）
根据施工合同 ×× 花园（条款），由于施工图纸延误、设计变更、台风暴雨原因，我方申请工程临时 / 最终延期 50（日历天），请予批准

附件：
1．工程延期依据及工期计算：略
2．证明材料：略

施工单位（盖章）：×× 建筑工程公司
项目经理（签字）：×××
×××× 年 ×× 月 ×× 日
</td></tr>
<tr><td>
审核意见：
同意临时 / 最终延长工期 30（日历天）。工程竣工日期从施工合同约定的 ×× 年 5 月 10 日延迟到 ×× 年 6 月 9 日
说明：根据施工合同 ×× 条款的约定，我方对你方提出的“×× 花园工程最终延期报审表”延期 50 日历天的要求，经审核评估：由于施工图纸、设计变更、甲供材料的延误和某些部位使用功能的调整及台风暴雨的影响，汇总历次已批准的临时延期的日历天数；并延期事件非你方责任、剔除未发生在工期网络计划的关键线路上的日历天，最终延期为 30 日历天

项目监理机构（盖章）：×× 工程监理有限公司
总监理工程师（签字、加盖执业印章）：×××
×××× 年 ×× 月 ×× 日
</td></tr>
<tr><td>
审批意见：
同意项目监理机构审核意见，本工程竣工日期从原来的 ×××× 年 5 月 10 日延迟到 ×× 年 6 月 9 日

建设单位（盖章）：×× 房地产有限公司
建设单位代表（签字）：×××
×××× 年 ×× 月 ×× 日
</td></tr>
</table>

注：本表一式三份，项目监理机构、建设单位、施工单位各一份

习题

4.1　什么是监理文件资料？监理文件资料应包括哪些主要内容？

4.2　模拟编写监理用表 A 类三份。

4.3　施工单位向监理单位申报“材料 / 构配件 / 设备报验表”需提供的附件有哪些？

4.4　施工过程中出现质量隐患或安全隐患，有谁可以签发“工程暂停令”？

4.5　“分包单位资格报审表”由谁审查审核？

4.6　监理单位有谁可以签发“监理通知单”？

4.7　建筑施工安全检查评定划分为哪三个等级？

4.8　按照《建设工程监理规范》（GB/T 50319—2013）的规定，工程监理单位用表和施工单位报审、报验用表以及通用表有哪些？

4.9　建设工程由多个单位工程组成时，工程文件应按什么工程组卷？

4.10　监理文件资料管理有何规定？

模块 5

施工单位项目管理资料

【模块概述】

施工资料是指由施工单位负责整理收集的建筑工程施工过程中形成的技术性和管理性文件，它既是施工过程的控制手段，也是施工过程的准确记录。

施工单位的工程资料在施工过程中形成，由施工单位负责编制、收集、整理和归档，资料完成的相关单位有监理单位、试验、检测单位和各材料供货商等，施工资料按照《建筑工程资料管理规程》（JGJ/T 185—2009）可分为施工管理资料、施工技术资料、施工进度和造价资料、施工物资资料、施工记录、施工试验记录与检测报告、施工质量验收记录、竣工验收资料八类。建筑工程施工资料须完整，并符合当地建筑工程竣工验收资料归档要求，资料整理一般一式三份，建设单位、监理单位、施工单位各一份，其中送交建设单位的须为原件，以交档案馆备案用。

5.1 施工管理资料

施工管理资料由建筑工程规划许可证、施工图设计文件审查合格书、建筑工程施工许可证、施工合同、工程开工报审表及单位工程开工报告、施工现场质量管理检查记录及施工项目管理机构审查记录（企业资质证书及相关专业人员岗位证书）、分包合同及分包单位资格报审表、工程质量事故调查处理记录、处理报告、施工日志、地质勘察资料、竣工图纸、监理通知回复单等相关资料组成。

5.1.1 开工报审表及单位工程开工报告

建设单位依据合同约定完成了前期准备工作并满足施工作业条件、“三通一平”（指场地平整、路通、水通、电通）后，应由施工单位向建设单位提交开工申请。填报开工报审表和单位工程开工报告，报项目监理机构审核，建设单位审批。

申报的相关资料有：

（1）施工许可证已由建设主管部门批准。

（2）施工组织设计（方案）已经总监理工程师批准。

（3）承包单位现场管理人员已到位，机具、施工人员已进场，主要工程材料已落实。

（4）进场道路及水、电、通信等已满足开工要求。

（5）其他内容。

一个建设项目填报一次开工报告，如该项目含有多个单位（子单位）工程且开工时间不同，则应单独填报开工报告。单位工程开工报告见表 5.1。

5.1.2 复工报审表

工程复工是指工程暂停原因消失，承包单位向项目监理机构申请复工。

附件内容：工程暂停原因是由承包单位的原因引起时，承包单位应报告整改情况和预防措施；非承包单位的原因引起时，仅提供工程暂停原因消失证明。

审查意见：总监理工程师应指定专业监理工程师对复工条件进行复核，对符合复工条件的予以审批，并注明同意复工时间；对不符合复工条件的应注明不同意复工原因和对承包单位的要求。

表 5.1　单位工程开工报告

<table>
<tr><td>工程名称</td><td colspan="7">×× 花园</td></tr>
<tr><td>工程地址</td><td colspan="7">×× 省 ×× 市 ×× 路 ×× 号</td></tr>
<tr><td>建设单位</td><td colspan="7">×× 房地产有限公司</td></tr>
<tr><td>施工单位</td><td colspan="7">×× 建筑工程公司</td></tr>
<tr><td>监理单位</td><td colspan="7">×× 工程监理有限公司</td></tr>
<tr><td>设计单位</td><td colspan="7">×× 建筑设计院</td></tr>
<tr><td>结构类型</td><td>框架剪力墙</td><td>层数</td><td>地下 1 层，地上 20 层</td><td>建筑面积（m²）</td><td>18 300</td><td>玻璃幕墙面积（m²）</td><td>/</td></tr>
<tr><td>工程造价（万元）</td><td>4 500</td><td>合同工期（天）</td><td>450</td><td>申请开工日期</td><td>×××× 年 ×× 月 ×× 日</td><td>计划竣工日期</td><td>×××× 年 ×× 月 ×× 日</td></tr>
<tr><td colspan="8">致：×× 工程监理有限公司　　　（监理 / 建设单位）
根据合同约定，建设单位已取得主管单位审批施工许可证，我方也完成了开工前的各项准备工作，计划于 ×××× 年 ×× 月 ×× 日开工，请审批</td></tr>
<tr><td colspan="4">开工应具备的条件</td><td colspan="4">结果</td></tr>
<tr><td colspan="4">1. 规划许可证</td><td colspan="4"></td></tr>
<tr><td colspan="4">2. 施工许可证</td><td colspan="4"></td></tr>
<tr><td colspan="4">3. 三通一平情况及临时设施情况</td><td colspan="4"></td></tr>
<tr><td colspan="4">4. 施工组织设计或施工方案审批情况</td><td colspan="4"></td></tr>
<tr><td colspan="4">5. 设计文件、施工图及施工图设计审查合格证书</td><td colspan="4"></td></tr>
<tr><td colspan="4">6. 地质勘察报告及审查合格证书</td><td colspan="4"></td></tr>
<tr><td colspan="4">7. 现场施工人员安排情况</td><td colspan="4"></td></tr>
<tr><td colspan="4">8. 主要材料、施工机械设备落实情况</td><td colspan="4"></td></tr>
<tr><td colspan="4">9. 工程基线、标高复核情况</td><td colspan="4"></td></tr>
<tr><td colspan="4">10. 其他</td><td colspan="4"></td></tr>
<tr><td>备注</td><td colspan="7"></td></tr>
<tr><td colspan="3">施工单位（公章）：

项目负责人（签章）：

×××× 年 ×× 月 ×× 日</td><td colspan="3">监理单位意见：

监理单位（公章）：
总监理工程师（签章）：

×××× 年 ×× 月 ×× 日</td><td colspan="2">建设单位意见：

建设单位（公章）：
建设单位项目负责人：

×××× 年 ×× 月 ×× 日</td></tr>
</table>

5.1.3 施工现场质量管理检查记录及施工项目管理机构审查记录

施工现场质量管理检查记录及施工项目管理机构审查记录是施工企业质量管理体系的具体要求，由施工单位项目经理部在进场后，开工前按规定填写，报项目总监理工程师（或建设单位项目技术负责人）检查确认。施工现场质量管理检查记录及施工项目管理机构审查记录见表 5.2 和表 5.3。

表 5.2　施工现场质量管理检查记录

<table>
<tr><td>工程名称</td><td colspan="2">××花园</td><td colspan="2">施工许可证</td><td>××××</td></tr>
<tr><td>建设单位</td><td colspan="2">××房地产有限公司</td><td colspan="2">项目负责人</td><td>×××</td></tr>
<tr><td>设计单位</td><td colspan="2">××建筑设计院</td><td colspan="2">项目负责人</td><td>×××</td></tr>
<tr><td>监理单位</td><td colspan="2">××工程监理有限公司</td><td colspan="2">总监理工程师</td><td>×××</td></tr>
<tr><td>施工单位</td><td>××建筑工程公司</td><td>项目经理</td><td>×××</td><td>项目技术负责人</td><td>×××</td></tr>
<tr><td>序 号</td><td colspan="2">项　目</td><td colspan="3">内　容</td></tr>
<tr><td>1</td><td colspan="2">现场质量管理制度</td><td colspan="3">质量例会制度、质量检查制度、质量评比和奖罚制度</td></tr>
<tr><td>2</td><td colspan="2">质量责任制</td><td colspan="3">管理人员岗位责任制，技术交底制度、设计交底会制</td></tr>
<tr><td>3</td><td colspan="2">主要专业工种操作上岗证书</td><td colspan="3">测量工、钢筋工、混凝土工、木工、电工、电焊工、抹灰工、架子工等有上岗证……</td></tr>
<tr><td>4</td><td colspan="2">分包方资质与对分包单位的管理制度</td><td colspan="3">桩基分包单位在其资质范围内承包工程，并接受总包单位管理</td></tr>
<tr><td>5</td><td colspan="2">施工图审查情况</td><td colspan="3">已审查，审查合格证号为××××</td></tr>
<tr><td>6</td><td colspan="2">地质勘察资料</td><td colspan="3">地质勘察报告，编号为××××</td></tr>
<tr><td>7</td><td colspan="2">施工组织设计、施工方案及审批</td><td colspan="3">施工组织设计已审批</td></tr>
<tr><td>8</td><td colspan="2">施工技术标准</td><td colspan="3">现场施工技术标准齐全</td></tr>
<tr><td>9</td><td colspan="2">工程质量检验制度</td><td colspan="3">有原材料检验制度、施工质量检验制度</td></tr>
<tr><td>10</td><td colspan="2">搅拌站及计量设置</td><td colspan="3">有管理制度及计量控制措施</td></tr>
<tr><td>11</td><td colspan="2">现场材料、设备存放与管理</td><td colspan="3">有现场材料、设备存放与管理制度、措施</td></tr>
<tr><td colspan="6">检查结论：
施工现场质量管理制度健全，符合要求
总监理工程师（签章）：×××　　日期：××××年××月××日</td></tr>
</table>

表 5.3　施工项目管理机构审查记录

工程名称	××花园			建筑面积（m^2）	18 300
施工单位	××建筑工程公司			结构类型	框架剪力墙结构
岗位职务	人员姓名	职称	岗位证件名称	证件编号	备注
项目经理	×××	高级工程师	一级建造师	×××	到位
技术负责人	×××	高级工程师	职称证	×××	到位
质检员	×××	工程师	质检员证	×××	到位
安全员	×××	工程师	安全员证	×××	到位
施工员	×××	助理工程	施工员证	×××	到位
施工员	×××	工程师	施工员证	×××	到位
材料员	×××	助理工程	材料员证	×××	到位
资料员	×××	助理工程	资料员证	×××	到位
预算员	×××	工程师	预算员证	×××	到位
机械员	×××	助理工程	机械员证	×××	到位
检查结论： 所报资料属实，符合相关规定要求 总监理工程师（签章）：××× （建设单位项目负责人） ××××年××月××日					

5.1.4 分包合同及分包单位资格报审表

当一个项目工程量较大，各专业较多时，施工中就会存在专业分包，如桩基、防水、精装修、钢结构、电梯、太阳能工程等。总包单位须与分包单位签订分包合同，各专业分包单位由总承包单位统一协调管理。分包工程开工前，专业监理工程师应审查总包单位报送的分包单位资格报审表和分包单位有关资质资料，符合有关规定后，由总监理工程师予以签认。对分包单位资格应审核以下内容：分包单位的企业法人营业执照、企业资质等级证书、施工企业安全生产许可证、特殊行业施工许可证、外地企业承包工程登记备案资料；分包单位的业绩；拟分包工程的内容和范围；专职管理人员和特种作业人员的资格证、上岗证。分包单位资格报审表见表 5.4。

表 5.4　分包单位资格报审表

工程名称：×× 花园工程　　　　　　编号：××

<table>
<tr><td colspan="3">致：×× 工程监理有限公司（项目监理机构）
经考察，我方认为拟选择的 ×× 桩基础公司（分包单位）具有承担下列工程的施工 / 安装资质和能力，可以保证本工程按施工合同第＿＿＿＿条款的约定进行施工 / 安装。分包后，我方仍承担本工程施工合同的全部责任。请予以审查</td></tr>
<tr><td>分包工程名称（部位）</td><td>分包工程量</td><td>分包工程合同额</td></tr>
<tr><td>桩基工程</td><td>260 根</td><td>350 万元</td></tr>
<tr><td></td><td></td><td></td></tr>
<tr><td></td><td></td><td></td></tr>
<tr><td colspan="2">合　　计</td><td>350 万元</td></tr>
<tr><td colspan="3">附：1. 分包单位资质材料
2. 分包单位业绩材料
3. 施工单位对分包单位的管理制度
施工单位（盖章）：×× 建筑工程公司
项目经理（签字）：　×××
×××× 年 ×× 月 ×× 日</td></tr>
<tr><td colspan="3">审查意见：
该分包单位经审查核实，不具备分包资格与条件，不同意分包，请总监理工程师审核
专业监理工程师（签字）：　×××
×××× 年 ×× 月 ×× 日</td></tr>
<tr><td colspan="3">审核意见：
经审核，该分包单位不具备分包资格，不同意分包
项目监理机构（盖章）：×× 工程监理有限公司
总监理工程师（签字）：　×××
×××× 年 ×× 月 ×× 日</td></tr>
</table>

注：本表一式三份，项目监理机构、建设单位、施工单位各一份

5.1.5 工程质量事故调查处理记录

《建设工程质量管理条例》国务院令第 279 号规定：建设工程发生质量事故，有关单位应当在 24 小时内向当地建设行政主管部门和其他有关部门报告。质量事故等级分为一般质量事故、较大质量事故、重大质量事故和特别重大质量事故。

工程发生质量事故后，由相关人员组成调查小组对工程质量事故进行初步了解和现场勘查后形成记录。工程质量事故调查处理含三项记录：事故报告单、事故调查记录、事故处理记录。举例说明表格的填写要求，见表 5.5、表 5.6、表 5.7。

表 5.5 工程质量事故报告单

工程名称	××××工程	建设单位	××××
勘察设计单位	××××	施工单位	××××
事故发生时间	××××年××月××日	上报时间	××××年××月××日
事故概况： ××××年××月××日，在拆除一层墙柱模板时，发现①~⑫/Ⓒ~Ⓕ轴处的剪力墙混凝土未固结，强度达不到要求，此时顶面梁板的钢筋已绑扎完毕。初步估计经济损失约 105 万元，属于一般质量事故			
事故原因初步判断 商品混凝土的配合比出现错误			
事故后采取的措施及事故控制情况 暂停下道工序施工，将事故情况报建设单位、监理、设计单位和工程质量监督部门。保护现场，等待处理			
报告单位	××××	报告人	×××

表 5.6　工程质量事故调查记录

<table>
<tr><td colspan="2">工程名称</td><td>××××工程</td><td>建设单位</td><td>××××</td></tr>
<tr><td colspan="2">勘察设计单位</td><td>××××</td><td>施工单位</td><td>××××</td></tr>
<tr><td colspan="2">调查时间</td><td>××××年××月××日</td><td>调查地点</td><td>××××工程现场</td></tr>
<tr><td colspan="2">姓名</td><td>单位</td><td>岗位职务</td><td>联系电话</td></tr>
<tr><td rowspan="4">调查人</td><td>×××</td><td>××单位</td><td>项目负责人</td><td>×××</td></tr>
<tr><td>×××</td><td>××单位</td><td>项目总监</td><td>×××</td></tr>
<tr><td>×××</td><td>××单位</td><td>结构专业负责人</td><td>×××</td></tr>
<tr><td>×××</td><td>××单位</td><td>监督组负责人</td><td>×××</td></tr>
<tr><td rowspan="2">被调查人</td><td>×××</td><td>××施工单位</td><td>项目技术负责人</td><td>×××</td></tr>
<tr><td>×××</td><td>××施工单位</td><td>施工员</td><td>×××</td></tr>
<tr><td colspan="2">调查笔录
（可附页）</td><td colspan="3">施工员×××：施工过程均按要求进行振捣，并做好养护

监理工程师×××：浇筑混凝土的过程进行了旁站监理，未发现违章施工现象

商品混凝土供货商技术员×××：经核实，该批砼的下料操作失误</td></tr>
<tr><td colspan="2">现场证物照片</td><td colspan="3">□ 有　　□ 无　　共　张</td></tr>
<tr><td colspan="2">事故证据资料</td><td colspan="3">□ 有　　□ 无　　共　页</td></tr>
<tr><td colspan="2">被调查人签名</td><td colspan="3">×××　×××　×××</td></tr>
<tr><td colspan="2">调查人签名</td><td colspan="3">×××　×××　×××　×××</td></tr>
</table>

表 5.7　工程质量事故处理记录

工程名称	××××工程	建设单位	××××
勘察设计单位	××××	施工单位	××××
事故处理时间	××××年××月××日	上报时间	××××年××月××日
事故原因分析： 混凝土供货商××公司在下料时，由于操作失误，混凝土掺合料过多，导致了本批砼强度没有发展，出现了较大偏差			
事故处理方案： 1. 将一层顶板钢筋拆除、模板拆除，对存在质量问题的墙体砼凿除，返工重做 2. 对混凝土供货商××公司建议按相关规定进行处罚，并承担此事故的一切责任 3. 对各参建方进行教育，防止今后再发生类似事故			
处理结果 经返工处理后，已消除工程质量缺陷。事故责任者已受到相应处理 专业质量检查员：　×××　　项目技术负责人：　××× ××××年××月××日			
验收结论 经处理后，工程施工质量符合要求 专业监理工程师：　×××　　总监理工程师（签章）：　××× （建设单位项目负责人） ××××年××月××日			

5.1.6 工程质量事故调查处理报告

事故调查组对事故调查后形成调查报告。报告内容有：工程概况、事故发生的时间、原因、事故情况、直接经济损失、处理意见等。建设工程质量事故报告书见表 5.8。

表 5.8 工程质量事故调查处理报告

<table>
<tr><td>单位（子单位）
工程名称</td><td colspan="2">×××× 工程</td><td>工程地址</td><td colspan="2">××××</td></tr>
<tr><td>建筑面积
（m²）</td><td colspan="2">××</td><td>事故类型</td><td colspan="2">××××</td></tr>
<tr><td>发生时间</td><td colspan="2">×××× 年 ×× 月 ×× 日</td><td>发生部位 / 地点</td><td colspan="2">×× 工程施工现场</td></tr>
<tr><td>经济损失
（万元）</td><td colspan="2">××</td><td>建设单位</td><td colspan="2">××××</td></tr>
<tr><td>勘察设计单位</td><td colspan="2">××××</td><td>施工单位</td><td colspan="2">××××</td></tr>
<tr><td>监理单位</td><td colspan="2">××××</td><td>监督单位</td><td colspan="2">××××</td></tr>
<tr><td>事故情况
及主要原因</td><td colspan="5">事故的经过、结果：基坑开挖范围内土体为淤泥质粉质黏土，富水性和透水性差，基坑采用集水井加明沟进行防水和排水。在基坑挖土过程中部分工程桩出现倾斜事故，个别工程桩已折断
原因分析：挖土方法不当，挖土过程中的振动和真空吸力不断地使土体产生塑流蠕变，且挖土未进行分层分块进行</td></tr>
<tr><td>采取的措施及
事故控制情况</td><td colspan="5">对倾斜角度较小的工程桩用千斤顶使其复位，然后在桩周注浆加固。采用整板刚性承台代替原群桩小承台。由于刚性整板式承台有较强的调整不均匀沉降的能力，加强了整体性和抗倾覆能力，设计中不可视接桩与原基桩变形协调一致，共同受力，避免了对上部结构的不利影响，有利于承台底板下的土体发挥承载作用</td></tr>
<tr><td>事故处理情况</td><td colspan="5">对事故直接负责人进行相关处理，并进行质量意识教育，切实加强岗位操作规程培训学习，并对其进行考核合格后方允许上岗</td></tr>
<tr><td>备注
（相关附件）</td><td colspan="5"></td></tr>
<tr><td>报告单位</td><td colspan="3">×× 单位</td><td>报告日期</td><td>×××× 年 ×× 月 ×× 日</td></tr>
<tr><td>单位负责人</td><td>×××</td><td rowspan="2">填表人</td><td rowspan="2">×××</td><td rowspan="2">电话</td><td rowspan="2">××××</td></tr>
<tr><td>项目负责人</td><td>×××</td></tr>
</table>

5.1.7 工程施工日志

施工日志是施工单位在整个施工阶段有关现场施工活动和施工现场情况变化的真实综合性记录，也是处理施工问题的备忘录和总结施工管理经验的基本文件。施工日志应以单位工程为记载对象。从工程开工起（或进场准备起）至工程竣工止，指定专人负责逐日记载，并保证内容真实、连续和完整。施工日志必须保证字迹清晰、内容齐全，由项目负责人签字。施工日志格式见表 5.9。

表 5.9 工程施工日志

年　　月　　日　天气　上午　　　　下午　　　　温度　上午　　　下午　　　　风力

施工内容	施工部位	生产班组	工作人数（机械设备）	进度情况
材料使用情况	材料使用品种、材料进场、送检情况			
质量工作记录	当日施工内容完成情况，试件制作情况，当日砼浇筑及成型、钢筋安装及焊接、砌体、模板安拆、养生等的质量检查和处理记录；砼养护记录、砂浆、砼外加剂掺用量等			
安全生产记录	对安全检查情况及安全隐患处理（纠正）情况、文明施工及场容场貌管理情况等			
检查验收记录	对施工技术、质量检查情况，隐蔽验收结论等			
存在问题及处理记录	建设、设计、监理等单位对工程施工提出的技术、质量要求、意见及采纳实施情况。施工中存在问题的整改和处理情况			
图纸变更等记　事	设计变更、技术核定通知及执行情况；施工技术交底、安全技术交底情况；施工现场有关会议的主要内容；停电、停水、停工情况；施工机械故障及处理情况；冬雨季施工准备及措施执行情况；施工中涉及的特殊措施和施工方法、新技术、新材料的推广使用情况			

每天所有工作情况必须如实填写　　　　　　　　　　　　记录员：　第　　　页

5.1.8 监理通知回复单

监理通知回复单是施工单位落实《监理工程师通知》后，报项目监理机构检查复核。表中“详细内容”是施工单位针对《监理工程师通知》要求，简要说明落实的过程、结果、自检情况，必要时附证明材料如照片；“复查意见”是专业监理工程师根据对所报材料的检查核对工作成果的复核情况签署意见，对不符合要求的应指出具体的项目和部位，并要求施工单位继续整改。监理通知回复单见表5.10。

表 5.10 监理通知回复单

工程名称: ×× 花园　　　　编号: ××

致： ×× 工程监理有限公司（项目监理机构） 我方接到编号为 005 的监理通知后，已按要求完成相关工作，请予以复查 附：需要说明的情况 我项目部接到 005 号监理通知单后，立即组织了整改： 1. 对楼板预留洞口及没有防护措施的井口、边缘，已按要求用坚实的木盖板钉牢并设牢靠的防护栏杆 2. 物料提升机各层的出口已设置固定栅栏门。已教育司机，人员进出时要关闭人货梯安全门 3. 楼层临边已按要求进行防护，栏杆由上、下两道横杆及立杆组成 4. 部分施工人员进入现场未戴安全帽现象已经过教育，已做到正确佩戴安全帽 请予以复查 施工单位（盖章）： ×× 建筑工程公司 项目经理（签字）： ××× ×××× 年 ×× 月 ×× 日
复查意见： 经复查对（005）《监理通知》提出的问题，项目部进行了全面的整改处理，符合现场施工要求 项目监理机构（盖章）：×× 工程监理有限公司 总 / 专业监理工程师（签字）：××× ×××× 年 ×× 月 ×× 日

注：此表归档第 4 章监理资料，不归档施工单位建筑工程竣工验收资料内

5.2 施工技术资料

施工技术资料由施工组织设计、专项施工方案及其报审表、危险性较大的分部分项工程施工方案专家论证表、施工技术交底记录、设计图纸会审记录、设计变更、洽商记录等组成。

5.2.1 施工组织设计 /（专项）施工方案报审

施工单位在工程项目开工（施工）前需要填写"施工组织设计 /（专项）施工方案报审表"报送监理单位审批。审批的文件有施工组织设计、专项施工方案。

施工组织设计是施工单位对承建的整个项目或单位工程施工管理的总体构思和部署，是项目施工的纲领性文件，也是施工组织的指导性文件。施工组织设计由项目技术负责人组织编制，施工单位技术、质量、安全部门人员审核，施工单位技术负责人审批。

专项施工方案即安全专项施工方案，是指施工单位在编制施工组织（总）设计的基础上，针对危险性较大的分部分项工程单独编制的安全技术措施文件。危险性较大的分部分项工程是指建筑工程在施工过程中存在的、可能导致作业人员群死群伤或造成重大不良社会影响的分部分项工程。专项施工方案由项目专业技术人员编制，施工单位技术部门组织本单位施工技术、安全、质量等部门的专业技术人员进行审核。经审核合格的，由施工单位技术负责人签字。实行施工总承包的，专项方案应当由总承包单位技术负责人及相关专业承包单位技术负责人签字。

施工组织设计 /（专项）施工方案报审表见表 5.11。

表 5.11 施工组织设计 /（专项）施工方案报审表

工程名称：×× 花园　　　　编号：××

致：×× 工程监理有限公司（项目监理机构） 我方已完成 ×× 花园 工程 施工组织设计 /（专项）施工方案的编制，并按规定已完成相关审批手续，请予以审查 附：☑ 施工组织设计 ☐ 专项施工方案 施工单位（盖章）：×× 建筑工程公司 项目经理（签字）：××× ×××× 年 ×× 月 ×× 日
审查意见： 经审查，方案合理，可满足施工要求 专业监理工程师（签字）：××× ×××× 年 ×× 月 ×× 日
审核意见： 同意按此施工组织设计施工 项目监理机构（盖章）：×× 工程监理有限公司 总监理工程师（签字、加盖执业印章）：王 ×× ×××× 年 ×× 月 ×× 日
审批意见（仅对超过一定规模的危险性较大分部分项工程专项方案）： 同意按此施工组织设计施工 建设单位（盖章）：×× 房地产有限公司 建设单位代表（签字）：××× ×××× 年 ×× 月 ×× 日

注：本表一式三份，项目监理机构、建设单位、施工单位各一份

5.2.2 危险性较大分部分项工程施工方案专家论证

根据住房和城乡建设部《危险性较大的分部分项工程安全管理办法》建质[2009]87号文，对超过一定规模的危险性较大的分部分项工程，施工单位编制完成专项施工方案后，应当组织专家对专项方案进行论证，确认安全可行后方可实施。不需专家论证的专项方案，经施工单位审核合格后报监理单位，由项目总监理工程师审核签字。

其中海南地区超过一定规模的深基坑支护设计部分，根据《海南省住房和城乡建设厅关于加强建筑边坡与深基坑工程质量安全管理的通知》（琼建质[2012]190号）要求，须由具有相应资质等级的设计单位设计。

超过一定规模的危险性较大的分部分项工程范围：

1. 深基坑工程

（1）开挖深度超过5 m（含5 m）的基坑（槽）的土方开挖、支护、降水工程。

（2）开挖深度虽未超过5 m，但地质条件、周围环境和地下管线复杂，或影响毗邻建筑（构筑）物安全的基坑（槽）的土方开挖、支护、降水工程。

2. 模板工程及支撑体系

（1）工具式模板工程：包括滑模、爬模、飞模工程。

（2）混凝土模板支撑工程：搭设高度8 m及以上；搭设跨度18 m及以上，施工总荷载15 kN/m^{2}及以上；集中线荷载20 kN/m^{2}及以上。

（3）承重支撑体系：用于钢结构安装等满堂支撑体系，承受单点集中荷载700 kg以上。

3. 起重吊装及安装拆卸工程

（1）采用非常规起重设备、方法，且单件起吊重量在100 kN及以上的起重吊装工程。

（2）起重量300 kN及以上的起重设备安装工程；高度200 m及以上内爬起重设备的拆除工程。

4. 脚手架工程

（1）搭设高度50 m及以上落地式钢管脚手架工程。

（2）提升高度150 m及以上附着式整体和分片提升脚手架工程。

（3）架体高度20 m及以上悬挑式脚手架工程。

5. 拆除、爆破工程

（1）采用爆破拆除的工程。

（2）码头、桥梁、高架、烟囱、水塔或拆除中容易引起有毒有害气（液）体或粉尘扩散、易燃易爆事故发生的特殊建、构筑物的拆除工程。

（3）可能影响行人、交通、电力设施、通信设施或其他建（构）筑物安全的拆除工程。

（4）文物保护建筑、优秀历史建筑或历史文化风貌区控制范围的拆除工程。

6. 其他

（1）施工高度50 m及以上的建筑幕墙安装工程。

（2）跨度大于36 m及以上的钢结构安装工程；跨度大于60 m及以上的网架和索膜结构安装工程。

（3）开挖深度超过16 m的人工挖孔桩工程。

（4）地下暗挖工程、顶管工程、水下作业工程。

超过一定规模的危险性较大的分部分项工程施工方案专家论证报告见表 5.12。

表 5.12　花园工程深基坑边坡支护施工方案专家论证报告

时间：××××年××月××日

<table>
<tr><td colspan="2">工 程 名 称</td><td colspan="2">××花园</td><td>项目经理</td><td>×××</td></tr>
<tr><td colspan="2">施工方案名称</td><td colspan="2">深基坑边坡支护施工方案</td><td>编 制 人</td><td>×××</td></tr>
<tr><td colspan="2">施 工 单 位</td><td colspan="2">××建筑工程公司</td><td>批 准 人</td><td>×××</td></tr>
<tr><td>工程概况</td><td colspan="5">拟建××花园工程位于××省××市××路××号，基坑面积 2 255.3 m，围护周长约 191.4 m，基坑开挖深度为 5.4 m。支护结构的安全等级按二级考虑，基坑支护设计使用期限为 12 个月
±0.00 为 85 高程基准的 18.55 m，自然地面标高为 18.1 m，现地坪建筑相对标高为 -0.45 m
地下水位埋深为 2.80~4.50 m，①、② 层为强透水层，③、④ 层为弱透水层，① 层粗砂平均层厚 4.47 m，采用放坡 + 网喷混凝土 + 锚杆 + 轻型井点的开挖支护方式</td></tr>
<tr><td>方案的可行性与评审建议</td><td colspan="5">专家组一致意见（各专家意见详见附页）：
1. 土方分层开挖（尤其基坑周边）应与基坑支护工程设计图纸相适应，并按此修改施工进度计划，明确开挖层次、顺序
2. 基坑坑边堆载做法不一，统一调整，场地开阔，尽量远离基坑
3. 调整施工工艺，应与基坑开挖的顺序及方法相结合
4. 补充基坑现场平面布置图（含水、电、沙井、洗车台、运土坡道、上下马道等）
5. 补充材料、锚杆等的检测项目和要求</td></tr>
<tr><td>方案论证结论</td><td colspan="5">论证结论：
① 同意通过□
② 按专家意见修改经评审组长审核后同意通过，由监理单位监督实施☑
③ 重新编制后重新审查□
（备注：论证结论为第 ② 点的，施工单位应当根据论证报告修改完善专项方案，并经施工单位技术负责人、项目总监理工程师、建设单位项目负责人签字后，方可实施。）

专家组组长：×××　　　　××××年××月××日</td></tr>
<tr><td rowspan="6">论证专家签字</td><td>姓名</td><td>工作单位</td><td colspan="2">专家签字</td><td>职称 / 职务</td></tr>
<tr><td></td><td></td><td colspan="2"></td><td></td></tr>
<tr><td></td><td></td><td colspan="2"></td><td></td></tr>
<tr><td></td><td></td><td colspan="2"></td><td></td></tr>
<tr><td></td><td></td><td colspan="2"></td><td></td></tr>
<tr><td></td><td></td><td colspan="2"></td><td></td></tr>
<tr><td colspan="2">设计单位意见：

同意专家论证意见

项目负责人签字：×××
××××年××月××日</td><td colspan="2">监理单位意见：

同意专家论证意见

总监理工程师签字：×××
××××年××月××日</td><td colspan="2">施工单位意见：

同意专家论证意见，修改完善

企业技术负责人签字：×××
××××年××月××日</td></tr>
</table>

5.2.3 施工技术交底记录

技术交底是指工程开工前，由各级技术负责人将有关工程施工的各项技术要求逐级向下贯彻，直到班组作业层。技术交底可分为施工组织设计交底、专项施工方案技术交底、分项工程施工技术交底、“四新”（新材料、新设备、新技术、新工艺）技术交底和设计变更技术交底。

技术交底的主要内容有：施工方法、技术安全措施、规范要求、质量标准、设计变更等。对于重点工程、特殊工程、“四新”技术的技术要求更需要详细的技术交底。

技术交底分为三级：公司级、项目级和班组级。

公司一级的交底：由施工单位技术负责人就施工组织设计对项目组织机构管理人员、班组长进行交底。

项目一级的交底：由项目技术负责人、专业施工员就专项施工方案、分部分项工程施工技术对施工员、各班组长、班组进行交底。

班组一级的交底：由各班组长就操作规程对本班组工人进行交底。

施工技术交底单见表 5.13。

表 5.13　施工技术交底单

施工单位：×× 建筑工程公司　　　　本交底单共 × 页　　　　第 1 页

<table>
<tr><td colspan="2">工程名称</td><td>×× 花园</td><td>施工班组</td><td>抹灰班组</td></tr>
<tr><td colspan="2">分部分项工程名称</td><td>节能工程——外墙内保温</td><td>班组长签字</td><td>×××</td></tr>
<tr><td colspan="2">交底时间</td><td>×××× 年 ×× 月 ×× 日</td><td rowspan="2">主要成员签字</td><td>×××</td></tr>
<tr><td colspan="2">交底人签字</td><td>×××</td><td>×××</td></tr>
<tr><td>交底内容</td><td colspan="4">一、施工准备
基层墙体经过工程验收达到质量标准，施工前应将基层墙面的灰尘、污垢、油渍等清洗干净表面达到平整。门窗洞口应通过验收、洞口尺寸、位置应符合设计要求和质量要求。门窗框及辅框、伸出墙面的消防梯、水落管、各种进户管线和空调器等预埋件、连接件应安装完毕。并按外保温系统厚留出间隙
施工应准备主要机具和设备如下：
① 机械设备：搅拌机和垂直运输机械等
② 粉刷工具：批刀、托盘、铝合金刮尺等
③ 检测器具：靠尺、钢卷尺等
二、工艺流程
基层处理（混凝土等光面墙体需使用常规界面砂浆）→吊垂直、套方、弹控制线、冲筋、做口、复验→批抹 YT 无机保温隔热材料
三、施工要点
1.YT 无机隔热保温材料配置
YT 无机隔热保温材料与水量约 1.5 ：1 左右比例，放置搅拌机搅拌 3~5 分钟达到适宜操作即可。初凝时间在 2 小时左右
2.YT 无机隔热保温材料的使用
先将基层墙体冲洗干净并保持湿润后（若混凝土等光面墙体需提前一天做常规界面砂浆甩浆处理），将搅拌好的 YT 隔热保温材料直接批抹于基层墙体上或抹平水泥砂浆上
（下转第 2 页，略）</td></tr>
</table>

5.2.4 设计图纸会审记录

图纸会审是指工程开工前，各参建单位（建设单位、监理单位、施工单位）在收到设计院施工图设计文件后，对图纸进行全面细致的熟悉，审查出施工图中存 在的问题及不合理情况并提交设计院进行处理的一项重要活动。通过图纸会审可以使各参建单位特别是施工单位熟悉设计图纸、领会设计意图、掌握工程特点及难点，找出需要解决的技术难题并拟定解决方案，从而将因设计缺陷而存在的问题消灭在施工之前。图纸会审由建设单位组织，施工单位负责记录，按专业汇总、整理，由各方代表签字盖章认可。设计图纸会审记录见表 5.14。

表 5.14 设计图纸会审记录

<table>
<tr><td colspan="2">工程名称</td><td colspan="2">××花园</td><td>日 期</td><td>××××年××月××日</td></tr>
<tr><td colspan="2">地 点</td><td colspan="2">××省××市××路××号</td><td>专业名称</td><td>土建（结施）</td></tr>
<tr><td>序号</td><td>图 号</td><td colspan="2">图纸问题</td><td colspan="2">图纸问题答复</td></tr>
<tr><td>01</td><td>结施 06</td><td colspan="2">第一层柱平面①轴与Ⓖ轴之间的 SKZ5 柱平面与建筑不符，如何处理？</td><td colspan="2">补充设计变更</td></tr>
<tr><td>02</td><td>结施 12</td><td colspan="2">①-⑰交Ⓐ轴的①、②大样与建施 07 修立面图不合（4.20 m），如何处理？</td><td colspan="2">建筑补详图</td></tr>
<tr><td>03</td><td>结施 12、14</td><td colspan="2">⑪-⑯轴交Ⓛ-Ⓜ轴是楼板，建施 02、03 修图显示是 2 个风井，08 修图中却是 3 个风井，以哪个为准？</td><td colspan="2">修改，另出设计变更</td></tr>
<tr><td>04</td><td>结施 12</td><td colspan="2">4.15 m ①-⑰交Ⓐ轴外阳台②节点与建施 06 图 1.1 剖面图中阳台大样不一致，如何处理？</td><td colspan="2">建筑补详图</td></tr>
<tr><td>05</td><td>结施 16</td><td colspan="2">图中 49.75 m 周边无节点，与建施 05、06、07 立面不合，如何处理？</td><td colspan="2">建筑补详图</td></tr>
<tr><td rowspan="2">参加人员签字</td><td>建设单位（盖章）</td><td>监理单位（盖章）</td><td colspan="2">勘察设计单位（盖章）</td><td>施工单位（盖章）</td></tr>
<tr><td>×××
×××</td><td>×××
×××</td><td colspan="2">×××</td><td>×××
×××
×××</td></tr>
</table>

5.2.5 设计变更、洽商记录

设计变更是施工过程中，由于施工图纸本身差错或设计图纸与实际情况不符，施工条件变化，原材料的规格、品种、质量不符合设计要求等原因，需要对设计图纸部分内容进行修改而办理的变更设计文件。设计变更、洽商内容一般由施工单位向建设单位提出（也可由监理单位、建设单位提出），建设单位再递交设计单位确认，或由设计单位另出具设计变更通知单。设计变更通知单应盖有设计单位出图章、设计师注册章。设计变更、洽商记录见表 5.15。

表 5.15　设计变更、洽商记录

<table>
<tr><td colspan="2">工程名称</td><td>××花园</td><td>专业名称</td><td>结构</td></tr>
<tr><td colspan="2">洽商内容提出单位名称</td><td>××建筑工程公司</td><td>洽商地点</td><td>项目部会议室</td></tr>
<tr><td>序号</td><td>图　号</td><td colspan="3">变更洽商内容</td></tr>
<tr><td>1</td><td>结施 6</td><td colspan="3">地下室剪力墙（三级钢）14 市场采购不到，用（二级钢）16 代换，间距照原图不变</td></tr>
<tr><td>2</td><td></td><td colspan="3"></td></tr>
<tr><td>3</td><td></td><td colspan="3"></td></tr>
<tr><td>4</td><td></td><td colspan="3"></td></tr>
<tr><td>建设单位</td><td>监理单位</td><td>设计单位</td><td colspan="2">施工单位</td></tr>
<tr><td>签字：
×××
（公章）
××××年××月××日</td><td>签字：
×××
（公章）
××××年××月××日</td><td>签字：
×××
（公章）
××××年××月××日</td><td colspan="2">签字：
×××
（公章）
××××年××月××日</td></tr>
</table>

注：① 本表由建设单位、监理单位、施工单位、城建档案馆各保存一份。② 涉及图表修改的必须注明应修改图纸的图号。③ 不可将不同专业的工程洽商办理在同一份洽商上。④“专业名称”栏应按专业填写，如建筑、结构、给排水、电气、通风空调等

5.3 进度造价资料※

进度造价资料由施工进度计划报审表、工程延期报审表、工程款支付申请表、费用索赔报审表等组成。

5.3.1 施工进度计划报审表

施工进度计划报审表是项目监理机构对施工单位所报送的工程施工进度计划的审批答复表。由施工单位填写施工进度计划及说明，项目经理签字。

5.3.2 工程延期报审表

工程临时延期报审是依据《建设工程监理规范》(GB/T 50319—2013)的规定：当发生了施工合同约定由建设单位承担的延长工期事件后，承包单位提出的工期索赔，报项目监理机构审核确认。当影响工期事件具有持续性时，项目监理机构可在收到承包单位提交的阶段性工程延期报审表，并经过审查后先由总监理工程师签署工程临时延期审批表，并通报建设单位。当承包单位提交最终的工程延期申请表后，项目监理机构应复查工程延期及延期情况，并由总监理工程师签署工程最终延期审批表。总监理工程师在签认工程延期前与建设单位、施工单位协商，宜与费用索赔一并考虑处理。总监理工程师应在施工合同约定的期限内签发工程临时延期报审表，或发出要求施工单位提交有关延期的进一步详细资料的通知。临时批准延期时间不能长于工程最终延期批准的时间。

5.3.3 工程款支付申请表

工程款支付申请表由施工单位统计，经专业监理工程质量验收合格的工程量，按施工合同的约定，填报工程量清单和工程款支付申请表；专业监理工程师进行现场计量，按施工合同的约定，审核工程量清单和工程款支付申请表，并报总监理工程师审定；总监理工程师签署工程款支付证书，并报建设单位。工程款支付申请表见表 5.16。

表 5.16 工程款支付申请表

工程名称：×× 花园　　　　编号：××

致：×× 工程监理有限公司（项目监理机构） 我方已完成主休砼结构三层梁板施工工作，按施工合同约定，建设单位应在 ×× 年 ×× 月 ×× 日前支付该项工程款共（大写）__________（小写：）__________，现将有关资料报上，请予以审核 附件： 1. 工程量清单 2. 计算方法 施工单位（盖章）：×× 建筑工程公司 项目经理（签字）：××× ×××× 年 ×× 月 ×× 日

注：本表一式三份，项目监理机构、建设单位、施工单位各一份

※ 本节内容为工程履约、成本控制管理资料，不归入工程竣工验收资料

5.3.4 费用索赔报审表

因设计变更或不可预见因素造成的建筑工程量、费用的增减，施工单位应当在收到变更通知单或不可预见因素造成的事实发生后按合同约定完成费用计量，提出费用索赔，报监理工程师审定。当承包单位提出费用索赔的理由同时满足以下条件：索赔事件造成了承包单位直接经济损失；索赔事件是由于非承包单位的责任发生的；承包单位已按照施工合同规定的期限和程序提交费用索赔报审表，并附有索赔凭证材料的，项目监理机构应予以受理。

5.4 施工物资资料

施工物资资料是反映工程所用物资质量和性能指标等的各种证明文件和相关配套文件的统称。《建筑工程质量管理条例》规定："施工单位必须按照工程设计要求、施工技术标准和合同约定，对建筑材料、建筑构配件、设备和商品混凝土进行检验，检验应当有书面记录和专人签字；未经检验或检验不合格的，不得使用。"

施工物资资料由主要物资资料文件、原材料与产品进场汇总表及检查验收记录、现场见证取样检验汇总表、进场复试报告、材料设备清单（安装工程）、主要设备开箱检验记录，以及管道、设备阀门强度、严密性试验记录组成。

5.4.1 主要物资资料文件

（1）物资资料文件包括：出厂合格证或质量证明书、检验报告，由供应单位随物资进场提交施工单位收集归档。文件要求物、证一致，文件若为复印件时需在其上加盖供应单位公章，注明原件存放处，并有经办人签字和时间；施工单位亦盖章以示使用关系。

（2）主要设备、器具还应提供安装使用说明书。如地下墙与梁板之间的接驳器，预应力工程物资（预应力筋、锚具、夹具和连接器）等。

（3）进口的主要材料设备应提供商检证明文件（国家认证委员会公布的强制性（CCC）产品除外）、中文版的质量证明文件、性能检测报告以及中文版的安装维修、使用、试验要求等技术文件。

（4）砂、石、砖（砌块）、水泥、钢筋、隔热保温、防腐材料、轻集料出厂质量证明文件，文件的数量按材料进场的验收批确定。

水泥试验批量：散装水泥不超过 500T（袋装不超过 200T）为一批（以同厂别、品牌、同强度等级、同编号为一批）。

钢筋检验批量：热轧带肋钢筋、余热处理钢筋、预应力混凝土用热处理钢筋、热轧光圆钢筋、低碳热轧圆盘条，每批不超过 60 t。

砖的试验批量：烧结砖每批不超过 15 万块；灰砂砖、粉煤灰砖每批不超过 10 万块；多孔砖每批不超过 5 万块（以同产地、同规格的为一批）。

砌块试验批量：空心砌块每批不超过 3 万块；粉煤灰砌块每批不超过 200 m^3；普通混凝土小型空心砌块、加气混凝土砌块、轻集料混凝土小型砌块每批不超过 1 万块。

砂、石试验批量：每批不超过 400 m^3 或 600 t（以同产地、同规格、同密度等级为一批）。

（5）常见的工程用材料有：半成品钢筋、焊条、焊剂和焊药、外加剂、商品混凝土、预制混凝土构件、预制桩、土工合成材料、土砂石料、钢结构用钢材、连接件、涂料、石材、外加剂、掺合料、砌块、隔墙板、节能保温材料、防水材料、门窗玻璃、幕墙材料、饰面板（砖）、卫生洁具、电气设备等。

诸如此类材料包装箱内的出厂合格证要收集归入资料。

5.4.2 原材料与产品进场汇总表及检查验收记录

材料构配件进场后，应由建设（监理）单位会同施工单位共同对进场物资进行检查验收。检查验收的主要内容有：

（1）物资出厂质量证明文件及检验（测）报告是否齐全。

（2）实际进场物资数量、规格和型号等是否满足设计和施工计划要求。

（3）物资外观质量是否满足设计要求和规范规定。

按规定需要进行抽检的材料、构配件按规定抽验，按规定应进场复试的物资，必须在进场验收合格后取样复试。

将检验情况填写原材料与产品进场汇总表及检查验收记录，见表 5.17。

5.4.3 现场见证取样检验汇总表

见证试验检测是在建设单位或监理单位人员的见证下，由施工单位有关人员对工程中涉及结构安全的试块、试件和材料在现场取样并送至具备相应资质的检测单位进行的检测。见证取样分两类：一类为原材见证检验，填写建筑材料现场见证取样检验汇总表见表 5.18；另一类为施工过程成品、半成品的见证检验，填写施工试验试件现场见证取样检验汇总表见表 5.19。

5.4.4 原材料进场复试

工程材料进场后，须按规定进行相关复试检验，检测报告由有资质的检测单位出具，并盖有检测单位业务章、CMA（中国计量认证 / 认可）标志；需见证取样的试件须在监理单位见证员见证下取样送检，并在检验报告上加盖“见证取样检测”印章。

1．钢筋力学性能工艺性能检验报告

依据《混凝土结构工程施工质量验收规范》（GB 50204—2002）2011 版规定，钢筋进场应按规定抽取试件做力学性能检验、重量偏差检测，每批次抽样不少于一次，其质量必须符合有关标准规定。当发现钢筋脆断、焊接性能不良或力学性能不正常等现象时，应对该批钢筋进行化学成分检验或其他专项检验。钢筋力学性能工艺性能检验报告参考表 5.20。

2．水泥物理性能检验报告

依据《混凝土结构工程施工质量验收规范》（GB 50204—2002）2011 版规定，水泥进场应按规定对其强度、安定性及其他必要的性能进行复验，每批抽样不少于一次，其质量必须符合现行国家标准 GB 175—2007/XG1—2009《通用硅酸盐水泥》国家标准第 1 号修改单的规定。

当在使用中对水泥质量有怀疑或水泥出厂超过三个月（快硬硅酸盐水泥超过一个月）时，应进行复验，并按复验结果使用。

水泥物理性能检验报告参考表 5.21。

表 5.17　原材料与产品进场汇总表及检查验收记录

工程名称: ×× 花园

序号	材料名称	进场时间	规格	数量	厂家 / 品牌	合格证号	现场验收结论	复试报告编号	试验结果	使用部位	施工单位材料员	监理单位验收员
1	钢筋	×××× 年 ×× 月 ×× 日	HPB235 φ8	20T	×× 钢铁实业有限公司	××××	合格	××××	合格	桩基础	×××	×××
2	钢筋	×××× 年 ×× 月 ×× 日	HRB400 Φ14	4T	×× 钢铁（集团）有限公司	××××	合格	××××	合格	桩基础	×××	×××
3	钢筋	×××× 年 ×× 月 ×× 日	HRB400 Φ18	60T	×× 钢铁实业有限公司	××××	合格	××××	合格	桩基础	×××	×××
4	钢筋	×××× 年 ×× 月 ×× 日	HRB335 Φ28	20T	×× 钢铁股份有限公司	××××	合格	××××	合格	基坑支护	×××	×××
5	钢筋	×××× 年 ×× 月 ×× 日	HPB235 φ6.5	20T	×× 钢铁股份有限公司	××××	合格	××××	合格	基坑支护	×××	×××
6	钢筋	×××× 年 ×× 月 ×× 日	HRB335 Φ18	4.6T	×× 钢集团公司	××××	合格	××××	合格	塔吊基础	×××	×××
7	钢筋	×××× 年 ×× 月 ×× 日	HPB235 φ8	5.2T	×× 钢铁股份有限公司	××××	合格	××××	合格	基坑支护	×××	×××

施工单位: ×× 建筑工程公司　　　　监理单位: ×× 工程监理有限公司

表 5.18　建筑材料现场见证取样检验汇总表

工程名称: ×× 花园

名称	产地或厂家	型号规格	进场数量	进场时间 取样时间	取样组数	使用部位	委托单编号	检测结果 报告单编号	不合格材料处理情况	取样员	见证员
砼试件	×× 混凝土有限公司	C40	100 m^3	×××× 年 ×× 月 ×× 日 ×××× 年 ×× 月 ×× 日	1 组	基础	11-201006-0007	合格 11-201306-0010	无	×××	×××
砼试件	×× 混凝土有限公司	C40	100 m^3	×××× 年 ×× 月 ×× 日 ×××× 年 ×× 月 ×× 日	1 组	基础	11-201006-0015	合格 11-201306-0019	无	×××	×××
砼试件	×× 混凝土有限公司	C35	260 m^3	×××× 年 ×× 月 ×× 日 ×××× 年 ×× 月 ×× 日	3 组	基础	55-201005-0721	合格 55-201305-1400	无	×××	×××
钢筋	×× 钢铁有限公司	Φ10	50 T	×××× 年 ×× 月 ×× 日 ×××× 年 ×× 月 ×× 日	1 组	基础	11-201005-0140	合格 11-201305-0221	无	×××	×××
钢筋	×× 钢铁集团有限公司	Φ12	70 T	×××× 年 ×× 月 ×× 日 ×××× 年 ×× 月 ×× 日	2 组	基础	55-201005-0812	合格 55-201305-1549	无	×××	×××
钢筋	×× 钢铁集团有限公司	Φ14	50 T	×××× 年 ×× 月 ×× 日 ×v×× 年 ×× 月 ×× 日	1 组	基础	11-201005-0160	合格 11-201305-0246	无	×××	×××

表 5.19　施工试验试件现场见证取样检验汇总表

工程名称：××× 花园

试件名称	制作单位	型号规格	数量	取样时间	取样组数	试件部位	委托单编号	检测结果 报告单编号	不合格材料处理情况	取样员	见证员
钢筋电渣焊接头	×× 建筑工程公司	HRB335 22-22	200 个	×××× 年 ×× 月 ×× 日	1 组	①-⑫/Ⓐ - Ⓜ轴一层墙柱	×××××	合格 ×××××	无	×××	×××
钢筋电渣焊接头	×× 建筑工程公司	HRB335 18-18	200 个	×××× 年 ×× 月 ×× 日	1 组	⑬-㉔/Ⓐ - Ⓜ轴一层墙柱	×××××	合格 ×××××	无	×××	×××
钢筋电渣焊接头	×× 建筑工程公司	HRB335 16-16	200 个	×××× 年 ×× 月 ×× 日	1 组	①-⑫/Ⓐ - Ⓜ轴二层墙柱	×××××	合格 ×××××	无	×××	×××

表 5.20　钢筋力学性能工艺性能检验报告（参考用表）

委托单位：×× 建筑工程公司　　委托编号：××××
工程名称：×× 花园　　检验单位：（盖章）
工程部位：主体结构　　见 证 人：×××
送样日期：×××× 年 × 月 × 日　检验日期：×××× 年 × 月 × 日　报告日期：×××× 年 × 月 × 日　报告编号：××××

	项目									
样品	样品编号		××××-078		××××-079		××××-080		××××-081	
	表面形状		月牙肋		月牙肋		月牙肋		月牙肋	
	牌号		HRB400E		HRB400E		HRB400E		HRB400E	
	生产厂家		××××		××××		××××		××××	
	出厂日期		—		—		—		—	
	炉号（批号）		××××		××××		××××		××××	
	公称直径（mm）		8		10		12		14	
	批量		—		—		—		—	
质量标准编号			GB 1499.2—2007		GB 1499.2—2007		GB 1499.2—2007		GB 1499.2—2007	
拉伸试验	检验方法		GB/T 228.1—2010		GB/T 228.1—2010		GB/T 228.1—2010		GB/T 228.1—2010	
	屈服强度 $R^0_{\rm eL}$（MPa）	实测值	520	520	515	520	510	470	495	510
		技术要求	≥ 400		≥ 400		≥ 400		≥ 400	
	抗拉强度 $R^0_{\rm m}$（MPa）	实测值	745	760	715	720	655	620	640	650
		技术要求	≥ 540		≥ 540		≥ 540		≥ 540	
	$R^0_{\rm m}$ / $R^0_{\rm eL}$		1.43	1.46	1.39	1.38	1.28	1.32	1.29	1.27
	技术要求		≥ 1.25		≥ 1.25		≥ 1.25		≥ 1.25	
	$R^0_{\rm eL}$ / $R_{\rm eL}$		1.3	1.3	1.29	1.3	1.28	1.18	1.24	1.28
	技术要求		≤ 1.3		≤ 1.3		≤ 1.3		≤ 1.3	
	断后伸长率（%）	实测值	24.0	24.0	22.0	22.0	28.0	28.0	24.5	24.5
		技术要求	≥ 16		≥ 16		≥ 16		≥ 16	
	最大力总伸长率（%）	实测值	13.0	13.0	12.5	12.5	14.0	14.0	14.5	14.5
		技术要求	≥ 9.0		≥ 9.0		≥ 9.0		≥ 9.0	
弯曲试验	检验方法		GB/T 232—2010		GB/T 232—2010		GB/T 232—2010		GB/T 232—2010	
	弯曲压头直径（mm）		32		40		48		56	
	弯曲角度（°）		180		180		180		180	
	实测结果		完好	完好	完好	完好	完好	完好	完好	完好
	技术要求		不得产生裂纹		不得产生裂纹		不得产生裂纹		不得产生裂纹	
重量偏差试验	实测结果（%）		2		-2		-4		-3	
	技术要求（%）		±7		±7		±7		±5	
结　论			合格		合格		合格		合格	
备　注			见证人上岗证号：×××× 见证单位：×× 工程监理有限公司							

技术负责人：×××　　审核：×××　　检验：×××

表 5.21　水泥物理性能检验报告（参考用表）

委托编号：××××
委托单位：××建筑工程公司　　检验单位：（盖章）
工程名称：××花园　　试验规程：GB 175—2007
施工部位：墙体砌体　　样品编号：××××
见证人：×××
送样日期：××××年×月×日　检验日期：××××年×月×日　报告日期：××××年×月×日　报告编号：××××

<table>
<tr><td>品种</td><td>强度等级</td><td>生产厂名</td><td>出厂日期</td><td>出厂编号</td></tr>
<tr><td>P．C</td><td>32.5</td><td>天淮</td><td>××××年××月××日</td><td>××××</td></tr>
<tr><td colspan="2">项目</td><td>检验方法</td><td>实测值</td><td>技术要求</td></tr>
<tr><td rowspan="2">细度</td><td>比表面积</td><td>GB/T 8074—2008</td><td>××m^2/kg</td><td>不小于 300 m^2/kg</td></tr>
<tr><td>80 μm 筛筛余</td><td>GB 1345—2005</td><td>××%</td><td>不超过 10%</td></tr>
<tr><td rowspan="2">凝结时间</td><td>初凝</td><td rowspan="5">GB/T 1346—2011</td><td>165 min</td><td>不早于 45 min</td></tr>
<tr><td>终凝</td><td>235 min</td><td>不大于 600 min</td></tr>
<tr><td rowspan="2">安定性</td><td>雷氏法</td><td>1 mm</td><td>不大于 5.0 mm</td></tr>
<tr><td>试饼法</td><td>××</td><td>用沸煮法检验必需合格</td></tr>
<tr><td colspan="2">标准稠度用水量</td><td>26.8%</td><td>试杆距底板（6±1）mm 时用水量</td></tr>
<tr><td colspan="2">快速法抗压强度检验</td><td>ZBQ 11004—86</td><td colspan="2">经 55 ℃温水快速法检验，推算 28 d 强度为：×× MPa</td></tr>
</table>

<table>
<tr><td colspan="9">胶砂强度试验结果</td></tr>
<tr><td colspan="3">项目</td><td>检验方法</td><td colspan="3">单个强度值</td><td>平均值</td><td>技术要求</td></tr>
<tr><td rowspan="6">强度</td><td rowspan="2">抗折（MPa）</td><td>3 d</td><td rowspan="6">GB/T 17671—1999</td><td>3.60</td><td>3.60</td><td>3.50</td><td>3.6</td><td>不低于 2.5 MPa</td></tr>
<tr><td>28 d</td><td>6.80</td><td>6.80</td><td>6.80</td><td>6.8</td><td>不低于 5.5 MPa</td></tr>
<tr><td rowspan="4">抗压（MPa）</td><td rowspan="2">3 d</td><td>19.4</td><td>19.6</td><td>20.7</td><td rowspan="2">20.0</td><td rowspan="2">不低于 10.0 MPa</td></tr>
<tr><td>19.8</td><td>20.7</td><td>19.6</td></tr>
<tr><td rowspan="2">28 d</td><td>40.7</td><td>40.8</td><td>40.7</td><td rowspan="2">40.8</td><td rowspan="2">不低于 32.5 MPa</td></tr>
<tr><td>40.8</td><td>41.2</td><td>40.6</td></tr>
<tr><td colspan="2">结　论</td><td colspan="7">合格</td></tr>
<tr><td colspan="2">备　注</td><td colspan="7">见证单位：××工程监理有限公司</td></tr>
</table>

批准：×××　　校核：×××　　试验：×××

3．砂检验报告

依据《混凝土结构工程施工质量验收规范》（GB 50204—2002）2011 版规定，普通混凝土所用的粗、细骨料的质量应符合国家现行标准《普通混凝土用砂、石质量标准及检验方法标准》（JGJ 52—2006）规定。砂检验报告参考表 5.22。

表 5.22　砂检验报告（参考用表）

委托编号：××××
委托单位：×× 建筑工程公司　　检验单位：（盖章）
工程名称：×× 花园　　检验依据：GB/T 14684—2011
工程部位：墙体砌筑　　砂品种：天然砂
样品产地：南渡江　　试样编号：××××
砂类别：II 类　　见证人：×××
送样日期：×××× 年 × 月 × 日　　检验日期：×××× 年 × 月 × 日　　报告日期：×××× 年 × 月 × 日　　报告编号：××××

项目		检验结果	品质指标	备注
表观密度（kg/m^3）			≥ 2500	见证单位：×× 工程监理有限公司
松散堆积密度（kg/m^3）			≥ 1400	
紧密堆积密度（kg/m^3）			—	
空隙率（%）			<44	
吸水率（%）			—	
含水率（%）			—	
含泥量（按质量计）（%）		0.5	≤ 3.0	
泥块含量（按质量计）（%）			≤ 1.0	
石粉含量（按质量计）（%）				
轻物质（按质量计）（%）			≤ 1.0	
云母（按质量计）（%）			≤ 2.0	
氯化物（氯离子质量计）（%）			≤ 0.02	
坚固性	硫酸钠溶液法		≤ 8	
	压碎指标法		≤ 25	
有机物（比色法）			合格	
碱活性				
硫化物及硫酸盐含量（以 SO_3%）			≤ 0.5	

筛孔尺寸（mm）		4.75	2.36	1.18	0.60	0.30	0.15	细度模数
累计筛余（%）	2 区标准值	10~0	25~0	50~10	70~41	92~70	100~90	2.8
	检验结果	2	9	27	57	93	98	
结论	本试样按细度模数分属中砂，其级配属 2 区 该组样品所检项目结果符合 II 类砂的要求							

批准：×××　　校核：×××　　试验：×××

4．防水涂料检验报告（参考用表）

依据《地下防水工程质量验收规范》（GB 50208—2011）的规定，涂料防水层所用材料必须符合设计要求。防水涂料检验报告参考表 5.23。

表 5.23　防水涂料检验报告（参考用表）

委托编号：××××　　　　检验编号：××××

<table>
<tr><td>委托单位</td><td colspan="2">××建筑工程公司</td><td>报告编号</td><td>××××</td></tr>
<tr><td rowspan="2">工程名称</td><td colspan="2" rowspan="2">××花园</td><td>报告日期</td><td>××××年××月××日</td></tr>
<tr><td>工程部位</td><td>地下设备房外墙</td></tr>
<tr><td>样品名称</td><td colspan="2">JS 聚合物水泥防水涂料</td><td>规格等级</td><td>液：粉 =1 ：1</td></tr>
<tr><td>生产厂家</td><td colspan="2">××防水工程公司</td><td>送样日期</td><td>××××年××月××日</td></tr>
<tr><td>检验依据</td><td colspan="2">GB/T 23445—2009 GB/T 16777—2008</td><td>检验日期</td><td>××××年××月××日</td></tr>
<tr><td colspan="2">检验项目</td><td>性能要求</td><td>试验结果</td><td>单项评定</td></tr>
<tr><td colspan="2">拉伸强度（MPa）</td><td>≥ 1.2</td><td>1.89</td><td>合格</td></tr>
<tr><td colspan="2">断裂伸长率（%）</td><td>≥ 200</td><td>214</td><td>合格</td></tr>
<tr><td colspan="2">固体含量（%）</td><td>≥ 70</td><td>73</td><td>合格</td></tr>
<tr><td colspan="2">不透水性</td><td>0.3 MPa，30 min 不透水</td><td>不透水</td><td>合格</td></tr>
<tr><td colspan="2"></td><td>以　下　空　白</td><td></td><td></td></tr>
<tr><td colspan="2"></td><td></td><td></td><td></td></tr>
<tr><td colspan="2"></td><td></td><td></td><td></td></tr>
<tr><td colspan="2"></td><td></td><td></td><td></td></tr>
<tr><td colspan="2"></td><td></td><td></td><td></td></tr>
<tr><td colspan="2"></td><td></td><td></td><td></td></tr>
<tr><td colspan="2"></td><td></td><td></td><td></td></tr>
<tr><td colspan="2"></td><td></td><td></td><td></td></tr>
<tr><td colspan="2">综合结论</td><td colspan="3">该样品经检验，其检验项目符合标准要求</td></tr>
<tr><td colspan="2">备　注</td><td colspan="3">见证单位：××工程监理有限公司
见证人：×××　　见证人证书编号：××××</td></tr>
</table>

批准：×××　　　　校核：×××　　　　试验：×××

5．防水卷材检验报告（参考用表）

依据《地下防水工程质量验收规范》（GB 50208—2011）的规定，卷材防水层所用材料必须符合设计要求。卷材防水层应采用高聚物改性沥青防水卷材和合成高分子防水卷材，其产品质量必须符合有关标准规定。防水卷材检验报告参考表 5.24。

表 5.24　防水卷材检验报告（参考用表）

委托编号：××××

委托单位：×× 建筑工程公司　　检验单位：（盖章）

工程名称：×× 花园　　检验依据：GB 18242—2008

工程部位：屋面　　样品编号：××××

样品名称：弹性体 SBS 改性沥青防水卷材　　规格等级：PY-PE-1

生产厂家：×× 防水技术有限责任公司　　见证人：×××

送样日期：×××× 年 ×× 月 ×× 日　　报告日期：×××× 年 ×× 月 ×× 日　　报告编号：××××

检验项目	性能要求	试验结果	单项评定
最大峰拉力（N/50 mm）	≥ 500	纵向：630.8　横向：616.3	合格
最大峰时延伸率（%）	≥ 30	纵向：43.5　横向：49.1	合格
低温柔度（-20 ℃，2 h）	无裂纹	无裂纹	合格
耐热度（90 ℃，2 h）	无滑动、流淌、滴落	无滑动、流淌、滴落	合格
不透水性（0.3 MPa，30 min）	无渗漏	无渗漏	合格
	以　下　空　白		
结论	所检项目符合标准要求		
备注	见证单位：×× 工程监理有限公司		

批准：×××　　校核：×××　　试验：×××

6．砖（砌块）试验报告（参考用表）

依据《砌体结构工程施工质量验收规范》（GB 50203—2011）的规定，砖、砌块和砂浆的强度等级必须符合设计要求。每一生产厂家的砖到现场后，按每一验收批抽样检验。蒸压灰砂砖检验报告参考表 5.25。

表 5.25　蒸压灰砂砖检验报告（参考用表）

委托编号：××××
委托单位：×× 建筑工程公司　　检验单位：（盖章）
工程名称：×× 花园　　检验依据：GB 11945—1999
工程部位：外墙砌筑　　样品编号：××××
样品规格：200×95×45　　见证人：×××
送样日期：×××× 年 × 月 × 日　检验日期：×××× 年 × 月 × 日　报告日期：×××× 年 × 月 × 日　报告编号：××××

<table>
<tr><td colspan="2">名称</td><td colspan="2">代号</td><td colspan="2">强度等级</td><td>产品等级</td><td colspan="2">产品标记</td></tr>
<tr><td colspan="2">蒸压灰砂砖</td><td colspan="2">LSB</td><td colspan="2">MU10</td><td></td><td colspan="2">LSB　10　GB 11945</td></tr>
<tr><td colspan="2">生产厂家</td><td colspan="7">×× 建材有限公司</td></tr>
<tr><td>检验项目</td><td colspan="4">实测值</td><td colspan="4">技术要求</td></tr>
<tr><td rowspan="3">强度检验（MPa）</td><td colspan="2">抗压</td><td colspan="2">抗折</td><td colspan="2">抗压</td><td colspan="2">抗折</td></tr>
<tr><td>平均值</td><td>最小值</td><td>平均值</td><td>最小值</td><td>平均值 ≥</td><td>最小值 ≥</td><td>平均值 ≥</td><td>最小值 ≥</td></tr>
<tr><td>13.2</td><td>12.1</td><td>—</td><td>—</td><td>10.0</td><td>8.0</td><td>2.5</td><td>2.0</td></tr>
<tr><td>结论</td><td colspan="8">抗压强度合格</td></tr>
<tr><td>备注</td><td colspan="8">见证单位：×× 工程监理有限公司</td></tr>
</table>

批准：×××　　校核：×××　　试验：×××

7．其他材料试验要求见表 5.26。

表 5.26　其他材料试验要求

序号	工程资料名称	内容及注意事项
1	预应力筋复试报告	预应力混凝土用钢丝、中强度预应力混凝土用钢丝、预应力混凝土用钢棒、预应力混凝土用钢绞线同一牌号、同一规格、同一生产工艺、同一加工状态为同一验收批每批重量不大于 60 t。材料进场后，材料验收前，现场取样复试，复试时间 1~3 d
2	预应力锚具、夹具和连接器复试报告	预应力筋用锚具、夹具和连接器应按设计要求采用，其性能应符合现行国家标准《预应力筋用锚具、夹具和连接器》（GB/T 14370—2007）等的规定 检查数量：按进场批次和产品的抽样检验方案确定 检验方法：检查产品合格证、出厂检验报告和进场复检报告 注：对锚具用量较少的一般工程，如供货方提供有效的试验报告，可不做静载锚固性能试验 预应力筋用锚具、夹具和连接器使用前应进行外观检查，其表面应无污物、锈蚀、机械损伤和裂纹 检查数量：全数检查 材料进场后，材料验收前，现场取样复试，复试时间 1~3 d
3	装饰装修用门窗复试报告	同一品种、类型和规格的木门窗、金属门窗、塑料门窗及门窗玻璃每 100 樘应划分为一个检验批，不足 100 樘也应划分为一个检验批 同一品种、类型和规格的特种门每 50 樘应划分为一个检验批，不足 50 樘也应划分为一个检验批。材料进场后，材料验收前，现场取样（抽样）复试，复试时间 3 d 左右
4	装饰装修用人造木板复试报告	同一地点、同一类别、同一规格的产品为一验收批。材料进场后，材料验收前，现场取样（抽样）复试，复试时间 3 d 左右
5	装饰装修用花岗石复试报告	以同一产地、同一品种、同一等级、同一类别的板材每 200 m^2 为一验收批，不足 200 m^2 的单一工程部位的板材也按一批计。材料进场后，材料验收前，现场取样（抽样）复试，复试时间 3 d 左右
6	装饰装修用安全玻璃复试报告	同一厂家生产的同一品种、同一类型的进场材料应至少抽取一组样品进行复验，复试时间 3 d 左右
7	装饰装修用外墙面砖复试报告	以同一生产厂家、同种品种、同一等级、同一规格、实际交货量大于 5 000 m^2 为一批，不足 5 000 m^2 也按一批计。材料进场后，材料验收前，现场取样（抽样）复试
8	钢结构用钢材复试报告	碳素结构钢、低合金高强度结构钢、桥梁用碳素钢及低合金钢钢板：每批不超过 60 t。材料进场后，材料验收前，现场取样（抽样）复试，复试时间 3 d 左右
9	钢结构用防火涂料复试报告	防火涂料：薄型每批不超过 100 t，厚型每批不超过 500 t 材料进场后，材料验收前，现场取样（抽样）复试，复试时间 3 d 左右

续表 5.26

序号	工程资料名称	内容及注意事项
10	钢结构用焊接材料复试报告	重要钢结构采用的焊接材料应进行抽样复验，材料验收前，现场取样（抽样）复试，复试时间 3 d 左右
11	钢结构用高强度大六角头螺栓连接副复试报告	进场验收的检验批原则上应与各分项工程检验批一致，也可以根据工程规模及进料实际情况划分检验批。在施工现场待安装的检验批随机抽取： （1）高强度大六角头螺栓连接副出厂时应分别随箱带有扭矩系数和紧固轴力（预应力）的检验报告。材料进场后，材料验收前，现场取样（抽样）复试，复试时间 3 d 左右 （2）扭剪型高强度螺栓连接副出厂时应分别随箱带有扭矩系数和紧固轴力（预应力）的检验报告。在施工现场等安装的检验批随机抽取。材料进场后，材料验收前，现场取样（抽样）复试，复试时间 3 d 左右
12	钢结构用扭剪型号高强螺栓连接副复试报告	
13	幕墙用铝塑板、石材、玻璃、结构胶复试报告	铝塑复合板按同一品种、同一等级、同一规格的产品每 3 000 m^2 为一验收批；天然花岗石板材料厂按同一产地、同一品种、同一等级、同一类别的板材每 200 m^2 为一验收批；天然大理石按同一产地、同一品种、同一等级、同一类别的板材每 100 m^2 为一验收批;材料进场后，材料验收前，现场取样（抽样）复试，复试时间 3 d 左右
14	散热器、采暖系统保温材料、通风与空调工程绝热材料、风机盘管机组、低压配电系统电缆的见证取样复试报告	散热器用保温材料：同一厂家、同一规格的散热器按其数量的 1% 见证取样送检；材料进场后，现场取样（抽样）复试，复试时间 3 d 左右 采暖系统保温材料、通风与空调用保温材料：同一生产厂家同一品种产品当单位工程建筑面积在 20 000 m^2 以下时各抽查不少于 3 次，20 000 m^2 以上时各抽查不少于 6 次。材料进场后，现场取样（抽样）复试，复试时间 3d 左右
15	节能工程材料复试报告	（1）墙体节能工程采用的保温材料：同一厂家同一品种产品，当单位工程建筑面积在 20 000 m^2 以下时各抽查不少于 3 次；当单位工程建筑面积在 20 000 m^2 以上时各抽查不少于 6 次。材料进场后，现场取样（抽样）复试，复试时间 3 d 左右 （2）幕墙节能工程使用的材料、构件等进场时，进场时抽样复验，检查数量：同一厂家同一品种产品抽查不少于一组。材料进场后，现场取样（抽样）复试，复试时间 3 d 左右 （3）屋面节能工程使用的保温隔热材料，进场时应对其导热系数、密度、抗压强度或压缩强度、燃烧性能进行复检，复检应为见证取样送检。检验方法：随机抽样送检，核查复验报告。检查数量：同一厂家同一品种产品抽查不少于 3 组。材料进场后，现场取样（抽样）复试，复试时间 3 d 左右 （4）地面节能工程采用的保温材料，进场时应对其导热系数、密度、抗压强度或压缩强度、燃烧性能进行复检，复检应为见证取样送检。检验方法：随机抽样送检，核查复验报告。检查数量：同一厂家同一品种产品抽查不少于 3 组。材料进场后，现场取样（抽样）复试，复试时间 3 d 左右

5.4.5 材料、设备清单

安装工程材料进场，须整理清单报监理单位确认。材料、设备清单见表 5.27。

表 5.27 材料、设备清单

<table>
<tr><td colspan="2">工程名称</td><td colspan="3">×× 花园</td><td colspan="2">分部工程</td><td colspan="2">给排水分部</td></tr>
<tr><td rowspan="2">序号</td><td rowspan="2">名 称
规格品种</td><td rowspan="2">生产厂家</td><td colspan="2">进场</td><td rowspan="2">合格证
编 号</td><td rowspan="2">使用部位</td><td rowspan="2" colspan="2">备注</td></tr>
<tr><td>数量</td><td>时间</td></tr>
<tr><td>1</td><td>Φ20PP-R 聚丙烯管材</td><td>广东雄塑科技实业有限公司</td><td>200 条</td><td>×××× 年 ×× 月 ×× 日</td><td>××××</td><td>楼层给水</td><td colspan="2"></td></tr>
<tr><td>2</td><td>Φ25PP-R 聚丙烯管材</td><td>广东雄塑科技实业有限公司</td><td>200 条</td><td>×××× 年 ×× 月 ×× 日</td><td>××××</td><td>楼层给水</td><td colspan="2"></td></tr>
<tr><td>3</td><td>Φ32PP-R 聚丙烯管材</td><td>广东雄塑科技实业有限公司</td><td>200 条</td><td>×××× 年 ×× 月 ×× 日</td><td>××××</td><td>楼层给水</td><td colspan="2"></td></tr>
<tr><td>4</td><td>Φ40PP-R 聚丙烯管材</td><td>广东雄塑科技实业有限公司</td><td>100 条</td><td>×××× 年 ×× 月 ×× 日</td><td>××××</td><td>楼层给水</td><td colspan="2"></td></tr>
<tr><td>5</td><td>Φ50PP-R 聚丙烯管材</td><td>广东雄塑科技实业有限公司</td><td>80 条</td><td>×××× 年 ×× 月 ×× 日</td><td>××××</td><td>楼层给水</td><td colspan="2"></td></tr>
<tr><td>6</td><td>Φ63PP-R 聚丙烯管材</td><td>广东雄塑科技实业有限公司</td><td>80 条</td><td>×××× 年 ×× 月 ×× 日</td><td>××××</td><td>楼层给水</td><td colspan="2"></td></tr>
<tr><td>7</td><td>Φ70PP-R 聚丙烯管材</td><td>广东雄塑科技实业有限公司</td><td>80 条</td><td>×××× 年 ×× 月 ×× 日</td><td>××××</td><td>楼层给水</td><td colspan="2"></td></tr>
<tr><td>8</td><td>Φ80PP-R 聚丙烯管材</td><td>广东雄塑科技实业有限公司</td><td>35 条</td><td>×××× 年 ×× 月 ×× 日</td><td>××××</td><td>楼层给水</td><td colspan="2"></td></tr>
<tr><td>9</td><td>旋翼式冷水水表
LXS-15~25C</td><td>×× 水表
有限公司</td><td>120 个</td><td>×××× 年 ×× 月 ×× 日</td><td>××××</td><td>楼层</td><td colspan="2"></td></tr>
<tr><td></td><td></td><td></td><td></td><td></td><td></td><td></td><td colspan="2"></td></tr>
<tr><td></td><td></td><td></td><td></td><td></td><td></td><td></td><td colspan="2"></td></tr>
<tr><td></td><td></td><td></td><td></td><td></td><td></td><td></td><td colspan="2"></td></tr>
<tr><td></td><td></td><td></td><td></td><td></td><td></td><td></td><td colspan="2"></td></tr>
<tr><td colspan="3" rowspan="2">监理（建设）单位</td><td colspan="2">施工单位</td><td colspan="4">×× 建筑工程公司</td></tr>
<tr><td colspan="2">专业技术负责人</td><td colspan="2">专业质检员</td><td colspan="2">材料员</td></tr>
<tr><td colspan="3">专业监理工程师：
（建设单位项目专业技术负责人）

×××</td><td colspan="2">×××</td><td colspan="2">×××</td><td colspan="2">×××</td></tr>
</table>

5.4.6 主要设备开箱检验记录

建筑工程所使用的设备进场后，应由施工单位、建设（监理）单位、供货单位共同开箱检验。主要设备开箱检验记录如表 5.28 所示。

表 5.28　主要设备开箱检验记录

<table>
<tr><td>工程名称</td><td>×× 花园</td><td>分部工程</td><td colspan="2">通风与空调</td></tr>
<tr><td>生产厂家</td><td>××××</td><td>设备名称 / 型号规格</td><td colspan="2">排烟风机 /GYF-4I</td></tr>
<tr><td>装箱单号</td><td>××××</td><td>设备编号</td><td colspan="2">××××</td></tr>
<tr><td>系统编号</td><td>××××</td><td>检验日期</td><td colspan="2">×××× 年 ×× 月 ×× 日</td></tr>
<tr><td>设备检查</td><td>1. 包装
2. 设备外观
3. 设备零部件
4. 其他</td><td>检查结果</td><td colspan="2">包装完整良好，无损坏，标识明确；设备外观良好，无损坏锈蚀现象；箱体连接用胶条、螺栓、螺母齐全；绝缘电阻测试最小值为 12 MΩ，符合要求</td></tr>
<tr><td>技术文件检查</td><td>1. 装箱单　4　份　16　张
2. 合格证　1　份　1　张
3. 说明书　1　份　12　张
4. 设备图　1　份　2　张
5. 其他　厂家资质证明 1 份 3 张</td><td>检查结果</td><td colspan="2">随机文件齐全</td></tr>
<tr><td>存在问题及处理意见</td><td colspan="4">检查包装、随机文件齐全，外观及测试状况良好，符合设计、规范要求，同意验收</td></tr>
<tr><td colspan="2" rowspan="2">监理（建设）单位</td><td>施工单位</td><td colspan="2">×× 建筑工程公司</td></tr>
<tr><td>专业技术负责人</td><td>专业质检员</td><td>材料员</td></tr>
<tr><td colspan="2">专业监理工程师：
（建设单位项目专业技术负责人）
×××</td><td>×××</td><td>×××</td><td>×××</td></tr>
</table>

5.4.7 管道、设备阀门强度、严密性试验记录

设备、阀门、闭式喷头、密闭水箱或水罐、风机盘管、成组散热器及其他散热设备等在安装前、隐蔽和安装完毕后均应按规定进行强度和严密性试验，并形成记录。管道、设备阀门强度、严密性试验记录见表 5.29 和表 5.30。

表 5.29　阀门强度、严密性试验（安装前）

工程名称		×× 花园		分部工程	给水管	
阀门使用部位		地下水箱及楼面水池、10 层过滤器		试验日期	×××× 年 ×× 月 ×× 日	
试验依据		《建筑给水排水及采暖工程施工质量验收规范》GB 50242—2002 第 3.2.4、3.2.5 条				
阀门名称		闸阀	闸阀	球阀	止回阀	
规　格		DN100	DN50	DN80	DN100	
型　号		Z45T-10	Z44T	D71X-16	H44T-10	
数　量		9 个	2 个	2 个	2 个	
公称压力（Mpa）		1.6	1.0	1.6	1.0	
强度试验	介　质	自来水	自来水	自来水	自来水	
	压力（Mpa）	2.4	1.5	2.4	1.5	
	时间（s）	100	90	100	100	
	试验结果	无压降，无渗漏	无压降，无渗漏	无压降，无渗漏	无压降，无渗漏	
严密性试验	介　质	自来水	自来水	自来水	自来水	
	压力（Mpa）	1.76	1.1	1.76	1.1	
	时间（s）	30	30	30	30	
	试验结果	合格	合格	合格	合格	
试验结论	用手摇水压机对阀门进行单独水压试验，在阀门公称压力 1.5 倍即 1.5 Mpa 的强度试验压力下，稳压 60 秒以上，且阀门作外观检查，阀门关闭良好，壳体密封面无渗漏及异常现象，然后将压力降压至公称压力的 1.1 倍，即 1.1 Mpa 进行严密性试验，稳压 15 秒以上，在试验持续时间内压力保持不变，不渗不漏，合格					

监理（建设）单位	施工单位	×× 建筑工程公司	
	专业技术负责人	专业质检员	专业工长
专业监理工程师： （建设单位项目专业技术负责人） ×××	×××	×××	×××

表 5.30　管道（设备）强度、严密性试验记录（安装后）

<table>
<tr><td>工程名称</td><td colspan="3">××花园</td><td>分部工程</td><td>给排水分部工程</td></tr>
<tr><td>管道、设备（部位）</td><td colspan="3">JL-SX</td><td>材质规格</td><td>镀锌管 DN50</td></tr>
<tr><td>设计工作压力（Mpa）</td><td>1.0</td><td>试验介质</td><td>水</td><td>试验日期</td><td>××××年××月××日</td></tr>
<tr><td>试验依据</td><td colspan="5">《建筑给水排水及采暖工程施工质量验收规范》GB 50242—2002 第 4.2.1 条规定</td></tr>
<tr><td colspan="6">强度试验</td></tr>
<tr><td>试验压力（Mpa）</td><td colspan="3">1.5</td><td>持续时间</td><td>1 时 0 分 0 秒</td></tr>
<tr><td>压力降（Mpa）</td><td colspan="3">0.01</td><td>试验结果</td><td>符合要求</td></tr>
<tr><td colspan="6">严密性试验</td></tr>
<tr><td>试验压力（Mpa）</td><td colspan="3">1.2</td><td>持续时间</td><td>2 时 0 分 0 秒</td></tr>
<tr><td>压力降（Mpa）</td><td colspan="3">0.02</td><td>试验结果</td><td>符合要求</td></tr>
<tr><td colspan="6">试验经过及问题处理：
试验用压力表设在一层，以上午 8 时 25 分开始对干管进行上水并加压至 8 时 50 分，表压试验值升至 1.5 Mpa，关闭供水阀门后进行观测，至 9 时 55 分，表压降至 1.49 Mpa（压力降 0.01 Mpa），然后降压至 1.2 Mpa，自 10 时开始在该压力下进行严密性试验，观测 2 小时至 12 时，观检查无渗漏，压力降至 1.18 Mpa（压力降 0.02 Mpa）
操作人：×××</td></tr>
<tr><td>试验结论</td><td colspan="5">试验符合设计及《建筑给水排水及采暖工程施工质量验收规范》GB 50242—2002 第 4.2.1 条规定，同意验收</td></tr>
<tr><td colspan="2" rowspan="2">监理（建设）单位</td><td colspan="2">施工单位</td><td colspan="2">××建筑工程公司</td></tr>
<tr><td colspan="2">专业技术负责人</td><td>专业质检员</td><td>专业工长</td></tr>
<tr><td colspan="2">专业监理工程师：
（建设单位项目专业技术负责人）
×××</td><td colspan="2">×××</td><td>×××</td><td>×××</td></tr>
</table>

5.5 施工记录

5.5.1 隐蔽工程验收记录

依据《建筑工程施工质量验收统一标准》（GB 50300—2001）的规定，隐蔽工程在隐蔽前由施工单位在自检合格后报监理（建设）单位组织有关单位共同验收，“验收结论”由监理（建设）单位综合各验收单位意见后填写。若验收存在问题，则在验收中给予明示。对存在的问题必须按处理意见进行处理后复查，合格后方可填入表内。凡未经隐蔽工程验收或验收不合格的工序，不得进入下道工序施工。

“隐蔽工程验收”与“检验批验收”是不同的。二者的区别在于，“隐蔽工程验收”仅仅针对将被隐蔽的工程部位进行验收，而“检验批验收”是对工程的所有部位、工序的验收，在施工中“隐蔽工程验收”与“检验批验收”的时间关系可以是“之前”“之后”和“同时”三种不同情况。

隐蔽工程验收记录见表 5.31。

表 5.31 隐蔽工程验收记录

<table>
<tr><td colspan="2">工程名称</td><td colspan="3">×× 花园</td></tr>
<tr><td colspan="2">隐检项目</td><td>钢筋绑扎工程</td><td>隐检部位</td><td>一层楼板 ⑬-㉔/Ⓐ - Ⓜ轴</td></tr>
<tr><td rowspan="3">隐检依据</td><td>施工图图号</td><td colspan="3">结施 ××</td></tr>
<tr><td>设计变更号</td><td colspan="3">/</td></tr>
<tr><td>施工标准名称</td><td colspan="3">混凝土结构工程施工质量验收规范（GB 50204—2002）</td></tr>
<tr><td>施工质量自检情况</td><td colspan="4">1. 钢筋材料出场及检测均符合要求
2. 钢筋的品种、质量、规格、数量、形状、尺寸、间距长度符合设计要求和施工规范规定
3. 钢筋制作、绑扎符合设计要求和施工规范 GB 50204—2002 规定
4. 钢筋表面清洁，无老锈，保护层厚度为 50 mm，符合设计要求
5. 该检验批施工质量评定为合格
××××年××月××日</td></tr>
<tr><td>验收结论</td><td colspan="4">施工质量符合设计文件和施工验收规范要求，通过验收</td></tr>
<tr><td colspan="2">施工单位</td><td colspan="2">监理（建设）单位</td><td>设计单位</td></tr>
<tr><td>专业工长</td><td>×××</td><td colspan="2" rowspan="3">×××
××××年××月××日</td><td rowspan="3">×××
××××年××月××日</td></tr>
<tr><td>专业质检员</td><td>×××</td></tr>
<tr><td>专业技术负责人</td><td>×××</td></tr>
</table>

常见的隐蔽验收项目见表 5.32。

表 5.32　各分部分项工程隐蔽验收项目

工程名称	内容要求及注意事项
土方工程	土方基槽、土方回填前检查基底清理、基底标高情况及回填土方质量、过程等
支护工程	锚杆、土钉的品种、规格、数量、位置、插入长度、钻孔直径、深度和角度等；地下连续墙的成槽宽度、深度、倾斜度垂直度、钢筋笼规格、位置、槽底清理、沉渣厚度等
桩基工程	钢筋笼规格、尺寸、沉渣厚度、清孔情况等
地下防水工程	混凝土变形缝、施工缝、后浇带、穿墙套管、预埋件等设置的形式和构造；人防出口防水做法；防水层基层、防水材料规格、厚度、铺设方式、阴阳角处理、搭接密封处理等
结构工程	用钢筋绑扎的钢筋的品种规格、数量、位置、锚固和接头位置、搭接长度、保护层厚度和除锈、除污情况、钢筋代用变更及预留、预埋钢筋处理等；钢筋焊（连）接形式、焊（连）接种类、接头位置、数量及焊条、焊剂、焊口形式焊缝长度、厚度及表面清渣和连接质量等
预应力工程	检查预留孔道的规格、数量、位置、形状、端部的顶埋垫板；预应力筋的下料长度、切断方法、竖向位置偏差、固定、护套的完整性；锚具、夹具、连接点的组装等
钢结构工程	地脚螺栓规格、位置、埋设方法、紧固；钢结构焊接的焊条、焊口形式焊缝长度、厚度及表面清渣和连接质量等
节能工程	外墙内、外保温构造节点做法
地面工程	基层（垫层、找平层、隔离层、防水层、填充层、基土、地龙骨）材料品种、规格、铺设厚度、方式、坡度、表面情况、节点密封处理、粘结情况等
抹灰工程	具有加强措施的抹灰应检查其加强构造的材料品种、规格、铺设、固定、搭接等
门窗工程	预埋件和锚固件、螺栓等的数量、位置、间距、埋设方式、与框的连接方式、防腐缝隙的嵌填、密封材料的粘结等
吊顶工程	吊顶龙骨及吊件材质、规格、间距、连接方式、固定、表面防火、防腐处理、外观情况、缝隙防腐和边缝情况，填充和吸声材料的品种、规格及铺设、固定等
轻质隔墙工程	预埋件、连接件、拉结筋的位置、数量、位置、连接方法，与周边墙体及顶框的连接、龙骨连接、间距、防火、防腐处理、填充材料设置等
饰面板（砖）工程	预埋件（后置埋件）、连接件规格、数量、位置、连接方式、防腐处理等。有防水构造部位应检查找平层、防水层、找平层的构造做法，同地面基土隐蔽检查
幕墙工程	构件之间（预埋件、后置埋件）；以及构件与主体结构的连接节点的安装（焊接、栓接、铆接、粘结）及防腐处理；幕墙四周、幕墙表面与主体结构之间间隙节点的安装；幕墙伸缩缝沉降缝、防震缝及墙面转角节点的安装；幕墙防雷接地节点的安装等
建筑屋面工程	基层、找平层、保温层、防水层、隔离层情况，材料的品种、规格、厚度、铺贴方式、搭接宽度、接缝处理、粘结情况；附加层、天沟、檐沟、泛水和变形缝做法；分隔缝设置、密封嵌填材料及处理等
细部工程	预埋件或后置埋件和连接件的数量、规格、位置连接方式、防腐处理等

续表 5.32

工程名称	内容要求及注意事项
给水、排水及采暖工程	（1）不露明的管道和设备直埋于地下或结构中，暗敷于沟槽、管井、不进入吊顶内的给水、排水、采暖、消防管道和相关设备以及有防水要求的套管；检查管材、管件、阀门、设备的材料材质与型号、安装位置、标高、防水套管的定位及尺寸、管道连接做法及质量；附件使用、支架固定，以及是否已按照设计要求及施工规范规定完成强度严密性、冲洗等试验 （2）有绝热防腐要求的给水、排水、采暖、消防、喷淋管道和相关设备；检查绝热方式、绝热材料的材质与规格、绝热管道与支吊架之间的防结露措施、防腐处理材料及做法等 （3）埋地的采暖、热水管道、在保温层、保护层完成后，所在部位进行回填之前，应检查安装位置、标高、坡度；支架做法、保温层、保护层设置等
建筑电气工程	（1）埋于结构内的各种电线导管：验收导管的品种、规格、位置、弯扁度、弯曲半径、连接、跨接地线、防腐、管盒固定、管口处理、敷设情况、保护层、需焊接部位的焊接质量等 （2）利用结构钢筋做的避雷引下线：验收轴线位置、钢筋数量、规格、搭接长度、焊接质量，与接地极、避雷网、均压环等连接点的焊接情况 （3）等电位及均压环暗埋：验收使用材料的品种、规格、安装位置、连接方法、连接质量、保护层厚度等 （4）接地极装置埋设：验收接地极的位置、间距、数量、材质、埋深、接地极的连接方法、连接质量、防腐情况 （5）金属门窗、幕墙、与避雷引下线的连接：验收连接材料的品种、规格、连接位置的数量、连接方法和质量 （6）不进入吊顶内的电线导管：验收导管的品种、规格、位置、弯扁度、弯曲半径、连接、跨接地线、防腐、需焊接部位的焊接质量、管盒固定、管口处理、固定方法、固定间距等 （7）不进入吊顶内的线槽：验收使用材料的品种、规格、位置、连接、接地防腐、固定方法、固定间距，及其他管线位置的关系 （8）直埋电缆：验收电缆的品种、规格、埋设方法、埋深、弯曲半径、标桩埋设情况等 （9）不进入电缆沟敷设电缆：验收电缆的品种、规格、弯曲半径、固定方法、固定间距、标识情况
通风与空调工程	（1）敷设于竖井内，不进入吊顶内的风道（包括各类附件、部件、设备等）：检查风道的标高、材质，接头、接口严密性，附件、部件安装位置，支、吊、托架安装、固定，活动部件是否灵活可靠、方向是否正确，风道分支、变径处理是否合理，是否符合要求，是否已按照设计要求及施工规范规定完成风管的漏光、漏风检测，以及空调水管道的强度严密性、冲洗等试验 （2）有绝热、防腐要求的风管、空调水管及设备：检查绝热形式与做法、绝热材料的材质和规格、防腐处理材料及做法。绝热管道与支架之间应垫绝热衬垫或经防腐处理的木衬垫，其厚度应与绝热层厚度相同，表面平整，衬垫接合面的空隙应填实
电梯工程	检查电梯承重梁、起重吊环埋设，电梯钢丝绳头灌注，电梯井道内导轨、层门的支架、螺栓埋设等
智能建筑工程	（1）埋在结构内的各种电线导管：验收导管的品种、规格、位置、弯扁度、弯曲半径、连接、跨接地线、防腐、需焊接部位的焊接质量、管盒固定、管口处理、敷设情况、保护层等 （2）不能进入吊顶内的电线导管：验收导管的品种、规格、位置、弯扁度、弯曲半径、连接、跨接地线、防腐、需焊接部位的焊接质量、管盒固定、管口处理、固定方法、固定间距 （3）不能进入吊顶内的线槽：验收其品种、规格、位置、连接、接地、防腐、固定方法、固定间距 （4）直埋电缆：验收电缆的品种、规格、埋设方法、埋深、弯曲半径、标桩埋设情况等 （5）不进入电缆沟敷设电缆：验收电缆的品种、规格、弯曲半径、固定方法、固定间距、标识情况

5.5.2 工程定位测量记录

工程定位测量工作在工程开工前完成。测绘部门根据建设工程规划许可证批准的建筑工程位置及标高依据，测定出建筑红线桩及场地（或建筑物）控制网；施工测量单位应依据规划部门提供的红线桩放线成果及总平面图测定建筑物位置、主控轴线及尺寸、建筑物的 ±0.000 高程，填写“工程定位测量记录”，报监理单位审核签字后，由建设单位报规划部门验线。工程定位测量记录见表 5.33。

表 5.33　工程定位测量记录

工程名称	×× 花园	建设单位	×× 房地产有限公司
图纸编号	总平面图	施测日期	×××× 年 ×× 月 ×× 日
平面坐标依据	根据规划局测放定位点及总平面图建筑坐标位置确定（或按测绘部门提供的高程）	复测日期	×××× 年 ×× 月 ×× 日
高程依据	根据设计标高 ±0.000 相当于工程绝对标高 17.600 m	使用仪器	经纬仪 DJ6、水准仪 DS3、50 m 钢尺
允许误差	$i \leq 1/15\ 000$　$h12$　$\sqrt{L}$　$\beta \leq 15''\ n$	仪器检定日期	DJ6×× 年 ×× 月 ×× 日 DS3×× 年 ×× 月 ×× 日

定位抄测示意图：

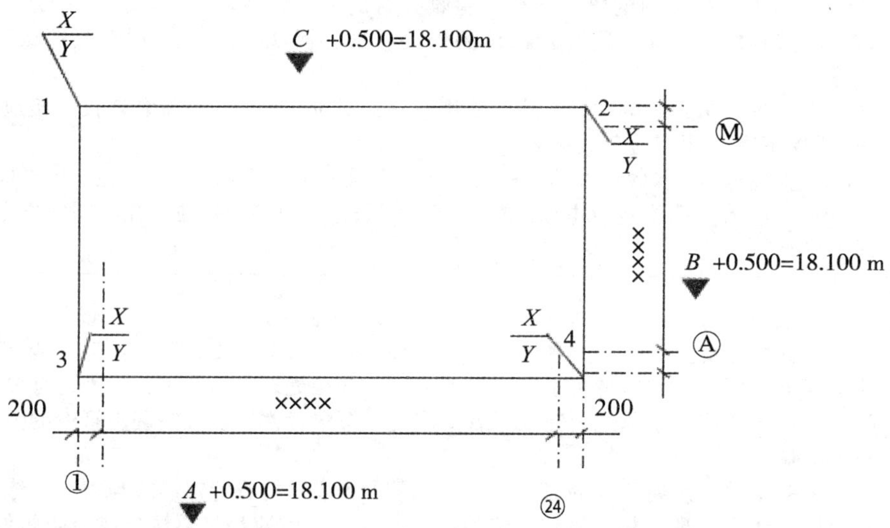

说明：根据测绘部门提供的放线成果引出 1、2、3、4 点作为定位测量控制桩，引出 A、B、C 点的高程作为高程控制点

复查结果：

1—24 边误差 ±2 mm， A—M 边误差 ±1 mm，角误差 +3"

24—1 边误差 ±3 mm， A—M 边误差 ±1 mm，角误差 +5"

A、B、C 三点高程误差在 2 mm 以内，均在允许误差范围内

参加人员	施测单位			建设（监理）单位
	施测人	复测人	项目技术负责人	×××
	×××	×××	×××	×××× 年 ×× 月 ×× 日

5.5.3 地基验槽记录

地基验收记录应符合现行国家标准《建筑地基基础工程施工质量验收规范》（GB 50202—2002）的有关规定，验槽要求如下：

（1）收集相关设计图纸、设计变更及地质勘察报告等。

（2）所有建（构）筑物均应进行施工验槽，基槽开挖后检验内容：核对基坑的位置、平面尺寸、坑底标高；核对基坑土质和地下水情况；空穴、古墓、古井、防空掩体及地下埋设物的位置、深度、性状。

（3）基槽验收合格后，由建设、勘察、设计、监理、施工单位共同验收签认。

（4）地基需处理时，应由勘察、设计部门提出处理意见。

地基验槽记录见表 5.34。

5.5.4 基坑监测

根据《建筑基坑工程监测技术规范》（GB 50497—2009）规定，开挖深度超过 5 m，或未超过 5 m 但现场地质情况和周围环境较复杂的基坑工程均应实施基坑工程监测。基坑工程施工前，由建设单位委托具备相应资质的第三方对基坑工程实施现场。

基坑施工监测的目的是确保在基坑施工期间基坑、周边道路和建筑物的安全，具体监测项目包括：支护结构的沉降与水平位移、临近建筑物的沉降及基坑周围地下水位的监测等。监测依据国家标准《建筑基坑支护技术规程》（JGJ 120—99）、基坑监测规范进行。

第三方在实施基坑监测后，形成基坑监测总报告，主要包括以下几方面内容：

（1）工程概况表

委托单位、监测日期、委托方的相关要求及监测目的、监测点数量等。

（2）监测所用仪器、方法原理和执行的标准依据。

（3）监测项目、测点布置及监测频率。给出监测点布置图（附图）。

（4）监测结果。

（5）监测结论。

（6）附图表：

① 基坑支护结构顶部水平位移监测结果表（表 5.35）。

② 基坑支护结构顶部沉降监测结果表（表 5.36）。

③ 临近建筑物及道路沉降观测结果表。

表 5.34　地基验槽记录

<table>
<tr><td>工程名称</td><td colspan="3">×× 花园</td><td>自检日期</td><td colspan="2">×××× 年 ×× 月 ×× 日</td></tr>
<tr><td>验槽部位</td><td colspan="6">①-⑫/Ⓐ—Ⓜ轴基槽</td></tr>
<tr><td>基槽土质情况</td><td colspan="6">1. 基槽开挖至勘察报告第 × 层，持力层为 × 层
2. 基底相对标高 绝对高层 × m，相对高程 × m
3. 土质情况：基槽已平整成形，工程桩头已处理完毕，基底土质主要由杂填土、含砂粉质黏土、含黏性土中砂组成，符合《场地岩土工程勘察报告》描述
4. 地下水位情况：测得地下水稳定水位深度为 4.50~6.40 m，平均水位埋深为 5.55 m，通过降水，水面控制在基底以下 1.0 m 左右，对钢筋混凝土中钢筋无腐蚀性</td></tr>
<tr><td>基坑尺寸</td><td colspan="3">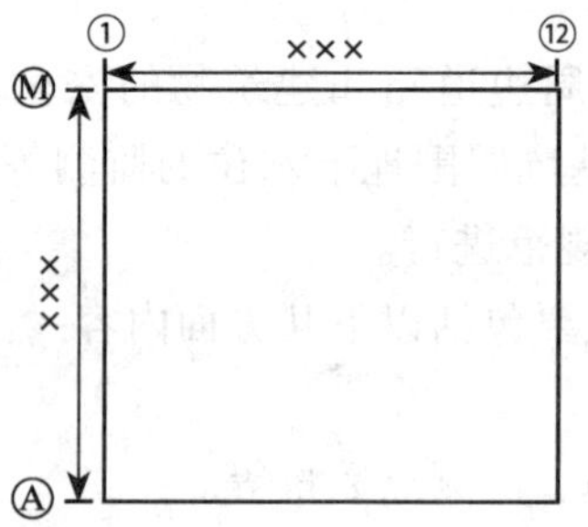</td><td>边坡坡度</td><td colspan="2">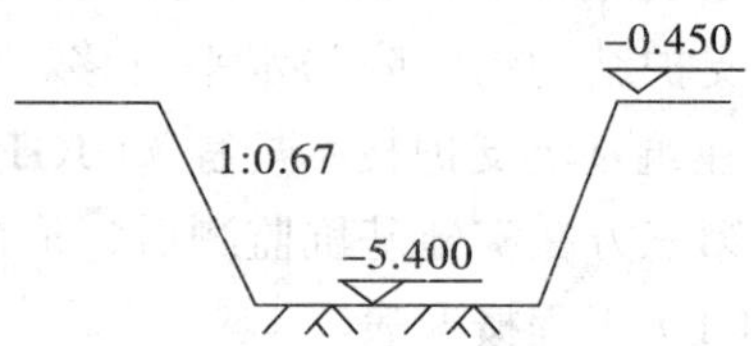</td></tr>
<tr><td>验收意见</td><td colspan="6">基槽开挖尺寸、标高、位置及基底土质情况符合设计和地质勘察报告要求。基槽底面干燥、密实。同意验收进入下道工序施工</td></tr>
<tr><td colspan="2">施工单位</td><td>勘察单位</td><td colspan="2">设计单位</td><td colspan="2">监理（建设）单位</td></tr>
<tr><td>专业工长</td><td>×××</td><td rowspan="3">×××

×××× 年 ×× 月 ×× 日</td><td colspan="2" rowspan="3">×××

×××× 年 ×× 月 ×× 日</td><td colspan="2" rowspan="3">×××

×××× 年 ×× 月 ×× 日</td></tr>
<tr><td>专业质检员</td><td>×××</td></tr>
<tr><td>专业技术负责人</td><td>×××</td></tr>
</table>

表 5.35　基坑支护结构顶部水平位移监测结果表

单位（子单位）工程名称	×× 花园			监测项目		基坑支护结构顶部水平位移			
工程地点	×× 省 ×× 市 ×× 路 ×× 号			监测仪器		净空位移计 ××			
监测单位	基础工程有限公司			委托单位		×× 房地产有限公司			
单位：mm									
日期 / 测点	初始读数（坐标或偏距）			第 1 次		第 2 次		第 3 次	
				×××× 年 ×× 月 ×× 日		×××× 年 ×× 月 ×× 日		×××× 年 ×× 月 ×× 日	
	纵坐标 X（m）	横坐标 Y（m）	偏距 L（mm）	本次	累计	本次	累计	本次	累计
①	11.230	10.720		0	0	-1	-1	0	-1
②	23.500	10.720		0	0	0	0	-1	-1
③	38.450	10.720		0	0	0	0	0	0
④	11.230	40.100		0	0	-1	-1	0	-1
⑤	23.500	40.100		+1	+1	0	+1	+1	+2
⑥	38.450	40.100		0	0	+1	+1	-1	0
施工进度				正常		正常		正常	
注：位移量为“–”，表示向基坑外侧位移；为“+”，表示向基坑内侧位移									

监测：×××　　　　校对：×××　　　　审核：×××

注：本表由监测单位填写

表 5.36　基坑支护结构顶部沉降监测结果表

单位（子单位）工程名称	××花园				监测项目	基坑支护结构顶部沉降			
工程地点	××省××市××路××号				监测仪器	精密水准仪 DS1			
监测单位	基础工程有限公司				委托单位	××房地产有限公司			
单位：mm									
日期 / 测点	相对高程（m）	第 1 次		第 2 次		第 3 次		第 4 次	
		××××年××月××日		××××年××月××日		××××年××月××日		××××年××月××日	
		本次	累计	本次	累计	本次	累计	本次	累计
J1	-0.420	0	0	0.50	0.50	1.20	1.70	0.80	2.50
J2	-0.425	0	0	0.50	0.50	1.00	1.50	0.90	2.40
J3	-0.418	0	0	0.70	0.70	0.60	1.30	1.10	2.40
J4	-0.405	0	0	0.60	0.60	1.10	1.70	1.00	2.70
施工进度		正常		正常		正常		正常	
规范允许闭合差									
现场实测闭合差									
注：沉降量为“+”，表示下沉；为“-”，表示上升									

监测：×××　　　　校对：×××　　　　审核：×××

注：本表由监测单位填写

5.5.5 建筑物垂直度、标高、全高记录表

施工单位在结构工程施工和工程竣工时对建筑物垂直度和全高进行实测，主体结构每层测量一次，工程竣工时测量一次。垂直度测量可以对建筑四个角上的轴线进行校核，标高测量以每层高度累加校核。垂直度、标高、全高记录表见表 5.37。

表 5.37 垂直度、标高、全高记录表

<table>
<tr><td colspan="2">工程名称</td><td colspan="3">×× 花园</td><td colspan="2">结构类型</td><td colspan="4">框架剪力墙结构</td></tr>
<tr><td colspan="2">施工单位</td><td colspan="3">×× 建筑工程公司</td><td colspan="2">施工阶段</td><td colspan="4">主体结构</td></tr>
<tr><td colspan="11">测量说明及控制点示意图：</td></tr>
<tr><td rowspan="3">测量日期</td><td rowspan="3">层次</td><td rowspan="3">设计层高（m）</td><td rowspan="3">测量点（位置）</td><td colspan="2">标高（m）</td><td colspan="5">垂直度（mm）</td></tr>
<tr><td rowspan="2">设计标高</td><td rowspan="2">实测标高</td><td rowspan="2">允许偏差</td><td colspan="2">本次偏差</td><td colspan="2">累计偏差</td></tr>
<tr><td>x</td><td>y</td><td>x</td><td>y</td></tr>
<tr><td>×××× 年 ×× 月 ×× 日</td><td>一层</td><td>3.6</td><td>①/Ⓐ</td><td>3.6</td><td>3.601</td><td>20</td><td>4</td><td>-3</td><td></td><td></td></tr>
<tr><td>×××× 年 ×× 月 ×× 日</td><td>一层</td><td>3.6</td><td>①/Ⓜ</td><td>3.6</td><td>3.603</td><td>20</td><td>-1</td><td>3</td><td></td><td></td></tr>
<tr><td>×××× 年 ×× 月 ×× 日</td><td>一层</td><td>3.6</td><td>㉔/Ⓐ</td><td>3.6</td><td>3.598</td><td>20</td><td>3</td><td>1</td><td></td><td></td></tr>
<tr><td>×××× 年 ×× 月 ×× 日</td><td>一层</td><td>3.6</td><td>㉔/Ⓜ</td><td>3.6</td><td>3.598</td><td>20</td><td>1</td><td>2</td><td></td><td></td></tr>
<tr><td>×××× 年 ×× 月 ×× 日</td><td>二层</td><td>3.0</td><td>①/Ⓐ</td><td>6.6</td><td>6.602</td><td>20</td><td>2</td><td>2</td><td>6</td><td>-1</td></tr>
<tr><td>×××× 年 ×× 月 ×× 日</td><td>二层</td><td>3.0</td><td>①/Ⓜ</td><td>6.6</td><td>6.604</td><td>20</td><td>2</td><td>-2</td><td>1</td><td>1</td></tr>
<tr><td>×××× 年 ×× 月 ×× 日</td><td>二层</td><td>3.0</td><td>㉔/Ⓐ</td><td>6.6</td><td>6.600</td><td>20</td><td>1</td><td>-3</td><td>4</td><td>-2</td></tr>
<tr><td>×××× 年 ×× 月 ×× 日</td><td>二层</td><td>3.0</td><td>㉔/Ⓜ</td><td>6.6</td><td>6.601</td><td>20</td><td>-2</td><td>4</td><td>-1</td><td>6</td></tr>
<tr><td></td><td></td><td></td><td></td><td></td><td></td><td></td><td></td><td></td><td></td><td></td></tr>
<tr><td></td><td></td><td></td><td></td><td></td><td></td><td></td><td></td><td></td><td></td><td></td></tr>
<tr><td rowspan="3">全高（m）</td><td>设计：</td><td rowspan="3">规范允许偏差（mm）</td><td>标高：</td><td colspan="2">测量点 / 轴向</td><td></td><td></td><td></td><td></td><td></td></tr>
<tr><td rowspan="2">实际：</td><td rowspan="2">垂直度：</td><td colspan="2">标高最大偏差（mm）</td><td></td><td></td><td></td><td></td><td></td></tr>
<tr><td colspan="2">垂直度最大偏差（mm）</td><td></td><td></td><td></td><td></td><td></td></tr>
<tr><td colspan="4">监理（建设）单位</td><td colspan="7">施工单位</td></tr>
<tr><td colspan="4" rowspan="2">专业监理工程师：×××
（建设单位项目专业技术负责人）</td><td colspan="3">专业技术负责人</td><td colspan="2">专业质检员</td><td colspan="2">测量员</td></tr>
<tr><td colspan="3">×××</td><td colspan="2">×××</td><td colspan="2">×××</td></tr>
</table>

5.5.6 混凝土开盘鉴定

对首次使用的混凝土配合比，施工单位应组织监理单位、搅拌机组、混凝土试配单位进行开盘鉴定，共同认定试验室签发的混凝土配合比确定的组成材料是否与现场施工所用材料相符，以及混凝土拌合物性能是否满足设计要求和施工需要。

对于预拌混凝土，在出厂前，由混凝土供应单位组织相关单位进行开盘鉴定，并形成《混凝土开盘鉴定》记录表，随批提供给施工单位。

鉴定的内容包括浇灌部位及时间、强度等级和配合比、坍落度和保水性。记录中的各项内容均应根据实际情况填写清楚、齐全，并要有明确的鉴定结果和结论，签字齐全。

混凝土开盘鉴定见表 5.38。

表 5.38　混凝土开盘鉴定

<table>
<tr><td>工程名称</td><td colspan="8">×× 花园</td></tr>
<tr><td>施工单位</td><td colspan="3">×× 建筑工程公司</td><td colspan="2">搅拌方式</td><td colspan="3">现场机械搅拌</td></tr>
<tr><td>强度等级</td><td colspan="3">C15</td><td colspan="2">要求坍落度</td><td colspan="3">130~150 mm</td></tr>
<tr><td>配合比编号</td><td colspan="3">××××</td><td colspan="2">试配单位</td><td colspan="3">×× 检测中心</td></tr>
<tr><td>水灰比</td><td colspan="3">0.58</td><td colspan="2">砂　率</td><td colspan="3">44%</td></tr>
<tr><td>材料名称</td><td>水泥</td><td>砂</td><td>石</td><td>水</td><td colspan="2">外加剂</td><td colspan="2">掺合料</td></tr>
<tr><td>每 m^3 用料（kg）</td><td>302</td><td>837</td><td>1066</td><td>175</td><td>5.44</td><td></td><td></td><td></td></tr>
<tr><td rowspan="2">调整后每盘用料（kg）</td><td colspan="8">砂含水率：2%，石含水率：1 %</td></tr>
<tr><td>100</td><td>282.6</td><td>356.5</td><td>48.9</td><td>1.80</td><td></td><td></td><td></td></tr>
<tr><td rowspan="4">鉴定结果</td><td rowspan="2">鉴定项目</td><td colspan="3">混凝土拌和物性能</td><td colspan="2" rowspan="2">混凝土试块抗压强度（Mpa）</td><td colspan="2" rowspan="2">原材料与配合比用料是否相符</td></tr>
<tr><td>坍落度</td><td>保水性</td><td>黏聚性</td></tr>
<tr><td>设　计</td><td>130~150 mm</td><td></td><td></td><td colspan="2" rowspan="2">21.8、22.7</td><td colspan="2" rowspan="2">相符</td></tr>
<tr><td>实　测</td><td>140 mm</td><td>良好</td><td>良好</td></tr>
<tr><td colspan="9">鉴定结论：
该设计配合比数据准确，同意按该配合比施工
×××× 年 ×× 月 ×× 日</td></tr>
<tr><td colspan="2">搅拌机组负责人</td><td colspan="2">专业质检员</td><td colspan="3">施工单位技术负责人</td><td colspan="2">监理（建设）单位</td></tr>
<tr><td colspan="2">×××</td><td colspan="2">×××</td><td colspan="3">×××</td><td colspan="2">×××</td></tr>
<tr><td colspan="7">×××× 年 ×× 月 ×× 日</td><td colspan="2">×××× 年 ×× 月 ×× 日</td></tr>
</table>

本表适用于现场搅拌混凝土的工程，由施工单位填写并保存。采用预拌混凝土的由厂家提供鉴定表。

5.5.7 混凝土浇筑令

正式浇筑混凝土前，施工单位应检查各项准备工作（如钢筋、模板工程检查，水电预埋件检查，材料设备等准备情况），自检合格后由项目技术负责人填写报监理单位批准后方可浇筑混凝土。混凝土浇筑令见表 5.39。

表 5.39 混凝土浇筑令

编号：××

<table>
<tr><td>工程名称</td><td colspan="7">×× 花园</td></tr>
<tr><td>浇筑部位</td><td colspan="3">首层墙柱 ⑬-㉔/Ⓐ - Ⓜ轴</td><td colspan="2">开始浇筑时间</td><td colspan="2">×× 月 ×× 日 ×× 时</td></tr>
<tr><td>生产厂家</td><td colspan="2">×× 混凝土公司</td><td>合格证</td><td>×××</td><td colspan="2">出厂配料单</td><td>×××</td></tr>
<tr><td>混凝土强度设计等级</td><td>C40</td><td>配合比报告单编号</td><td>PR080424-3</td><td>原材料检验</td><td></td><td>设计坍落度</td><td>16 cm</td></tr>
<tr><td>项 目</td><td>水泥</td><td>砂</td><td>石</td><td>水</td><td>外加剂</td><td>粉煤灰</td><td></td></tr>
<tr><td>每 m³ 干料用量（kg）</td><td>386</td><td>763</td><td>1012</td><td>175</td><td>10．35</td><td>64</td><td></td></tr>
<tr><td>每盘实际用量（kg）</td><td>386</td><td>799</td><td>1012</td><td>139</td><td>10．35</td><td>64</td><td></td></tr>
<tr><td colspan="8">准备工作情况：
1. 钢筋 已 / 未 做隐蔽验收，报验单编号 ×××
2. 模板支撑牢固，板缝堵好，脱模剂涂刷，模内清理 已 / 未 做预检
3. 水电及预埋件安装 已 / 未 完成，并 已 / 未 检查
4. 浇筑用水、电、马道、器械 已 / 未 完备
5. 钢筋垫块 已 / 未 垫好，并经检查
6. 商品混凝土进场 已 / 未 验收

⑬-㉔/Ⓐ - Ⓜ轴首层墙柱钢筋隐检已完成，有隐检记录；模板预检已完成，有预检记录；水电预埋检查已完成，施工组织情况、防雨措施已完备，机械设备已准备就位

技术负责人：××× 项目经理（签章）：××× 日期：×××× 年 ×× 月 ×× 日</td></tr>
<tr><td colspan="8">审批意见：
同意 / 不同意 浇筑

专业监理工程师：××× 监理机构：×× 工程监理有限公司 日期：×××× 年 ×× 月 ×× 日</td></tr>
</table>

注：本表格为旧规范监理用表格，报于监理资料中归档

5.5.8 预拌砼运输单

预拌混凝土供应单位应随车向施工单位提供预拌混凝土运输单（副本）。施工单位应检验运输单项目是否齐全、准确、真实、无未了项，编号填写正确、签字盖章齐全。

1．混凝土供货单施工单位应收集齐全，作为与混凝土供货商的结算依据。

2．装订资料时，宜将供货单贴在A4纸上装订。

预拌砼运输（供货）单参见表5.40。

表5.40 预拌砼运输（供货）单（参考用表）

收货单位：××建筑工程公司　　　　送货日期：××××年××月××日

<table>
<tr><td>工程名称</td><td colspan="3">××花园</td><td>交货地址</td><td colspan="3">海口市×路</td></tr>
<tr><td>浇筑部位</td><td colspan="2">九层梁板⑬-㉔/Ⓐ-Ⓜ轴</td><td>浇筑方式</td><td>泵送</td><td colspan="2">特殊混凝土性能要求</td><td>—</td></tr>
<tr><td>强度等级</td><td>C35</td><td>坍落度(mm)</td><td>160</td><td>车数</td><td>13</td><td>本车量(m^3)</td><td>8.0</td></tr>
<tr><td>值班调度</td><td>×××</td><td>操作员</td><td>×××</td><td>发车时间</td><td>×时×分×秒</td><td>累计量(m^3)</td><td>106</td></tr>
<tr><td>驾驶员</td><td>×××</td><td>运输车号</td><td>琼×××××</td><td>到达时间</td><td>—</td><td>离场时间</td><td>—</td></tr>
<tr><td>备注</td><td colspan="7">1．运距××km
2．其他</td></tr>
</table>

单位名称：××混凝土有限公司　　　　收货人：×××

5.5.9 混凝土浇筑施工记录

混凝土浇筑施工记录是记录混凝土浇筑过程中的现场操作情况，如：配合比下料情况、实测坍落度、浇筑量、浇筑温度、留置试块组数，以及在混凝土浇筑中出现的问题及处理方法。混凝土浇筑施工记录见表 5.41。

表 5.41　混凝土浇筑施工记录

施工单位：××建筑工程　　　　公司编号：××

工程名称			××花园		浇筑部位		⑬-㉔/Ⓐ-Ⓜ轴基础砼	
气象			晴	风力	4~5 级	室外温度	28 ℃ ~ 33 ℃	
设计强度等级			C40	开始浇筑时间	××××年××月××日	终止浇筑时间	××××年××月××日	
混凝土拌制方法	商品砼	供料厂家		××混凝土公司		合同号	××××	
	商品砼	供料强度等级（Mpa）		C40		试验单编号	××××	
	现场搅拌	配合比通知单编号		××××		要求坍落度	（160±20）mm	
	现场搅拌	混凝土配合比	材料名称	规格产地	每立方米用量（kg）	每盘用量（kg）	材料含水率（%）	实际每盘用量（kg）
			水泥					
			砂					
			碎石					
			水					
			掺合料					
			外加剂					
实测坍落度			150 mm、165 mm、160 mm					
砼完成数量（m^3）			30		出盘温度	31 ℃	入模温度	31 ℃
试块留置			组数			试验报告编号		
标　养			1			××××		
同条件			1			××××		
混凝土浇筑中出现的问题及处理方法			无					
参加人员	施工单位					监理（建设）单位		
	专业工长		专业质检员		专业技术负责人	×××		
	×××		×××		×××			

5.5.10 混凝土拆模申请单

根据现行标准《混凝土工程施工质量验收规范》(GB 50204—2002)的规定，结构混凝土强度须达到规定要求时方可拆除支撑模板。拆除现浇混凝土结构板、梁、悬臂构件等的底模前，须填写混凝土拆模申请单并附经试验室签发的同条件混凝土强度等级报告，经项目技术负责人审批后报监理单位审核，通过后方可拆模。混凝土结构拆模条件根据现场同养混凝土试块的强度确定，必须在混凝土强度达到要求时（海南地区一般在7~8天时混凝土强度可达75%，此时可送试验室检测并获得强度报告），方可拆模。

拆模时混凝土强度规定：当设计有要求时，应按设计要求；当设计无要求时，应按《混凝土工程施工质量验收规范》(GB 50204—2002)要求执行，见表5.42。

表5.42 底模拆除时的混凝土强度要求（–4.3.1条款）

构件类型	构件跨度（m）	达到设计的混凝土立方体抗压强度标准值的百分率（%）
板	≤ 2	≥ 50
	＞2，≤ 8	≥ 75
	＞8	≥ 100
梁、拱、壳	≤ 8	≥ 75
	＞8	≥ 100
悬臂构件	—	≥ 100

混凝土拆模申请单见表5.43。

表5.43 混凝土拆模申请单

工程名称：×× 花园　　　　　　　　　　　　　　　　　　　　编号：××

致：×× 工程监理有限公司（现场监理机构）

我方于 ××××年××月××日 完成 ①-⑫/Ⓐ-Ⓜ轴十七层楼板 部位的砼浇筑，距今日已有 14 天，其设计强度等级为 C30 。由同条件养护拆模试块或通过砼回弹检测得出其目前强度值为 37.2 MPa ，对照规范要求满足拆模条件。

1. 板最大结构跨度 8.7 m，砼强度已达到设计强度标准值的 106 %
2. 梁最大结构跨度 8.7 m，砼强度已达到设计强度标准值的 106 %
3. 悬臂构件最大结构跨度 1.5 m，砼强度已达到设计强度标准值的 106 %
4. 侧模拆除时砼浇筑完成时间不小于6小时，砼强度达到1.2N/mm^2，保证其表面及棱角不因拆模而受损

现申请 ××××年××月××日 开始拆模，请批准

承包单位（盖章）：×× 建筑工程公司
技术负责人：×××
日　期：××××年××月××日

审批意见：

☑同意 / □不同意　拆模

专/总监理工程师（签章）：　×××
（建设单位单位负责人）　　　　　　　　　日期：××××年××月××日

注：根据规范要求，悬臂结构（不论跨度多少）砼拆模强度均须达到设计强度的100%方可拆模。若第1、第2条强度满足规范要求，但第3条不满足要求，拆模申请中须说明“不得拆除悬臂结构”

5.5.11 结构实体检验用同条件养护试件测温记录

同条件养护试件测温是从试块制作日开始，连续记录每日平均气温。测温应每 6 小时测一次，每天 4 次。每日平均气温累计达到 600 ℃ · d 时，即将同养试件送试验室检测强度。结构实体检验用同条件养护试件测温记录见表 5.44。

表 5.44　结构实体检验用同条件养护试件测温记录

工程名称	×× 花园			施工单位		×× 建筑工程公司		
施工部位	第一次测温（℃）	第二次测温（℃）	第三次测温（℃）	第四次测温（℃）	平均温度（℃）	累计温度（℃）	测温人	日期
首层墙柱	28	32	31	29	30	30	×××	×××× 年 ×× 月 ×× 日
	27	31	30	28	29	59	×××	×××× 年 ×× 月 ×× 日
	28	33	33	28	30	89	×××	×××× 年 ×× 月 ×× 日
	28	32	31	27	29	118	×××	×××× 年 ×× 月 ×× 日
	27	31	30	25	28	146	×××	×××× 年 ×× 月 ×× 日
	29	33	32	26	30	176	×××	×××× 年 ×× 月 ×× 日
	28	30	32	27	29	205	×××	×××× 年 ×× 月 ×× 日
	27	31	31	27	29	234	×××	×××× 年 ×× 月 ×× 日
	29	33	32	27	30	264	×××	×××× 年 ×× 月 ×× 日
	28	32	30	26	29	293	×××	×××× 年 ×× 月 ×× 日
	27	31	31	28	29	322	×××	×××× 年 ×× 月 ×× 日
	29	33	32	28	30	352	×××	×××× 年 ×× 月 ×× 日
	27	32	30	26	29	381	×××	×××× 年 ×× 月 ×× 日
	27	30	32	26	29	410	×××	×××× 年 ×× 月 ×× 日
	28	30	32	27	29	439	×××	×××× 年 ×× 月 ×× 日
	27	31	31	27	29	468	×××	×××× 年 ×× 月 ×× 日
	27	32	30	28	29	497	×××	×××× 年 ×× 月 ×× 日
	28	33	31	28	30	527	×××	×××× 年 ×× 月 ×× 日
	28	33	31	27	30	557	×××	×××× 年 ×× 月 ×× 日
	27	32	30	26	29	586	×××	×××× 年 ×× 月 ×× 日
	29	33	32	26	30	616	×××	×××× 年 ×× 月 ×× 日

注：同条件养护试件测温应每 6 小时测一次，每天 4 次，在龄期内每天都应进行测温

5.5.12 有防水要求的地面结构及面层施工检查记录

有防水要求的地面，如卫生间、厨房等，墙体四周设有素混凝土翻边，内设防水层，其施工过程及质量须符合设计和规范要求。有防水要求的地面结构及面层施工检查记录见表 5.45。

表 5.45 有防水要求的地面结构及面层施工检查记录

<table>
<tr><td>工程名称</td><td colspan="3">××花园</td><td colspan="2">检查日期</td><td colspan="2">××××年××月××日</td></tr>
<tr><td>检查部位</td><td colspan="3">①-⑫/Ⓐ-Ⓜ轴六层楼板厕浴间</td><td colspan="2">混凝土强度等级</td><td colspan="2">C40</td></tr>
<tr><td>混凝土楼板翻边高度 /mm</td><td>≥120</td><td>190</td><td>190</td><td>190</td><td>185</td><td>190</td><td>195</td></tr>
<tr><td rowspan="3">有防水要求的地面面层与相邻地面面层标高差（mm）</td><td rowspan="3">不小于设计要求</td><td>32</td><td>31</td><td>31</td><td>30</td><td>32</td><td>33</td></tr>
<tr><td>32</td><td>30</td><td>33</td><td>32</td><td>32</td><td>33</td></tr>
<tr><td></td><td></td><td></td><td></td><td></td><td></td></tr>
<tr><td rowspan="3">预留洞口位置偏差值（mm）</td><td rowspan="3">≤15</td><td>6</td><td>9</td><td>5</td><td>12</td><td>8</td><td>10</td></tr>
<tr><td>10</td><td>12</td><td>5</td><td>10</td><td></td><td></td></tr>
<tr><td></td><td></td><td></td><td></td><td></td><td></td></tr>
<tr><td colspan="8">检查结论：

符合设计和施工质量验收规范要求</td></tr>
<tr><td colspan="4">施工单位</td><td colspan="4">监理（建设）单位</td></tr>
<tr><td>专业工长</td><td colspan="3">×××</td><td colspan="4" rowspan="3">专业监理工程师：×××
（建设单位项目负责人）

××××年××月××日</td></tr>
<tr><td>专业质检员</td><td colspan="3">×××</td></tr>
<tr><td>专业技术负责人</td><td colspan="3">×××</td></tr>
</table>

5.5.13 地下室防水效果检查记录

依据现行国家标准《地下防水工程质量验收规范》（GB 50208—2011）规定，地下工程验收时，应对地下工程有无渗漏现象进行检查，检查内容包括：裂缝、渗漏部位、大小、渗漏情况和处理意见等。发现渗漏水现象应制作、标示好背水内表面结构工程展开图。地下室防水效果检查记录见表 5.46。

表 5.46　地下室防水效果检查记录

工程名称	××××工程		
检查部位	地下室外墙内表面		
水位高程	蓄水水位高程为 ×× m	蓄水时间	×××× 年 ×× 月 ×× 日

施工单位检查记录（附“背水内表面的结构工程展开图”）

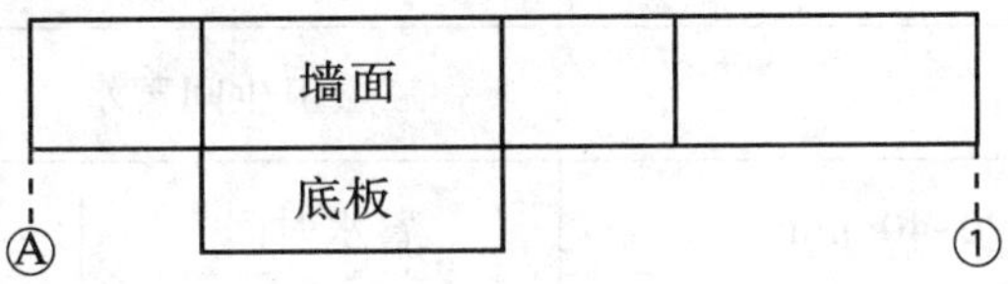

经检查：

1. 用干手触摸砼底板面及用吸墨纸（或报纸）贴附背水板面检查底板的湿渍面积，经检查无裂缝和渗漏水现象
2. 地下室底板不存在渗漏水现象，观感质量合格，符合设计和《地下防水工程施工质量验收规范》（GB 50208—2002）要求

×××× 年 ×× 月 ×× 日

监理（建设）单位复查结果：

符合设计和施工质量验收规范要求，通过验收

×××× 年 ×× 月 ×× 日

施工单位		监理（建设）单位
专业工长	×××	专业监理工程师（签章）：×××
专业质检员	×××	（总监理工程师）（签章）：××× （建设单位项目负责人）
专业技术负责人	×××	

5.5.14 地面蓄水、屋面蓄水或淋水试验记录

根据现行国家标准《建筑地面工程施工质量验收规范》(GB 50209—2010)的规定，地面工程中凡有防水要求的房间应有防水层及装修后的蓄水检查记录。检查内容包括蓄水方式、蓄水时间、蓄水深度、水落口及边缘的封堵情况和有无渗漏现象等。

现行国家标准《屋面工程质量验收规范》(GB 50207—2012)的有关规定：屋面工程完工后，应对细部构造（屋面天沟、檐沟、檐口、泛水、水落口、变形缝、伸出屋面管道等）、接缝处和保护层进行雨期观察或淋水、蓄水检查。淋水试验持续时间不得少于 2 h，做蓄水检查的屋面，蓄水时间不得少于 24 h。

有防水要求的地面蓄水试验记录见表 5.47。屋面淋水或蓄水试验记录同。

表 5.47 有防水要求的地面蓄水试验记录

<table>
<tr><td>工程名称</td><td colspan="3">×× 花园</td></tr>
<tr><td>检查部位</td><td colspan="3">三层卫生间蓄水</td></tr>
<tr><td>蓄水高度</td><td>20~40 mm</td><td>蓄水时间</td><td>24 时</td></tr>
<tr><td colspan="4">施工单位检查结果：

细部处理：穿墙立管、套管、地漏安装完毕后，在管缝间嵌入密封填料，密封材料压嵌密实并与缝壁管道粘牢固，接缝处砼表面密实、洁净、干燥，符合要求
防水质量：采用聚氨酯防水材料，防水层与砼基层粘结牢固
蓄水试验：用棉丝把地漏堵严密，且不影响试水，然后进行放水，蓄水最浅水位为 25 mm 左右，蓄水经 24 h 后进行检查，无渗漏现象，排水坡度正确，无倒泛水、无积水现象，防水效果符合设计要求

××××年××月××日</td></tr>
<tr><td colspan="4">监理（建设）单位复查结果：

未发现渗漏现象，通过验收

××××年××月××日</td></tr>
<tr><td colspan="2">施工单位</td><td colspan="2">监理（建设）单位</td></tr>
<tr><td>专业工长</td><td>×××</td><td colspan="2" rowspan="3">专业监理工程师：×××
（总监理工程师）（签章）：
（建设单位项目负责人）</td></tr>
<tr><td>专业质检员</td><td>×××</td></tr>
<tr><td>专业技术负责人</td><td>×××</td></tr>
</table>

5.5.15 施工检查记录

对于施工过程中影响质量、观感、安装、人身安全的工序应在过程中做好过程控制检查记录。施工检查记录见表 5.48。

表 5.48　施工检查记录（通用表）

<table>
<tr><td colspan="2" rowspan="2">工程名称</td><td colspan="2" rowspan="2">×× 花园</td><td>编号</td><td>×××</td></tr>
<tr><td>检查日期</td><td>×××× 年 ×× 月 ×× 日</td></tr>
<tr><td colspan="2">检查部位</td><td colspan="2">一层大堂顶板</td><td>检查项目</td><td>模板工程</td></tr>
<tr><td colspan="6">检查依据：
1．施工图纸：结施 7、结施 8
2．×× 花园模板施工方案
3.《混凝土工程施工质量验收规范》（GB 50204—2002）（2011 版）</td></tr>
<tr><td colspan="6">检查内容：
1．一层大堂顶板、梁模板
2．模板支撑的杆件强度、间距、体系强度、刚度、稳定性符合施工方案及规范要求
3．标高、尺寸符合设计图纸要求
4．拼缝严密，隔离剂涂刷均匀，模内清理干净</td></tr>
<tr><td colspan="6">检查结论：
经检查，一层大堂顶板、梁模板安装工程已全部完成，符合设计及施工规范的规定</td></tr>
<tr><td colspan="6">复查结论：
符合设计及规范要求
复查人：　　　　　　　　复查日期：</td></tr>
<tr><td rowspan="3">签字栏</td><td rowspan="2">施工单位</td><td rowspan="2">×× 建筑工程公司</td><td>专业技术负责人</td><td>专业质检员</td><td>专业工长</td></tr>
<tr><td>×××</td><td>×××</td><td>×××</td></tr>
<tr><td>监理或建设单位</td><td colspan="2">×× 工程监理有限公司</td><td>专业工程师</td><td>×××</td></tr>
</table>

其他常见施工记录填写要求见表 5.49。

表 5.49 其他常用施工记录

工程资料名称	主要内容及注意事项
地基处理记录	（1）附件收集：相关设计图纸、设计变更及地质勘察报告等 （2）资料流程：由总包单位填报，经各相关单位转签后存档 （3）相关规定与要求：地基需处理时，应由勘察、设计部门提出处理意见，施工单位应依据勘察、设计单位提出的处理意见进行地基处理，完工后填写地基处理记录。内容包括地基处理方式、处理部位、深度及处理结果等。地基处理完成后，应报请勘察、设计、监理部门复检验收 （4）注意事项：当地基处理范围较大、内容较多、用文字描述较困难时，应附简图示意。如勘察、设计单位委托监理单位进行复查时，应有书面的委托记录
工程放线记录	（1）由施工单位填写，随相应部位的测量放线报验表进入资料流程，可附平面图 （2）相关规定与要求： ① 楼层平面放线内容包括：轴线竖向投测控制线、各层墙柱轴线、墙柱边线、门窗洞口位置线，垂直偏差等 ② 楼层标高抄测内容包括：地下室 +0.5 m（或 1m）水平控制线、皮数杆标高定位等 ③ 施工单位应在完成楼层平面放线、标高抄测后，填写《工程放线记录》，报监理单位审核 （3）注意事项：砖砌基础、砖墙必须设置皮数杆，以此控制标高，用水准仪校核（允许误差 ±3 mm）
建筑物沉降观测测量记录	由建设单位委托有资质的测量单位进行 下列情况应做沉降观测，并应按《工程测量规范》（GB 50026—2007）第 10.1.3 的规定执行： （1）设计要求时 （2）重要的建筑物 （3）20 层以上的建筑物 （4）14 层以上但造型复杂的建筑物 （5）对地基变形有特殊要求的建筑 （6）单桩承受荷载在 400 kN 以上的建筑物 （7）使用灌注桩基础而设计与施工人员经验不足的建筑物 （8）因施工、使用或科研要求进行沉降观测的建筑物 本记录由建设单位委托的测量单位提供 其他建筑物可由施工单位自行检测，报监理单位核定
地基钎探记录	（1）收集地基钎探记录原始记录（或复印件） （2）相关规定与要求：钎探记录用于检验浅土层（如基槽）的均匀性，确定基槽的容许承载力及检验填土质量。在钎探前应绘制钎探点平面布置图，确定钎探点布置及顺序编号。按照钎探图及有关规定进行钎探并记录 （3）注意事项：地基钎探记录必须真实有效，严禁弄虚作假

续表 5.49

工程资料名称	主要内容及注意事项
桩（地）基工程施工记录	（1）桩基施工记录：桩（地）基施工单位在施工过程中，应按规定做桩基施工记录。检查内容主要包括对孔位、孔径、孔深、桩体垂直度、桩顶标高、桩位偏差、桩顶完整性和接桩质量等进行检查并记录 （2）桩基施工记录应由具有相应资质的专业施工单位负责提供
大体积混凝土养护测温记录	依据《混凝土工程施工质量验收规范》（GB 50204—2002）的规定，混凝土浇筑完毕后，应按施工技术方案及时采取有效的养护措施，并应符合下列规定： （1）应在浇筑完毕后的 12 h 内对混凝土加以覆盖并保温养护 （2）混凝土浇筑养护的时间，对采用硅酸盐水泥、普通硅酸盐水泥或矿渣硅酸盐水泥拌制的混凝土，不得少于 7 d；对掺用缓凝型外加剂或有抗渗要求的混凝土，不得少于 14 d （3）浇水次数应能保持混凝土处于湿润状态：混凝土养护用水应与拌制用水相同 （4）塑料膜覆盖养护的混凝土，其敞露时全部表面应覆盖严密，并保持塑料面膜内有凝结水 （5）混凝土强度达到 1.2 N/mm^2 前，不得在其上踩踏或安装模板及支架 注意事项： （1）当日平均气温低于 5℃时，不得浇水 （2）当采用其他品种水泥时，混凝土的养护时间应根据所采用水泥的技术性能确定 （3）混凝土表面不便浇水或使用塑料膜时，宜涂刷养护剂 （4）对大体积混凝土的养护，应根据气候条件按施工技术方案采取控制措施 检查数量：全数检查 检验方法：观察，检查施工记录 说明：养护条件对于混凝土强度的增长有重要影响。在施工过程中，应根据原材料、配合比、浇筑部位和季节等具体情况，制定合理的施工技术方案，采取有效的养护措施，保证混凝土强度正常增长 要求： （1）养护测温记录需按时提供给监理单位 （2）大体积混凝土施工应有对混凝土入模时大气温度、养护温度记录、内外温差和裂缝进行检查并记录 （3）大体积混凝土养护测温应附测温点布置图，包括测温点的布置部位、深度等 （4）应注意：大体积混凝土养护测温记录应真实、及时、严禁弄虚作假
大型构件吊装记录	构件吊装记录适用于大型混凝土预制构件、钢构件的安装。吊装记录的内容包括构建的名称、安装位置、搁置与搭接长度、接头处理、固定方法、标高等。填写要求： （1）收集相关设计要求与文件等 （2）相关规定与要求：预制混凝土结构构件、大型钢、木构件吊装应有《构件吊装记录》。吊装记录内容包括构件型号名称、安装位置、外观检查、楼板堵孔、清理、锚固、构件支点的搁置与搭接长度、接头处理、固定方法、标高、垂直偏差等，应符合设计和现行标准、规范要求 （3）注意事项："备注"栏内应填写吊装过程中出现的问题、处理措施及质量情况等。对于重要部位或大型构件的吊装工程，应有专项安全交底
钢结构施工记录	（1）钢结构工程施工记录由多项内容组成，具体形式由施工单位自行确定 （2）钢结构工程施工记录相关说明： ① 构件吊装记录：钢结构吊装应有构件吊装记录，吊装记录内容包括构件名称、安装位置、搁置与搭接长度、接头处理、固定方法、标高等 ② 焊接材料烘焙记录：焊接材料在使用前，应按规定进行烘焙，有烘焙记录 ③ 钢结构安装施工记录：钢结构主要受力构件安装完成后，应检查钢柱、钢架（梁）垂直度、侧向弯曲偏差等，并做施工记录 ④ 钢结构主体结构在形成空间刚度单元并连接固定后，应检查整体垂直度和整体平面弯曲度的安装允许偏差，并做施工记录 钢结构安装施工记录应由具有相应资质的专业施工单位负责提供

续表 5.49

工程资料名称	主要内容及注意事项
焊接材料烘焙记录	依据《钢结构工程施工质量验收规范》(GB 50205—2001)的规定: 焊条、焊丝、焊剂、电渣焊熔嘴等焊接材料与母材的匹配应符合设计要求及国家现行行业标准《建筑钢结构焊接技术规程》(JGJ 81—2002)的规定。焊条、焊剂、药芯焊丝、熔嘴等在使用前,应按其产品说明书及焊接工艺文件的规定进行烘焙和存放 说明: 5.2.1 焊接材料对钢结构焊接工程的质量有很大的影响。其选用必须符合设计文件和国家现行标准的要求。对于进场时经验收合格的焊接材料,产品的生产日期、保存状态、使用烘焙等也直接影响焊接质量。本条即规定了焊条的选用和使用要求,尤其强调了烘焙状态,这是保证焊接质量的必要手段 填写要求:按照规范、标准和工艺文件等规定应须进行烘焙的焊接材料应在使用前按要求进行烘焙,并填写《烘焙记录》。烘焙记录内容包括烘焙方法、烘干温度、要求烘干时间、实际烘焙时间和保温要求等
预应力筋张拉记录	依据《混凝土工程施工质量验收规范》(GB 50204—2002)的规定: (1)后张法预应力工程的施工应由具有相应资质等级的预应力专业施工单位承担 (2)预应力筋张拉机具设备及仪表,应定期维护和校验。张拉设备应配套标定,并配套使用。张拉设备的标定期限不应超过半年。当在使用过程中出现反常现象时或在千斤顶检修后,应重新标定 注: ① 张拉设备标定时,千斤顶活塞的运行方向应与实际张拉工作状态一致 ② 压力表的精度不应低于 1.5 级,标定张拉设备用的试验机或测力计精度不应低于 ±2% (3)预应力筋张拉或放张时,混凝土强度应符合设计要求;当设计无具体要求时,不应低于设计的混凝土立方体抗压强度标准值的 75% (4)预应力筋张拉力、张拉或放张顺序及张拉工序应符合设计及施工技术方案的要求,并应符合下列规定: ① 当施工需要超张拉时,最大张拉应力不应大于国家现行标准《混凝土结构设计规范》(GB 50010—2010)的规定 ② 张拉工艺应能保证同一束中各根预应力筋的应力均匀一致 ③ 后张法施工中,当预应力筋是逐根或逐束张拉时,应保证各阶段不出现对结构不利的应力状态;同时宜考虑后批张拉预应力筋所产生的结构构件的弹性压缩对先批张拉预应力筋的影响,确定张拉力 ④ 先张法预应力筋放张时,宜缓慢放松锚固装置,使各根预应力筋同时缓慢放松 ⑤ 当采用应力控制方法张拉时,应校核预应力筋的伸长值。实际伸长值与设计计算理论伸长值的相对允许偏差为 ±5% (5)预应力筋张拉锚固后实际建立的预应力值与工程设计规定检验值的相对允许偏差为 ±5% 预应力筋张拉时实际建立的预应力值对结构受力性能影响很大,必须予以保证。先张法施工中可以用应力测定仪器直接测定张拉锚固后预应力筋的应力值;后张法施工中预应力筋的实际应力值较难测定,故可用见证张拉代替预应力值测定。见证张拉指监理工程师或建设单位代表现场见证下的张拉 (6)张拉过程中应避免预应力筋断裂或滑脱。当发生断裂或滑脱时,必须符合下列规定: ① 对后张法预应力结构构件,断裂或滑脱的数量严禁超过同一截面预应力筋总根数的 3%,且每束钢丝不得超过一根;对多跨双向连续板,其同一截面应按每跨计算 ② 对先张法预应力构件,在浇筑混凝土前发生断裂或滑脱的预应力筋必须予以更换 填写要求: ① 相关规定与要求:预应力筋张拉记录应由专业施工人员负责填写。包括预应力施工部位、预应力筋规格、平面示意图、张拉程序、应力记录、伸长量等 ② 预应力筋张拉记录对每根预应力筋的张拉实测值进行记录。后张法预应力张拉施工应实行见证管理,按规定要求做见证张拉记录 ③ 预应力张拉原始施工记录应归档保存 ④ 预应力工程施工记录应由具有相应资质的专业施工单位负责提供

续表 5.49

工程资料名称	主要内容及注意事项
有粘结预应力结构灌浆记录	依据《混凝土工程施工质量验收规范》（GB 50204—2002）的规定： （1）后张法有粘结预应力筋张拉后应尽早进行孔道灌浆，孔道内水泥浆应饱满、密实 （2）锚具的封闭保护应符合设计要求；当设计无要求时，应符合下列规定： ① 应采取防止锚具腐蚀和遭受机械损伤的有效措施 ② 凸出式锚固端锚具的保护层厚度不应小于 50 mm ③ 外露预应力筋的保护层厚度：处于正常环境时，不应小于 20 mm；处于易受腐蚀的环境时，不应小于 50 mm （3）后张法预应力筋锚固后的外露部分宜采用机械方法切割，其外露长度不宜小于预应力筋直径的 1.5 倍，且不宜小于 30 mm （4）灌浆用水泥浆的水灰比不应大于 0.45，搅拌后 3 h 泌水率不宜大于 2%，且不应大于 3%。泌水应能在 24 h 内全部重新被水泥吸收 （5）灌浆用水泥浆的抗压强度不应小于 30 N/mm^2 检查数量：每工作班留置一组边长为 70.7 mm 的立方体试件 检验方法：检查水泥浆试件强度试验报告 填写相关规定与要求：后张法有粘结预应力筋张拉后应及时灌浆，并做灌浆记录，记录内容包括灌浆孔状况、水泥浆配合比状况、灌浆压力、灌浆量，并有灌浆点简图和编号等
网架（索膜）施工记录	（1）钢网架（索膜）结构总拼完成后及屋面工程完成后，应对其挠度值和其他安装偏差进行测量，并做施工偏差检查记录 （2）膜结构的安装过程应形成的记录文件：技术交底记录、与膜结构相连接的部位的检验记录，钢构件、拉索、附件、膜单元运抵现场后的验收记录、现场焊缝检验记录、施加预张力记录、施工过程检验记录、膜结构安装完工检验记录
木结构施工记录	（1）木结构工程施工记录具体形式由施工单位自行确定 （2）木结构工程施工记录相关说明：应对木桁架、梁和柱等构件的制作、安装、屋架安装的允许偏差和屋盖横向支撑的完整性进行检查，并做好施工记录 （3）木结构工程施工记录应由具有相应资质的专业施工单位负责提供
幕墙注胶检查记录	（1）幕墙工程施工记录具体形式由施工单位自行确定 （2）幕墙注胶检查记录：检查内容包括注胶宽度、厚度、连续性、均匀性、密实度和饱满度等 （3）玻璃幕墙结构胶和密封胶的打注应饱满、密实、连续、均匀、无气泡，宽度和厚度应符合设计要求和技术标准的规定。检验方法：观察、尺量检查、检查施工记录 （4）金属幕墙、石材幕墙的板缝注胶应饱满、密实、连续、均匀、无气泡，宽度和厚度应符合设计要求和技术标准的规定。检验方法：观察、尺量检查、检查施工记录
电梯电气装置安装检查记录	检验项目：主电源开关、机房照明、轿厢照明和通风电路、轿顶照明及插座、井道照明、接地保护、控制屏柜、防护罩壳、线路敷设、电线管槽、电线槽、电线管、金属软管、轿厢操作盘及显示版面防腐、导线敷设、绝缘电阻等

5.6 施工试验记录与检测报告

5.6.1 设备单机试运转记录

为保证系统安全、正常运行，设备在安装中应进行必要的单机试运转试验。设备单机试运转试验由施工单位报请建设（监理）单位共同进行。

设备单机试运转记录应符合现行国家标准《建筑给水排水及采暖工程施工质量验收规范》（GB 50242—2002）、《通风与空调工程施工质量验收规范》（GB 50243—2002）、《建筑节能工程施工质量验收规范》（GB 50411—2007）等有关规定。

1．相关规定与要求

（1）水泵试运转的轴承升温必须符合设备说明书的规定。检验方法：通电、操作和温度计测温检查。水泵试运转，叶轮与泵壳不应相碰，进、出口部位的阀门应灵活。

（2）锅炉风机试运转，轴承升温应符合下列规定：滑动轴承温度最高不得超过 60 ℃；滚动轴承温度最高不得超过 80 ℃。检验方法；用温度计测温检查。轴承径向单振幅应符合下列规定：风机转速小于 100 r/min 时，不应超过 0.10 mm；风机转速为 1 000~1 450 r/min 时，不应超过 0.08 mm。检验方法：用测振仪检查。

2．注意事项

（1）以设计要求和规范规定为依据，适用条目要准确。参考规范包括:《机械设备安装工程施工及验收通用规范》（GB 50231—2009），《制冷设备、空气分离设备安装工程施工及验收规范》（GB 50274—2010）、《风机、压缩机、泵安装工程施工及验收规范》（GB 50275—2010）等。

（2）根据试验运转的实际情况填写实测数据，要准确、内容齐全，不得漏项。设备单机试运转后应逐台填写记录，一台（组）设备填写一张表格。

（3）设备单机试运转是系统试运转调试的基础工作，一般情况下如设备的性能达不到设计要求，系统试运转调试也不会达到要求。

（4）工程采用施工总承包管理模式的，签字人员应为施工总承包单位的相关人员。

设备单机试运转记录见表 5.50。

表 5.50　设备单机试运转记录

<table>
<tr><td colspan="2">工程名称</td><td colspan="3">×× 花园</td><td colspan="2">分部工程</td><td colspan="3">通风与空调</td></tr>
<tr><td colspan="2">设备系统名称</td><td colspan="3">通风系统</td><td colspan="2">试验日期</td><td colspan="3">×××× 年 ×× 月 ×× 日</td></tr>
<tr><td rowspan="2">序号</td><td rowspan="2">系统编号</td><td rowspan="2">设备名称</td><td colspan="2">设备转速（r/min）</td><td colspan="2">功率（kW）</td><td colspan="2">电流（A）</td><td>轴承温度（℃）</td></tr>
<tr><td>额定值</td><td>实测值</td><td>铭牌</td><td>实测</td><td>额定值</td><td>实测值</td><td>实测值</td></tr>
<tr><td>1</td><td>SWFG-1-1-82</td><td>低噪混流通风机</td><td>960</td><td>970</td><td>5.5</td><td>5.5</td><td>23.2</td><td>23.2</td><td>60</td></tr>
<tr><td>2</td><td>D1122</td><td>消防柜式通风机</td><td>700</td><td>710</td><td>7.5</td><td>7.5</td><td>25.1</td><td>25.1</td><td>62</td></tr>
<tr><td>3</td><td>T3511-2.8</td><td>轴流风机</td><td>1450</td><td>1455</td><td>0.025</td><td>0.025</td><td>15.4</td><td>15.4</td><td>60</td></tr>
<tr><td>4</td><td>T3511-5</td><td>轴流风机</td><td>1450</td><td>1460</td><td>0.55</td><td>0.55</td><td>16.3</td><td>16.3</td><td>61</td></tr>
<tr><td></td><td></td><td></td><td></td><td></td><td></td><td></td><td></td><td></td><td></td></tr>
<tr><td></td><td></td><td></td><td></td><td></td><td></td><td></td><td></td><td></td><td></td></tr>
<tr><td></td><td></td><td></td><td></td><td></td><td></td><td></td><td></td><td></td><td></td></tr>
<tr><td></td><td></td><td></td><td></td><td></td><td></td><td></td><td></td><td></td><td></td></tr>
<tr><td>试验结论</td><td colspan="9">进行了 3 小时的单机试运转，机组运转正常、稳定，噪声测量不超标，符合设计及规范要求</td></tr>
<tr><td colspan="4" rowspan="2">监理（建设）单位</td><td colspan="2">施工单位</td><td colspan="4">×× 建筑工程公司</td></tr>
<tr><td colspan="2">专业技术负责人</td><td colspan="2">专业质检员</td><td colspan="2">专业工长</td></tr>
<tr><td colspan="4">专业监理工程师：
（建设单位项目专业技术负责人）
×××</td><td colspan="2">×××</td><td colspan="2">×××</td><td colspan="2">×××</td></tr>
</table>

5.6.2 系统试运转调试记录

系统试运转调试是对系统功能的最终检验，检验结果应满足设计要求。调试工作在系统投入使用前进行。

系统试运转调试记录应符合现行国家标准《建筑给水排水及采暖工程施工质量验收规范》（GB 50242—2002）、《通风与空调工程施工质量验收规范》（GB 50243—2002）、《建筑节能工程施工质量验收规范》（GB 50411—2007）等有关规定。

1．相关规定与要求

（1）内采暖系统冲洗完毕应通水、加热，进行试运行和调试。检验方法：观察、测量室温应满足设计要求。

（2）供热管道冲洗完毕应通水、加热，进行试运行和调试。当不具备加热条件时，应延期进行。检验方法：测量各建筑物热力入口处供回水温度及压力。

2．注意事项

同 5.6.1 节设备单机试运转要求。

举例通风空调系统试运行记录见表 5.51。

表 5.51　通风空调系统试运行记录

<table>
<tr><td>工程名称</td><td colspan="2">××花园</td><td>试运转调试日期</td><td colspan="2">××××年××月××日</td></tr>
<tr><td>系统名称</td><td colspan="2">送风系统</td><td>系统所在位置</td><td colspan="2">地下设备房</td></tr>
<tr><td>实测总风量（m^3/h）</td><td colspan="2">24 960</td><td>设计总风量（m^3/h）</td><td colspan="2">24 000</td></tr>
<tr><td>风机全压（Pa）</td><td colspan="2">648</td><td>实测风机全压（Pa）</td><td colspan="2">610</td></tr>
<tr><td colspan="6">试运转、调试内容：
通风机在试运转过程中，叶轮旋转方向正确、运转平稳、无异常振动与声响，功率符合规定。连续运转 2 h 后，滑运轴承外壳最高温度无超过 70 ℃；滚动轴承无超过 80 ℃</td></tr>
<tr><td colspan="6">试运转、调试结论：
电机功率、风量、风压均在正常范围，符合设计及规范要求</td></tr>
<tr><td rowspan="2">监理（建设）单位</td><td>施工单位</td><td colspan="4">××建筑工程公司</td></tr>
<tr><td>专业技术负责人（项目经理）</td><td colspan="2">专业质检员</td><td colspan="2">专业工长</td></tr>
<tr><td>专业监理工程师：（建设单位项目专业技术负责人）
×××</td><td>×××</td><td colspan="2">×××</td><td colspan="2">×××</td></tr>
</table>

5.6.3 接地电阻测试记录

接地电阻测试记录应符合现行国家标准《建筑电气工程施工质量验收规范》（GB 50303—2002）、《智能建筑工程质量验收规范》（GB 50339—2003）、《电梯工程施工质量验收规范》（GB 50310—2002）的有关规定。依据《建筑电气工程施工质量验收规范》规定，防雷接地系统测试：接地装置施工完成测试应合格；避雷接闪器安装完成，整个防雷接地系统连成回路，才能系统测试。测试记录应由建设（监理）单位及施工单位共同进行。

接地电阻测试记录见表 5.52。

表 5.52　接地电阻测试记录

<table>
<tr><td colspan="2">工程名称</td><td colspan="2">××花园</td><td>测试前三天气象情况</td><td colspan="2">晴</td></tr>
<tr><td colspan="2">仪表型号</td><td colspan="2">ZC298 接地电阻表</td><td>测试日期</td><td colspan="2">××××年××月××日</td></tr>
<tr><td colspan="2">接地名称与类型</td><td>防雷接地</td><td>保护接地</td><td>重复接地</td><td>接地</td><td>接地</td></tr>
<tr><td rowspan="4">组别及实测数据</td><td>1</td><td>0.5 Ω</td><td>0.8 Ω</td><td>0.3 Ω</td><td></td><td></td></tr>
<tr><td>2</td><td>0.8 Ω</td><td>0.4 Ω</td><td>0.4 Ω</td><td></td><td></td></tr>
<tr><td>3</td><td>0.4 Ω</td><td>0.5 Ω</td><td>0.7 Ω</td><td></td><td></td></tr>
<tr><td>4</td><td>0.5 Ω</td><td>0.2 Ω</td><td>0.4 Ω</td><td></td><td></td></tr>
<tr><td colspan="2">设计要求</td><td>≤ 1 Ω</td><td>≤ 1 Ω</td><td>≤ 1 Ω</td><td>≤ Ω</td><td>≤ Ω</td></tr>
<tr><td colspan="5">简图及说明</td><td colspan="2">测试结论</td></tr>
<tr><td colspan="5">用接地摇表测量，其接地电阻符合设计接地电阻≤ 1 Ω 的要求。
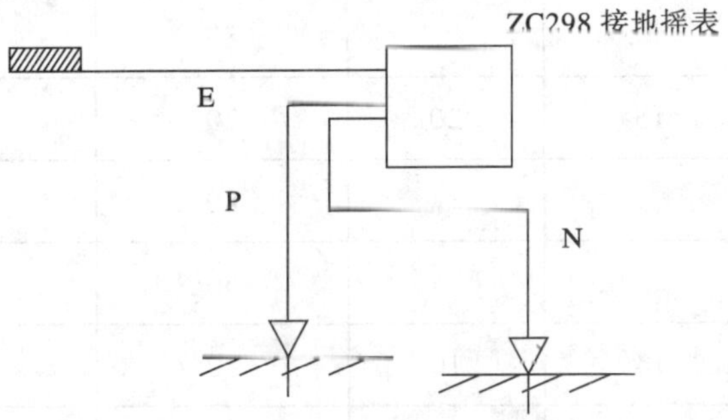

利用基础内水平网筋作为接地体，利用柱内主筋两根（≥ Φ16）做引下线与基础承台梁、承台两根主钢筋焊接焊为一体作为接地装置。出室外地坪 0.3 m 处焊出连接板作为接地测试点（在结构柱上预埋接地连接板），引出材料为镀锌扁钢，焊接处平滑无气孔；作法详图集 99 D501—1 及电气基础接地平面图</td><td colspan="2">符合设计及规范要求
合格</td></tr>
<tr><td colspan="3" rowspan="2">监理（建设）单位</td><td rowspan="2">设计单位</td><td>施工单位</td><td colspan="2">××建筑工程公司</td></tr>
<tr><td>专业技术负责人</td><td>专业质检员</td><td>专业工长</td></tr>
<tr><td colspan="3">专业监理工程师：
（建设单位项目专业技术负责人）
×××</td><td>×××</td><td>×××</td><td>×××</td><td>×××</td></tr>
</table>

5.6.4 绝缘电阻测试记录

电气绝缘电阻测试主要包括电气设备和动力、照明线路及其他必须遥测绝缘电阻的测试，配管及管内穿线分项质量验收前和单位工程质量竣工验收前，应分别按系统回路进行测试，不得遗漏。电器绝缘电阻的检测仪器应在检定的有效期内。

绝缘电阻测试记录应符合现行国家标准《建筑电气工程施工质量验收规范》(GB 50303—2002)、《智能建筑工程质量验收规范》(GB 50339—2003)、《电梯工程施工质量验收规范》(GB 50310—2002)的有关规定。

绝缘电阻测试记录见表 5.53。

表 5.53 绝缘电阻测试记录

工程名称		××花园				分部工程	建筑电气	
工作电压		220 V/380 V				仪表型号	ZC25-3 型（500 V 兆欧表）	
依据标准		GB 50303—2002				测试日期	××××年××月××日	
层段、设备线路、名称		四层 A401 照明	四层 A402 插座	四层 A403 照明	四层 A405 热水器	①-⑫/Ⓐ-Ⓜ轴四层配电箱	⑬-㉔/Ⓐ-Ⓜ轴四层配电箱	
绝缘电阻（MΩ）	A-B					60	50	
	B-C					70	70	
	C-A					90	100	
	A-N	32				90	100	
绝缘电阻（MΩ）	B-N		27			80	70	
	C-N			15	20	70	60	
	A-E	15				80	70	
	B-E		10			50	50	
	C-E			14	10	50	50	
	N-E	11	11	12	15	40	30	
结论： 经测试：线路绝缘良好，符合设计要求和《建筑电气安装工程施工质量验收规范》GB 50303—2002 的规定								
监理（建设）单位			施工单位		××建筑工程公司			
			专业技术负责人		专业质检员		专业工长	
专业监理工程师： （建设单位项目专业技术负责人） ×××			×××		×××		×××	

5.6.5 混凝土试块试验报告

混凝土浇筑时要按《混凝土工程施工质量验收规范》(GB 50204—2011)的规定:

结构混凝土的强度等级必须符合设计要求。用于检查结构构件混凝土的试件,应在混凝土的浇筑地点随机抽取。取样与试件留置应符合下列规定:

(1)每拌制 100 盘且不超过 100 m^3 的同配合比的混凝土,取样不得少于一次。

(2)每工作班拌制的同一配合比不足 100 盘时,取样不得少于一次。

(3)当一次连续浇筑超过 1 000 m^3 时,同一配合比的混凝土每 200 m^3 取样不得少于一次。

(4)每一楼层、同一配合比的混凝土,取样不得少于一次。

对涉及混凝土结构安全的重要部位应进行结构实体检验。结构实体检验内容中的混凝土强度,是以在混凝土浇筑地点制备并与结构实体同条件养护的试件强度为依据。为此混凝土浇筑时除了留置标准养护试块外,还应按规定留置同条件养护试块。

每次取样应至少留置一组标准养护试件,同条件养护试件的留置组数应根据实际需要确定。

对有抗渗要求的混凝土结构,其混凝土试件应在浇筑地点随机抽取。同一工程、同一配合比的混凝土,取样不应少于一次,留置组数可根据实际需要确定。

标准养护试件要委托试验室进行。同条件养护试件依现场结构实体的养护条件进行养护,这种条件的试块抗压强度数值更能反映结构实体的混凝土强度。

试块终凝后拆除试模,有试块上用毛笔注明项目名称、制作日期、部位、设计强度。标准养护试件在 1~2 d 内送试验室标准室养护,试验室在 28 d 后对达到龄期的试块进行抗压强度检测,出具混凝土试块试验报告。同条件养护试件累积养护温度自开始养护时起,至每天室外平均温度累计至 600 ℃/d 后送试验室试压,出具混凝土试块试验报告。

混凝土抗压强度检验报告参见表 5.54。施工过程中对结构有影响的结构、半成品需按规定进行检验,检测报告由有资质的检测单位出具,并加盖检测单位业务章、CMA(中国计量认证/认可)标志;见证取样的试件还需加盖“见证取样检测”印章。

表 5.54　混凝土抗压强度检验报告（参考用表）

委托单位：×× 建筑工程公司　　　　委托编号：××××
工程名称：×× 花园　　　　检验单位：（盖章）
养护条件：标准养护　　　　试验依据：GB/T 50081—2002
　　　　见证人：×××
送样日期：×××× 年 ×× 月 ×× 日　　　　报告日期：×××× 年 ×× 月 ×× 日　　　　报告编号：××××

样品编号	样品抽取的构件名称	强度等级	样品			龄期（d）	个别强度（MPa）	同条件养护折算系数	强度代表值（MPa）
			尺寸（mm）（长×宽×高）	成型日期（年－月－日）	检验日期（年－月－日）				
××××	①-⑫/Ⓐ-Ⓜ轴二层楼板	C40	150×150×150	×-×-×	×-×-×	28	45.0		44.9
			150×150×150				44.9		
			150×150×150				44.9		
××××	①-⑫/Ⓐ-Ⓜ轴二层楼板	C40	150×150×150	×-×-×	×-×-×	28	44.8		44.8
			150×150×150				44.9		
			150×150×150				44.8		
备注									

批准：×××　　　　校核：×××　　　　试验：×××

5.6.6 混凝土试块强度评定记录

根据试验室出具的混凝土试块试验报告，需对混凝土强度进行评定，以检验混凝土强度是否达到合格要求。混凝土的评定是以工程部分划分，以同一类型、同一强度的混凝土试块取一个统计期内的试块为一检验批进行评定。如主体有 C40、C35 两种强度混凝土，则可将 C40 作为一个验收批进行评定，C35 作为另一验收批单独评定。

《混凝土强度检验评定标准》（GB/T 50107—2010）中规定，混凝土强度的检验评定方法有二：统计方法和非统计方法。

（1）当试块的组数不少于 10 组时，采用统计方法评定。统计方法评定混凝土强度应同时满足下列要求：

$$m_{f_{cu}} \geqslant f_{cu,k}+\lambda_1 \cdot S_{f_{cu}}$$

$$f_{cu,min} \geqslant \lambda_2 \cdot f_{cu,k}$$

同一检验批混凝土立方体抗压强度的标准差应按下式计算：

$$S_{f_{cu}}=\sqrt{\frac{\sum_{i-1}^{n} f^2_{cu,i}-nm^2_{f_{cu}}}{n-1}}$$

式中 $m_{f_{cu}}$——同一检验批混凝土立方体抗压强度的平均值，精确到 0.1（N/mm^2）；

$f_{cu,k}$——混凝土立方体抗压强度标准值，精确到 0.1（N/mm^2）；

$f_{cu,min}$——同一检验批混凝土立方体抗压强度的最小值，精确到 0.1（N/mm^2）；

$S_{f_{cu}}$——同一检验批混凝土立方体抗压强度的标准差（N/mm^2），精确到 0.01（N/mm^2）；当检验批混凝土强度标准差 S_{fcu} 计算值小于 2.5 N/mm^2 时，应取 2.5 N/mm^2；

$\lambda 1$、λ_2——合格判定系数，按表 5.55 取用；

n——本检验期内的试块组数。

混凝土强度的统计法合格判定系数见表 5.55。

表 5.55 混凝土强度的统计法合格判定系数

试件组数	10~14	15~19	≥ 20
λ_1	1.15	1.05	0.95
λ_2	0.90	0.85	

（2）当试块的组数少于 10 组时，采用非统计方法评定。非统计方法评定混凝土强度应同时满足下列要求：

$$m_{f_{cu}} \geqslant \lambda 3 \cdot f_{cu,k}$$

$$f_{cu,min} \geqslant \lambda_4 \cdot f_{cu,k}$$

式中 λ_3、λ_4——合格判定系数，按表 5.56 取用。

表 5.56 混凝土强度的非统计法合格判定系数

混凝土强度等级	<C60	≥ C60
λ_3	1.15	1.10
λ_4	0.95	

当检验结果满足上述规定时，则该批混凝土强度应评定合格；当不能满足上述规定时，该批混凝土强度应评定为不合格。对评定为不合格批的混凝土，可按国家现行的有关标准进行处理。混凝土试块强度评定记录见表 5.57。

同条件养护试件的强度代表值应根据强度试验结果按现行国家标准《混凝土强度检验评定标准》（GB/T 50107—2010）的规定确定后，乘折算系数取用；折算系数宜取为 1.10，也可根据当地的试验统计结果做适当调整。

表 5.57 混凝土试块强度评定记录

编号：××

工程名称	××花园	强度等级	C30
施工单位	××建筑工程公司	养护方法	标准养护
统计期	××××年××月××日至××××年××月××日	结构部位	主体

试块组 n	强度标准值 $f_{cu,k}$（MPa）	平均值 m_{fcu}（MPa）	标准差 S_{fcu}（MPa）	最小值 $f_{cu,min}$（MPa）	合格判定系数			
					λ_1	λ_2	λ_3	λ_4
6	30	36.2		35.9			1.15	0.95

每组强度值/MPa										
	36.4	36.1	36.4	36.0	35.9	36.3				

	统计方法（二）		非统计方法	
评定界限	$\lambda2\times f_{cu,k}$	$f_{cu,k}+\lambda1\times Sf_{cu}$	$\lambda3\times f_{cu,k}$	$\lambda4\times f_{cu,k}$
			34.5	28.5
判定式	$m_{fcu}\geqslant fcu,k+\lambda1\times Sf_{cu}$	$f_{cu,min}\geqslant\lambda2\times f_{cu,k}$	$m_{fcu}\geqslant\lambda3\times f_{cu,k}$	$f_{cu,min}\geqslant\lambda4\times f_{cu,k}$
结果			36.2 ≥ 34.5	35.9 ≥ 28.5

结论：

采用非统计方法进行混凝土强度评定：合格

验收依据：《混凝土强度检验评定标准》（GB/T 50107—2010）

施工单位	监理（建设）单位
质检员：××× 项目技术负责人：××× ××××年××月××日	专业监理工程师：××× （建设单位项目负责人）： ××××年××月××日

5.6.7 砌筑砂浆配合比报告

砌体为结构工程，其所采用的砌筑砂浆有强度等级要求，根据设计要求的砂浆种类、强度等级，以及现场拟采用的水泥、砂、混合料、外加剂等样品，由试验（检测）单位进行试配后出具配合比报告，作为施工下料的依据。

砂浆配合比设计报告见表 5.58。

表 5.58 砂浆配合比设计报告（参考用表）

委托编号: ××××
检验单位:（盖章）
试验规程: JGJ/T 98—2010
样品编号: ××××
见证人: ×××

委托单位: ×× 建筑工程公司
工程名称: ×× 花园
施工部位: ±0.000 以下砌体

送样日期: ×××× 年 ×× 月 ×× 日　检验日期: ×××× 年 ×× 月 ×× 日　报告日期: ×××× 年 ×× 月 ×× 日　报告编号: ××××

水泥			砂	
品种	强度等级	生产厂	产地	细度模数
P．C	32.5	天涯	—	中

混合料			外加剂		
种类	产地	稠度（mm）	名称	生产厂	掺量（%）
—	—	—	—	—	—

设计强度等级	施工要求		砂浆种类
	稠度（mm）	保水率（%）	
M5	70~90	≥ 80	水泥砂浆

试验结果						
配合比（水泥：砂：混合料：混合料 1：水）	稠度 (mm)	质量密度（kg/m³）	保水率（%）	抗压强度（MPa）		养护方法及温度
				7d	28d	
1 ：6.09 ： ： ：	80	—	83	4.4	6.2	标准养护

材料用量（kg/m³）					
水泥	砂	混合料	混合料 1	外加剂	水
230	1 400	—	—	—	—

备　注	水泥检验编号: ×××× 砂检验编号: ×××× 加水以满足稠度为宜 见证单位: ×× 工程监理有限公司

批准: ×××　　校核: ×××　　试验: ×××

5.6.8 砌筑砂浆试块强度评定记录

《砌体结构工程施工质量验收规范》（GB 50202—2011）规定，砌筑砂浆试块强度验收时其强度合格标准必须符合以下规定：

（1）同一验收批砂浆试块抗压强度平均值必须大于或等于设计强度等级所对应的立方体抗压强度的 1.1 倍；同一验收批砂浆试块抗压强度的最小一组平均值必须大于或等于设计强度等级所对应的立方体抗压强度的 0.85 倍。

砌筑砂浆的验收批，同一类型、强度等级的砂浆试块应不少于 3 组。当同一验收批只有一组试块时，该组试块抗压强度的平均值必须大于或等于设计强度等级所对应的立方体抗压强度。

（2）砂浆强度应以标准养护、龄期为 28 d 的试块抗压试验结果为准。

抽检数量：每一检验批且不超过 250 m^3 砌体的各种类型及强度等级的砌筑砂浆，每台搅拌机至少抽检一次。

检验方法：在砂浆搅拌机出料口随机取样制作砂浆试块（同盘砂浆只应制作一组试块），最后检查试块强度试验报告单。

（3）砂浆试块强度的评定：以部分划分，以同一类型、同一强度试块在一个统计期内评定。

砂浆试块强度评定记录见表 5.59。

表 5.59 砂浆试块强度评定记录

编号：01

<table>
<tr><td colspan="2">工程名称</td><td colspan="6">×× 花园</td><td colspan="2">强度等级</td><td colspan="3">M5.0 水泥砂浆</td></tr>
<tr><td colspan="2">施工单位</td><td colspan="6">×× 建筑工程公司</td><td colspan="2">养护方法</td><td colspan="3">标养</td></tr>
<tr><td colspan="2">统计期</td><td colspan="6">×××× 年 ×× 月 ×× 日 至 ×× 年 ×× 月 ×× 日</td><td colspan="2">结构部位</td><td colspan="3">二层 ~ 二十层</td></tr>
<tr><td colspan="2">试块组数
N</td><td colspan="3">强度标准值
f_Z（MPa）</td><td colspan="3">平均值
$f_{Z,m}$（MPa）</td><td colspan="3">最小值
$f_{Z,min}$（MPa）</td><td colspan="2">0.85 f_Z</td></tr>
<tr><td colspan="2">19</td><td colspan="3">5.0</td><td colspan="3">6.39</td><td colspan="3">6.2</td><td colspan="2">4.25</td></tr>
<tr><td rowspan="4">每组强度值（MPa）</td><td>6.4</td><td>6.6</td><td>6.4</td><td>6.7</td><td>6.4</td><td>6.5</td><td>6.2</td><td>6.4</td><td>6.3</td><td>6.2</td><td>6.2</td><td>6.5</td></tr>
<tr><td>6.4</td><td>6.2</td><td>6.4</td><td>6.7</td><td>6.4</td><td>6.2</td><td>6.3</td><td></td><td></td><td></td><td></td><td></td></tr>
<tr><td></td><td></td><td></td><td></td><td></td><td></td><td></td><td></td><td></td><td></td><td></td><td></td></tr>
<tr><td></td><td></td><td></td><td></td><td></td><td></td><td></td><td></td><td></td><td></td><td></td><td></td></tr>
<tr><td>判定式</td><td colspan="6">$f_{Z,m} \geqslant 1.1 f_Z$</td><td colspan="6">$f_{Z,min} \geqslant 0.85 f_Z$</td></tr>
<tr><td>结果</td><td colspan="6">6.39 ≥ 5.5</td><td colspan="6">6.2 ≥ 4.25</td></tr>
<tr><td colspan="13">结论：

经评定，本批砂浆试块强度合格</td></tr>
<tr><td colspan="7">施工单位</td><td colspan="6">监理（建设）单位</td></tr>
<tr><td colspan="7">质检员：　×××
项目技术负责人：×××
×××× 年 ×× 月 ×× 日</td><td colspan="6">专业监理工程师：　×××
（建设单位项目负责人）
×××× 年 ×× 月 ×× 日</td></tr>
</table>

5.6.9 钢筋接头连接检验报告

钢筋的接头宜设置在受力较小处。根据国家现行标准《钢筋机械连接通用技术规程》JGJ107、《钢筋焊接及验收规程》JGJ 18 的规定对钢筋机械连接接头、焊接接头的外观进行检查，并从制作完成的结构中抽取试件进行力学性能检验。

1. 钢筋焊接接头

（1）闪光对焊:

① 力学性能检验时，应从每批接头中随机切取 6 个接头，其中 3 个做拉伸试验，3 个做弯曲试验。

② 在同一台班内，由同一焊工完成的 300 年同组别同直径钢筋焊接接头应作为一批。累计不足 300 个接头应按一批计算。

（2）电弧焊:

在现浇混凝土结构中，应以 300 个同牌号钢筋、同型式接头作为一批，每批随机切取 3 个接头，做拉伸试验。

（3）电渣压力焊:

在现浇混凝土结构中，应以 300 个同牌号钢筋接头作为一批，当不足 300 个接头时，仍应作为一批，每批随机切取 3 个接头做拉伸试验。

2. 机械连接件

（1）机械连接的种类:

目前机械连接有以下几种：锥螺纹连接、带肋钢筋挤压连接、镦粗直螺纹连接等。

（2）机械连接的取样:

① 工艺检验。钢筋连接工程开始前及施工过程中，应对每批进场钢筋进行接头工艺检验，每种规格钢筋接头的工艺检验的试件不应少于 3 个。对于 I 级和 II 级接头还应取 1 根钢筋母材作实际强度的试验。钢筋母材抗拉强度试件不应少于 3 根，且应取自接头试件的同一根钢筋。

② 接头的现场检验按验收批进行。同一施工条件下采用同一批材料的同等级、同型式、同规格接头，以 500 个接头为一个验收批，不足 500 个接头也作为一批。

钢筋焊接接头检验报告、钢筋机械连接接头拉伸性能检验报告见表 5.60 和表 5.61。

表 5.60　钢筋焊接接头检验报告（参考用表）

委托单位：×× 建筑工程公司　　委托编号：××××
工程名称：×× 花园　　检验单位：（盖章）
工程部位：①-⑫/Ⓐ - Ⓜ轴首层墙柱　　试验依据：JGJ 18—2012
见证人：×××
送样日期：×××× 年 ×× 月 ×× 日　检验日期：×××× 年 ×× 月 ×× 日　报告日期：×××× 年 ×× 月 ×× 日　报告编号：××××

<table>
<tr><td rowspan="8">样品</td><td colspan="2">样品编号</td><td colspan="3">××××-005</td><td colspan="3">××××-006</td><td colspan="3">××××-007</td><td colspan="3">此栏空白</td></tr>
<tr><td colspan="2">钢筋类型</td><td colspan="3">热轧带肋钢筋</td><td colspan="3">热轧带肋钢筋</td><td colspan="3">热轧带肋钢筋</td><td colspan="3"></td></tr>
<tr><td colspan="2">牌号</td><td colspan="3">HRB400</td><td colspan="3">HRB400</td><td colspan="3">HRB400</td><td colspan="3"></td></tr>
<tr><td colspan="2">焊接类别</td><td colspan="3">电渣压力焊</td><td colspan="3">电渣压力焊</td><td colspan="3">电渣压力焊</td><td colspan="3"></td></tr>
<tr><td colspan="2">代表数量</td><td colspan="3">—</td><td colspan="3">—</td><td colspan="3">—</td><td colspan="3"></td></tr>
<tr><td colspan="2">焊工姓名</td><td colspan="3">×××</td><td colspan="3">×××</td><td colspan="3">×××</td><td colspan="3"></td></tr>
<tr><td colspan="2">焊工证号</td><td colspan="3">××××</td><td colspan="3">××××</td><td colspan="3">××××</td><td colspan="3"></td></tr>
<tr><td colspan="2">公称直径（mm）</td><td colspan="3">20</td><td colspan="3">18</td><td colspan="3">16</td><td colspan="3"></td></tr>
<tr><td rowspan="4">拉伸试验</td><td rowspan="2">抗拉强度（MPa）</td><td>实测值</td><td>580</td><td>575</td><td>585</td><td>595</td><td>600</td><td>615</td><td>545</td><td>540</td><td>540</td><td></td><td></td><td></td></tr>
<tr><td>技术要求</td><td colspan="3">≥ 540</td><td colspan="3">≥ 540</td><td colspan="3">≥ 540</td><td colspan="3"></td></tr>
<tr><td rowspan="2">断裂状态</td><td>实测结果</td><td>焊缝外延性断裂</td><td>焊缝外延性断裂</td><td>焊缝外延性断裂</td><td>焊缝外延性断裂</td><td>焊缝外延性断裂</td><td>焊缝外延性断裂</td><td>焊缝外延性断裂</td><td>焊缝外延性断裂</td><td>焊缝外延性断裂</td><td></td><td></td><td></td></tr>
<tr><td>技术要求</td><td colspan="3">至少两个断于焊缝外并呈延性断裂</td><td colspan="3">至少两个断于焊缝外并呈延性断裂</td><td colspan="3">至少两个断于焊缝外并呈延性断裂</td><td colspan="3"></td></tr>
<tr><td rowspan="4">弯曲试验</td><td colspan="2">弯心直径（mm）</td><td colspan="3">—</td><td colspan="3">—</td><td colspan="3">—</td><td colspan="3"></td></tr>
<tr><td colspan="2">弯曲角度（°）</td><td colspan="3">—</td><td colspan="3">—</td><td colspan="3">—</td><td colspan="3"></td></tr>
<tr><td rowspan="2">弯曲结果</td><td>实测结果</td><td></td><td></td><td></td><td></td><td></td><td></td><td></td><td></td><td></td><td colspan="3"></td></tr>
<tr><td>技术要求</td><td colspan="3">—</td><td colspan="3">—</td><td colspan="3">—</td><td colspan="3"></td></tr>
<tr><td colspan="3">结　论</td><td colspan="3">合格</td><td colspan="3">合格</td><td colspan="3">合格</td><td colspan="3"></td></tr>
<tr><td colspan="3">备　注</td><td colspan="12">见证单位：×× 工程监理有限公司</td></tr>
</table>

批准：×××　　校核：×××　　试验：×××

表 5.61　钢筋机械连接接头拉伸性能检验报告（参考用表）

委托编号：××××
委托单位：×× 建筑工程公司　　检验单位：（盖章）
工程名称：×× 花园　　试验依据：JGJ 18—2012
工程部位：①-⑫/Ⓐ-Ⓜ轴首层墙柱　　见证人：×××
接头类别：套筒接头母材　　牌号：HRB400
送样日期：×××× 年 ×× 月 ×× 日　检验日期：×××× 年 ×× 月 ×× 日　报告日期：×××× 年 ×× 月 ×× 日　报告编号：××××

样品编号	批量	接头等级	公称直径（mm）	公称横截面积（mm^2）	母材屈服强度标准值（MPa）	母材抗拉强度标准值（MPa）	残余变形标准值（MPa）	残余变形平均值（MPa）	接头试件抗拉强度（MPa）	接头破坏形态	结论
××××-031	—	I 级	22	380.1	≥ 400	≥ 540	—	—	560	钢筋拉断	合格
									560	钢筋拉断	
									555	钢筋拉断	
××××-032	—	I 级	25	490.9	≥ 400	≥ 540	—	—	590	钢筋拉断	合格
									580	钢筋拉断	
									585	钢筋拉断	
		以	下	空	白						
备　注	见证单位：×× 工程监理有限公司										

批准：×××　　　　校核：×××　　　　试验：×××

5.6.10 结构实体检验（检测）报告

混凝土结构实体检测的目的是为了对施工质量进行检验评定，为工程验收提供依据。根据《建筑工程施工质量验收统一标准》（GB 50300—2001）：第 3.0.3 条第 8 款“对涉及结构安全和使用功能的重要分部工程应进行抽样检测”；第 5.0.3 条第 3 款“地基与基础、主体结构和设备安装等分部工程有关安全及功能的检验和抽样检测结果应符合有关规定”。

混凝土施工验收规范第 10.1.2 条，结构实体检验包括：① 混凝土强度、钢筋保护层厚度；② 工程合同约定的项目；③ 必要时可检验其他项目（一般为质量纠纷或事故处理等特殊情况）。常规检验为混凝土强度、钢筋保护层厚度、填充墙砌体植筋锚固力。由项目质量监督单位、检测机构在混凝土结构分部工程验收之前对结构实体进行的现场实测检验并出具检测报告，经抽样检测合格后，方可进行该分部工程的验收。

1．结构实体混凝土强度检测

根据现行标准《回弹法检测混凝土抗压强度技术规程》（JGJ/T 23—2001）、《钻芯法检测混凝土强度技术规程》（CEC S03—2007）规定进行。混凝土强度实体检测一般采用回弹法和钻芯法，二者配合使用。

回弹法是表面检测，通过对构件表面进行回弹检测以及碳化深度检测数值得到混凝土强度回弹值。由于混凝土的抗压强度与其表面硬度之间存在某种相关关系，而回弹仪的弹击锤被一定的弹力打击在混凝土表面上，其回弹高度（通过回弹仪读得回弹值）与混凝土表面硬度成一定的比例关系。因此以回弹值反映混凝土表面硬度，根据表面硬度则可推求混凝土的抗压强度。用回弹法检测混凝土抗压强度，精度不高，但操作方便，测试迅速，且不破坏混凝土的正常使用，故在现场直接测定中使用较多。

钻芯法检测是直接从结构构件上钻取混凝土芯样，直接得到混凝土内部直观情况，通过对混凝土芯样试件施加作用力，测定混凝土强度。

混凝土强度检验或抽样检测结见表 5.62。

2．钢筋保护层厚度检测

混凝土保护层是为了使混凝土结构构件满足的耐久性要求和对受力钢筋有效锚固的要求，所以通俗称为钢筋保护层。它是指混凝土构件中，起到保护钢筋避免钢筋直接裸露的那一部分混凝土。根据 11G101 图集：钢筋保护层是指箍筋外表面到混凝土表面的距离。

保护层厚度大，构件的受力钢筋粘结锚固性能、耐久性和防火性能越好。但是，过大的保护层厚度会使构件受力后产生的裂缝宽度过大，就会影响其使用性能（如破坏构件表面的装修层、过大的裂缝宽度会使人恐慌不安），而且由于设计中是不考虑混凝土的抗拉作用的，过大的保护层厚度还必然会造成经济上的浪费。2010 年《混凝土结构设计规范》8.2.1 条，规定纵向受力的普通钢筋及预应力钢筋，其混凝土保护层厚度（钢筋外边缘至混凝土表面的距离）不应小于钢筋的公称直径 d，且应符合下表的规定。一般设计中是采用最小值的。

混凝土保护层最小厚度见表 5.63

施工中当设计有要求时按设计，设计无要求时按规范。

钢筋保护层厚度的检验：

钢筋保护层厚度的检验是利用钢筋保护层检测仪检测。根据《混凝土结构工程施工质量验收规范》（GB 50204—2011）规定，结构实体钢筋保护层厚度验收合格应符合下列要求：

（1）当全部钢筋保护层厚度检验的合格点率为 90% 以上时，钢筋保护层厚度的检验结果应判为合格；

（2）当全部钢筋保护层厚度检验的合格点率小于 90% 但不小于 80%，可再抽取相同数量的构件进行检验；当按两次抽样总数和计算的合格点率为 90% 及以上时，钢筋保护层厚度的检验结构仍应判为合格。

（3）每次抽样检验结果中不合格点的最大偏差均不应大于允许偏差的 1.5 倍。钢筋保护层厚度检验时，纵向受力钢筋保护层厚度的允许偏差：对梁类构件为 +10 mm，-7 mm；对板类构件为 +8 mm，-5 mm。

结构实体钢筋保护层厚度检测报告见表 5.64。

表 5.62　回弹法检测混凝土抗压强度报告（参考用表）

委托编号：××××　　检测编号：××××

委托单位：×× 建筑工程公司　　检测单位：　　（盖章）

工程名称：×× 花园　　检测依据：JGJ/T 23—2011

设计单位：×× 建筑设计院　　检测原因：实体检测

监督单位：×× 质量安全监督站　　监 督 员：×××

见证单位：×× 工程监理有限公司　　见 证 人：×××

监理单位：×× 工程监理有限公司　　检测环境：干燥

构件名称：剪力墙、柱　　强度等级：　C40

混凝土生产商：×× 混凝土有限公司　　回弹仪检定证号：××××

回弹仪生产厂：×× 弹仪厂　　回弹仪编号：××××

输送方式：泵送　　原试件强度：—　　报告日期：×××× 年 ×× 月 ×× 日　　报告编号：××××

<table>
<tr><th rowspan="2">构件编号</th><th rowspan="2">测区数量</th><th colspan="3">混凝土抗压强度换算值（MPa）</th><th rowspan="2">现龄期混凝土强度推定值（MPa）</th><th>施工日期</th><th rowspan="2">龄期（d）</th><th rowspan="2">备注</th></tr>
<tr><th>平均值</th><th>标准差</th><th>最小值</th><th>检测日期</th></tr>
<tr><td rowspan="2">五层剪力墙、柱 A-B/6 轴</td><td rowspan="2">10</td><td rowspan="2">49.2</td><td rowspan="2">2.92</td><td rowspan="2">45.4</td><td rowspan="2">44.4</td><td>—</td><td rowspan="2">—</td><td rowspan="2">—</td></tr>
<tr><td>×××× 年 ×× 月 ×× 日</td></tr>
<tr><td rowspan="2">五层剪力墙、柱 E/7-9 轴</td><td rowspan="2">10</td><td rowspan="2">50.4</td><td rowspan="2">2.58</td><td rowspan="2">47.2</td><td rowspan="2">46.2</td><td>—</td><td rowspan="2">—</td><td rowspan="2">—</td></tr>
<tr><td>×××× 年 ×× 月 ×× 日</td></tr>
<tr><td rowspan="2"></td><td rowspan="2"></td><td rowspan="2"></td><td rowspan="2"></td><td rowspan="2"></td><td rowspan="2"></td><td></td><td rowspan="2"></td><td rowspan="2"></td></tr>
<tr><td></td></tr>
<tr><td rowspan="2"></td><td rowspan="2"></td><td rowspan="2"></td><td rowspan="2"></td><td rowspan="2"></td><td rowspan="2"></td><td></td><td rowspan="2"></td><td rowspan="2"></td></tr>
<tr><td></td></tr>
<tr><td rowspan="2"></td><td rowspan="2"></td><td rowspan="2"></td><td rowspan="2"></td><td rowspan="2"></td><td rowspan="2"></td><td></td><td rowspan="2"></td><td rowspan="2"></td></tr>
<tr><td></td></tr>
<tr><td>备　注</td><td colspan="8">按单构件评定</td></tr>
</table>

技术负责人：×××　　审核：×××　　检验：×××

表 5.63　混凝土保护层最小厚度　　单位：mm

环境类别	板、墙、壳	梁、柱
一	15	20
二 a	20	25
二 b	25	35
三 a	30	40
三 b	40	50

注：1. 混凝土强度等级不大于 C25 时，表中保护层数值增加 5 mm

2. 钢筋混凝土基础宜设置混凝土垫层，基础中钢筋的混凝土保护层厚度应从垫层顶面算起，且不应小于 40 mm

表 5.64　结构实体（墙）钢筋保护层厚度检测报告（参考用表）

委托编号：×××× 　　检验编号：××××

委托单位　×× 房地产有限公司　　委托日期　×××× 年 ×× 月 ×× 日

工程名称　×× 花园　　检验日期　×××× 年 ×× 月 ×× 日

检验类别　委托现场检测　　报告日期　×××× 年 ×× 月 ×× 日

委托单位	×× 房地产有限公司			委托日期		×××× 年 ×× 月 ×× 日			
工程名称	×× 花园			检验日期		×××× 年 ×× 月 ×× 日			
检验类别	委托现场检测			报告日期		×××× 年 ×× 月 ×× 日			
检测依据	GB 50204—2002　JGJ/T 152—2008								
检　测　结　果									
构件名称	构件位置	保护层厚度设计值（mm）	规范允许偏差值（mm）	水平筋保护层厚度（mm）					
九层墙	③/Ⓐ-Ⓑ	25	+8，-5	32	29	26	22	24	27
九层墙	④-⑤/Ⓓ	25	+8，-5	28	27	24	28	25	20
九层墙	Ⓕ/⑦-⑨	25	+8，-5	23	31	30	24	32	29
九层墙	⑫/Ⓐ-Ⓑ	25	+8，-5	23	28	25	29	29	25
九层墙	Ⓕ/⑬-⑮	25	+8，-5	28	24	23	33	30	25
十一层墙	③/Ⓐ-Ⓑ	25	+8，-5	24	27	22	21	29	29
十一层墙	④-⑤/Ⓓ	25	+8，-5	28	31	24	26	22	24
十一层墙	Ⓕ/⑦-⑨	25	+8，-5	24	25	28	27	24	32
十一层墙	⑫/Ⓐ-Ⓑ	25	+8，-5	30	26	29	22	30	20
十一层墙	Ⓕ/⑬-⑮	25	+8，-5	28	24	21	22	25	23
备注							检验单位		
							×× 质量安全监督站（盖章）		

技术负责：×××　　审核：×××　　检测：×××

3．填充墙砌体植筋锚固力检测

根据国家现行规范《砌体结构工程施工质量验收规范》（GB 50203—2011）的规定填充墙与承重墙、柱、梁之间须设置墙体拉结筋，以增强结构整体性。施工中可以采取预埋方式或植筋方式设置，当采用化学植筋的连接方式时，应进行实体检测。

植筋施工工艺：定位→钻孔→清孔→钢筋除锈→锚固胶配制→植筋→固化、保护→检验

植筋胶通常采用 JGN-Z 型结构胶，其力学性能极佳。植筋锚固力检验应由具有相应资质的检验单位进行检测，出具检测报告。

5.6.11 灌水、满水试验记录

非承压管道系统和设备，包括开关水箱、卫生洁具、安装在室内的雨水管道等，在系统和设备安装完毕后，以及暗装、埋地、有绝热层的室内外排水管道进行隐蔽前，应进行灌水、满水试验。

（1）敞口箱、罐安装前应做满水试验；密闭箱、罐应以工作压力的 1.5 倍做水压试验，但不得小于 0.4 Mpa。检验方法：满水试验满水后静置 24 h 不渗不漏；水压试验在试验压力 10 min 内无压降，不渗不漏。

（2）隐蔽或埋地的排水管道在隐蔽前必须做灌水试验，其灌水高度应不低于底层卫生器具的上边缘或底层地面高度。检验方法：满水 15 min 水面下降后，再灌满观察 5 min，液面不降，管道及接口无渗漏为合格。

（3）安装在室内的雨水管道安装后应做灌水试验，灌水高度必须到每根立管上部的雨水斗。检验方法：灌水试验持续 1 h，不渗不漏。

（4）室外排水管网安装管道埋设前必须做灌水试验和通水试验，排水应畅通，无堵塞，管接口无渗漏。检验方法：按排水检查井分段试验，试验水头应以试验段上游管顶加 1 m，时间不少于 30 min，逐段观察。

排水管道灌水试验记录见表 5.65。

表 5.65　排水管道灌水试验记录

<table>
<tr><td>工程名称</td><td colspan="3">××花园</td><td>分部工程</td><td colspan="2">给排水及采暖工程（埋地排水管）</td></tr>
<tr><td>依据标准</td><td colspan="3">GB 50242—2002 第 5.2.1 条</td><td>试验日期</td><td colspan="2">××××年××月××日</td></tr>
<tr><td rowspan="2">试验管段编号</td><td rowspan="2">灌水高度（m）</td><td colspan="3">满水时间（min）</td><td colspan="2" rowspan="2">检查情况</td></tr>
<tr><td>浸泡时间</td><td colspan="2">观察时间</td></tr>
<tr><td>PL-1</td><td>1</td><td>15</td><td colspan="2">5</td><td colspan="2">管道畅通且液面无下降、无渗漏现象</td></tr>
<tr><td>PL-2</td><td>1</td><td>15</td><td colspan="2">5</td><td colspan="2">管道畅通且液面无下降、无渗漏现象</td></tr>
<tr><td>PL-3</td><td>1</td><td>15</td><td colspan="2">5</td><td colspan="2">管道畅通且液面无下降、无渗漏现象</td></tr>
<tr><td>PL-4</td><td>1</td><td>15</td><td colspan="2">5</td><td colspan="2">管道畅通且液面无下降、无渗漏现象</td></tr>
<tr><td>WL-1</td><td>1</td><td>15</td><td colspan="2">5</td><td colspan="2">管道畅通且液面无下降、无渗漏现象</td></tr>
<tr><td>WL-2</td><td>1</td><td>15</td><td colspan="2">5</td><td colspan="2">管道畅通且液面无下降、无渗漏现象</td></tr>
<tr><td>WL-3</td><td>1</td><td>15</td><td colspan="2">5</td><td colspan="2">管道畅通且液面无下降、无渗漏现象</td></tr>
<tr><td>WL-4</td><td>1</td><td>15</td><td colspan="2">5</td><td colspan="2">管道畅通且液面无下降、无渗漏现象</td></tr>
<tr><td colspan="5">试验情况及说明</td><td colspan="2">试验结论</td></tr>
<tr><td colspan="5">自上午 9 时起，对①–⑫/Ⓐ–Ⓜ轴埋地排废、污水管道进行灌水试验。经检查排水管底部支撑牢固，坡度符合要求，然后选择比管径大 2# 的橡皮球，将室外管道出口封闭严密，在一层立管检查口（或一层末端甩口）处注水，逐节检查，无渗漏现象，将水灌至入水口顶部，满水十五分钟，再灌满延续五分钟，液面不下降，至 11 时 30 分，试验结束</td><td colspan="2">合格</td></tr>
<tr><td colspan="3" rowspan="2">监理（建设）单位</td><td colspan="2">施工单位</td><td colspan="2">××建筑工程公司</td></tr>
<tr><td colspan="2">专业技术负责人</td><td>专业质检员</td><td>专业工长</td></tr>
<tr><td colspan="3">专业监理工程师：
（建设单位项目专业技术负责人）
×××</td><td colspan="2">×××</td><td>×××</td><td>×××</td></tr>
</table>

5.6.12 强度严密性试验记录

强度严密性试验记录应符合现行国家标准《建筑给水排水及采暖工程施工质量验收规范》（GB 50242—2002）、《通风与空调工程施工质量验收规范》（GB 50243—2002）的有关规定。室内外输送各种介质的承压管道、承压设备在安装完毕后，进行隐蔽之前，应进行强度严密性试验。

1. 相关规定与要求

（1）室内给水管道的水压试验必须符合设计要求。当设计未注明时，各种材质的给水管道系统试验压力均为工作压力的1.5倍，但不得小于0.6 MPa。检验方法：金属及复合管给水管道系统在试验压力下观测10 min，压力降不应大于0.02 MPa，然后降到工作压力进行检查，应不渗漏；塑料管给水系统应在试验压力下稳压1 h，压力降不得超过0.05 MPa，然后在工作压力的1.15倍状态下稳压2 h，压力降不得超过0.03 MPa，同时检查各连接处不得渗漏。

（2）热水供应系统安装完毕，管道保温之前应进行水压试验。试验压力应符合设计要求。当设计未注明时，热水供应系统水压试验压力应为系统顶点的工作压力加0.1 MPa，同时在系统顶点的试验压力不小于0.3 MPa。检验方法：钢管或复合管道系统试验压力下10 min内压力降不大于0.02 MPa，然后降至工作压力检查，压力应不降，且不渗不漏；塑料管道系统的试验压力下稳压1h，压力降不得超过0.05 MPa，然后在工作压力1.15倍状态下稳压2 h，压力降不得超过0.03 MPa，连接处不得渗漏。

（3）热交换器应以工作压力的1.5倍作水压试验。蒸汽部分应不低于蒸汽供汽压力加0.3 MPa；热水部分应不低于0.4 MPa。检验方法：试验压力下10 min内压力不降，不渗不漏。

（4）低温热水地板辐射采暖系统安装，盘管隐蔽前必须进行水压试验，试验压力为工作压力的1.5倍，但不小于0.6 MPa。检验方法：稳压1 h内压力降不大于0.05 MPa，且不渗不漏。

（5）采暖系统安装完毕，管道保温之前应进行水压试验，试验压力应符合设计要求。但设计无注明时，应符合下列规定：

① 蒸汽、热水采暖系统，应以系统顶点工作压力加0.1 MPa做水压试验，同时在系统顶点的试验压力不小于0.3 MPa。

② 高温热水采暖系统，试验压力应为系统顶点工作压力加0.4 MPa。

③ 使用塑料管及复合管的热水采暖系统，应以系统顶点工作压力加0.2 MPa做水压试验，同时在系统顶点的试验压力不小于是0.44 MPa。检验方法：使用钢管及复合管的采暖系统应在试验压力下10 min内压力降不大于0.02 MPa，降至工作压力后检查，不渗不漏。使用塑料管的采暖系统应在试验压力下1 h内压力降不大于0.05 MPa，然后降至工作压力的1.15倍，稳压2 h，压力降不大于0.03 MPa，同时各连接处不渗不漏。

（6）室外给水管网必须进行水压试验，试验压力为工作压力的1.5倍，但不得小于0.6 MPa。检验方法：管材为钢管、铸铁管时，试验压力下10 min内压力降不应大于0.05 MPa，然后降至工作压力进行检查，压力应保持不变，不渗不漏；管材为塑料管时，试验压力下，稳压1 h压力降不大于0.05 MPa，然后降至工作压力进行检查，压力应保持不变，不渗不漏。

（7）消防水泵接合器及室外消火栓安装系统必须进行水压试验，试验压力为工作压力的1.5倍，但不得小于0.6 MPa。检验方法：试验压力下，10 min内压力降不大于0.05 MPa，然后降至工作压力进行检查，压力应保持不变，不渗不漏。

（8）锅炉的汽、水系统安装完毕后，必须进行水压试验，水压试验的压力应符合规范规定。检验方法：在试验压力下10 min内压力降不超过0.02 MPa，然后降至工作压力进行检查，压力不降，不渗不漏；观察检查，不得有残余变形，受压元件金属壁和焊缝上不得有水珠和水雾。

（9）锅炉分汽缸（分水器、集水器）安装前应进行水压试验，试验压力为工作压力的 1.5 倍，但不得小于 0.6 MPa。检验方法：试验压力下 10 min 内无压降、无渗漏。

（10）锅炉地下直埋油罐在埋地前应做气密性试验，试验压力降不应小于 0.03 MPa。检验方法：试验压力下观察 30 min，不渗、不漏，无压降。

（11）连接锅炉及辅助设备的工艺管道安装完毕后，必须进行系统的水压试验，试验压力为系统中最大工作压力的 1.5 倍。检验方法：在试验压力下 10 min 内压力降不超过 0.05 MPa，然后降至工作压力进行检查，不渗不漏。

（12）当自动喷水灭火系统设计工作压力等于或小于 1.0 MPa 时，水压强度试验压力应为设计工作压力的 1.5 倍，并不应低于 1.4 MPa；当系统设计工作压力大于 1.0 MPa 时，水压强度试验压力应为该工作压力加 0.4 MPa。水压强度试验的测试点应设在系统管网的最低点。对管网注水时，应将管网内的空气排净，并应缓慢升压，达到试验压力后，稳压 30 min，目测管网应无渗漏和无变形，且压力降不应大于 0.05 MPa。

（13）自动喷水灭火系统水压严密性试验应在水压强度试验和管网冲洗合格后进行。试验压力应为设计工作压力，稳压 24 h，应无渗漏。

（14）自动喷水灭火系统气压严密性试验的试验压力应为 0.28 MPa，且稳压 24 h，压力降不应大于 0.01 MPa。

2. 注意事项

单项试验和系统性试验，强度和严密性试验有不同要求，试验和验收时要特别留意；系统性试验、严密性试验的前提条件应充分满足，如自动喷水灭火系统水压严密性试验应在水压强度试验和管网冲洗合格后才能进行；而常见做法是先根据区段验收或隐检项目验收要求完成单项试验，系统形成后进行系统性试验，再根据系统特殊要求进行严密度试验。

管道（设备）强度、严密性试验记录见表 5.66。

表 5.66　管道（设备）强度、严密性试验记录

<table>
<tr><td>工程名称</td><td colspan="3">×× 花园</td><td>分部工程</td><td>给排水及采暖</td></tr>
<tr><td>管道、设备（部位）</td><td colspan="3">埋地 J1 干管</td><td>材质规格</td><td>PP-R 管 DN50</td></tr>
<tr><td>设计工作压力（MPa）</td><td>0.6</td><td>试验介质</td><td>自来水</td><td>试验日期</td><td>×××× 年 ×× 月 ×× 日</td></tr>
<tr><td>试验依据</td><td colspan="5">《建筑给水排水及采暖工程施工质量验收规范》GB 50242—2002 第 4.2.1 条规定</td></tr>
<tr><td colspan="6">强 度 试 验</td></tr>
<tr><td>试验压力（Mpa）</td><td colspan="3">0.9</td><td>持续时间</td><td>1 时 0 分 0 秒</td></tr>
<tr><td>压力降（Mpa）</td><td colspan="3">0.02</td><td>试验结果</td><td>符合要求</td></tr>
<tr><td colspan="6">严 密 性 试 验</td></tr>
<tr><td>试验压力（Mpa）</td><td colspan="3">0.69</td><td>持续时间</td><td>2 时 0 分 0 秒</td></tr>
<tr><td>压力降（Mpa）</td><td colspan="3">0.02</td><td>试验结果</td><td>符合要求</td></tr>
<tr><td colspan="6">试验经过及问题处理：
试验用压力表设在一层，从上午 8 时 25 分开始对干管进行上水并加压至 8 时 55 分，表压试验值升至 0.9 Mpa，关闭供水阀门后进行观测，至 9 时 55 分，表压降至 0.88 Mpa（压力降 0.02 Mpa），然后降压至 0.69 Mpa，自 10 时 5 分开始在该压力下进行严密性试验，观测 2 小时，至 12 时 5 分，外观检查无渗漏，压力降至 0.67 Mpa（压力降 0.02 Mpa）
操作人：×××</td></tr>
<tr><td>试验结论</td><td colspan="5">试验符合设计及《建筑给水排水及采暖工程施工质量验收规范》GB 50242—2002 第 4.2.1 条规定，同意验收</td></tr>
<tr><td rowspan="2" colspan="2">监理（建设）单位</td><td colspan="2">施工单位</td><td colspan="2">×× 建筑工程公司</td></tr>
<tr><td colspan="2">专业技术负责人</td><td>专业质检员</td><td>专业工长</td></tr>
<tr><td colspan="2">专业监理工程师：
（建设单位项目专业技术负责人）
×××</td><td colspan="2">×××</td><td>×××</td><td>×××</td></tr>
</table>

5.6.13 通水试验记录

通水试验记录应符合现行国家标准《建筑给水排水及采暖工程施工质量验收规范》（GB50242—2002）的有关规定。室内外给水、中水及游泳池水系统、卫生洁具、地漏及地面清扫口及室内外排水系统在安装完毕后，应进行通水试验。

（1）给水系统交付使用前必须进行通水试验并做好记录。检验方法：观察和开启阀门、水嘴等放水。

（2）卫生器具交工前应做满水和通水试验。检验方法：满水后各连接件不渗不漏；通水试验给水、排水畅通。

（3）通水试验为系统试验，一般在系统完成后统一进行。

给水管道通水试验记录见表 5.67。

表 5.67　给水管道通水试验记录

<table>
<tr><td>工程名称</td><td>××花园</td><td>分部工程</td><td>给排水及采暖</td></tr>
<tr><td>依据标准</td><td>GB 50242—2002 第 4.2.2 条及有关规定</td><td>试验日期</td><td>××××年××月××日</td></tr>
<tr><td>管　段
编　号</td><td>配水点开放
数量（%）</td><td>各配水点观察检查情况</td><td>备　注</td></tr>
<tr><td>JL-SX</td><td>1/3</td><td>水流量、水压满足设计要求</td><td></td></tr>
<tr><td>JL-SX`</td><td>1/3</td><td>水流量、水压满足设计要求</td><td></td></tr>
<tr><td>JL-A</td><td>1/3</td><td>水流量、水压满足设计要求</td><td></td></tr>
<tr><td>JL-B</td><td>1/3</td><td>水流量、水压满足设计要求</td><td></td></tr>
<tr><td></td><td></td><td></td><td></td></tr>
<tr><td colspan="2">试验经过及说明</td><td colspan="2">试验结论</td></tr>
<tr><td colspan="2">下午 2：00 开始，对以给水管道系统进行通水试验，开启 1/3 配水点阀门，水嘴等放水，检查各配水点（特别是最不利点）水流量、水压均能满足设计要求，下午 5：30 试验结束</td><td colspan="2">试验结果符合设计要求和《建筑给水排水及采暖工程施工质量验收规范》GB 50242—2002 规范规定，合格</td></tr>
<tr><td rowspan="2">监理（建设）单位</td><td>施工单位</td><td colspan="2">××建筑工程公司</td></tr>
<tr><td>专业技术负责人</td><td>专业质检员</td><td>专业工长</td></tr>
<tr><td>专业监理工程师：
（建设单位项目专业技术负责人）
×××</td><td>×××</td><td>×××</td><td>×××</td></tr>
</table>

5.6.14 冲洗、吹洗试验记录

冲洗、吹洗试验记录应符合现行国家标准《建筑给水排水及采暖工程施工质量验收记录》（GB 50242—2002)、《通风与空调工程施工质量验收规范》(GB 50243—2002）的有关规定。室内外给水、中水及游泳池水系统、采暖、空调水、消火栓、自动喷水等系统管道，以及设计有要求的管道在使用前做冲洗试验及介质为气体的管道系统做吹洗试验时，应填写冲洗、吹洗试验记录。

1．相关规定与要求：

（1）生活给水系统管道在交付使用前必须冲洗和消毒，并经有关部门取样检验，符合国家《生活饮用水卫生标准》方可使用。

（2）热水供应系统竣工后必须进行冲洗。现场观察以水色不浑浊为合格。

（3）采暖系统试压合格后，应对系统进行冲洗并清扫过滤器及除污器。现场观察直至排出水不含泥砂、铁屑等杂质，且水色不浑浊为合格。

（4）消防水泵接合器及室外消火栓安装系统消防管道在竣工前，必须对管道进行冲洗。现场观察冲洗出的水的浊度符合要求方可。

（5）供热管道试压合格后，应进行冲洗。现场观察以水色不浑浊为合格。

（6）自动喷水灭火系统管网冲洗的水流流速、流量不应小于系统设计的水流流速、流量；管网冲洗宜分区、分段进行；水平管网冲洗时其排水管位置应低于配水支管。管网冲洗应连续进行，当出水口处水的颜色、透明度与入水口处水的颜色、透明度基本一致时为合格。

2．吹（冲）洗（脱脂）试验为系统试验，一般在系统完成后统一进行。

管道系统吹（冲）洗（脱脂）试验记录见表 5.68。

表 5.68 管道系统吹（冲）洗（脱脂）试验记录

工程名称	××花园	分部工程	给排水及采暖
试验依据	《建筑给排水与采暖工程施工质量验收规范》GB 50242—2002 第 6.3.2 条	试验日期	××××年××月××日

管线编号	材质	工作介质	吹（冲）洗					脱脂		备注
			介质	压力	流速	吹（冲）洗次数	鉴定	介质	鉴定	
JL-SX	镀锌管	自来水	水	0.8 MPa	2 m/s	1	合格			
JL-SX`	镀锌管	自来水	水	0.8 MPa	2.5 m/s	1	合格			
JL-A	PP-R	自来水	水	0.8 MPa	2.3 m/s	1	合格			
JL-B	PP-R	自来水	水	0.8 MPa	2 m/s	1	合格			

试验情况及说明	试验结论
从上午 9 时 30 分开始冲洗，以各自来水供应系统供水口为冲洗起点，压力值为 0.8 Mpa，水冲洗速度大于 1.5 m/s，各自来水供应系统末端为泄水点进行冲洗，至下午 5 时至 6 时，各泄水点水色和透明度与进水处目测一致，无杂物，停止冲洗	试验结果符合设计要求及《建筑给水排水及采暖工程施工质量验收规范》GB 50242—2002 规范要求，合格

监理（建设）单位	施工单位	××建筑工程公司	
	专业技术负责人	专业质检员	专业工长
专业监理工程师： （建设单位项目专业技术负责人） ×××	×××	×××	×××

常用给水排水及采暖工程试验记录填写要求见表 5.69。

表 5.69 其他常用试验记录填写要求

<table>
<tr><td>通球试验记录</td><td>1．记录形成：室内排水水平干管、主立管应按有关规定进行通球试验，并做记录
2．相关规定与要求：排水主立管及水平干管管道均应做通球试验，通球球径不小于排水管道管径的 2/3，通球率必须达到 100%
3．注意事项：通球试验为系统试验，一般在系统完成、通水试验合格后进行。通球试验用球宜为硬质空心塑料球，投入时做好标记，以便同排出的试验球核对</td></tr>
<tr><td>补偿器安装记录</td><td>1．记录形成：各类补偿器安装时应按要求进行补偿器安装记录
2．相关规定与要求：
（1）补偿器型式、规格、位置应符合设计要求，并按有关规定进行预拉伸
（2）补偿器的型号、安装位置及预拉伸和固定支架的构造及安装位置应符合设计要求
3．注意事项：
（1）补偿器预拉伸数值应根据设计给出的最大补偿量得出（一般为其数值的 50%），要注意不同位置的补偿器由于管段长度、运行温度、安装温度不同而有所不同
（2）根据试验的实际情况填写实测数据，要准确，内容齐全，不得漏项
（3）工程采用施工总承包管理模式的，签字人员应为施工总承包单位的相关人员
（4）热伸长可通过公式计算：$\Delta L=aL\Delta t$
式中，ΔL 为热伸长，m；a 为管道线膨胀系统，碳素钢 $a=12\times10^{-6}$ m/℃；L 为管长，m；Δt 为管道在运行时的温度与安装时的温度之差值，℃</td></tr>
<tr><td>消火栓试射记录</td><td>1．记录形成：室内消火栓系统在安装完成后，应按设计要求及规范规定进行消火栓试射试验，并做记录
2．相关规定与要求：室内消火栓系统安装完成后应取屋顶层（或水箱间内）试验消火栓和首层取两处消火栓做试射试验，达到设计要求为合格。通过实地试射检查符合要求为合格
3．注意事项：
（1）试验前应对消火栓组件、栓口安装（含减压稳压装置）等进行系统检查
（2）根据试验的实际情况填写实测数据（测试栓口动压、静压应填写实测数据，要符合消防检测要求，不能超压或压力不足），要准确，内容齐全，不得漏项
（3）消火栓试射为系统试验，一般在系统完成、消防水泵试运行合格后进行</td></tr>
<tr><td>锅炉烘炉试验记录</td><td>1．记录形成：锅炉安装完成后，在试运行前，应进行烘炉试验，并做记录
2．相关规定与要求：
（1）锅炉火焰烘炉应符合下列规定；
① 火焰应在炉膛中央燃烧，不应直接烧烤炉墙及护拱
② 烘炉时间一般不少于 4 d，升温应缓慢，后期烟温不高于 160 ℃，且持续时间不应少于 24 h
③ 链条炉排在烘炉过程中应定期转动
④ 烘炉的中、后期应根据锅炉水水质情况排污
检验方法：计时测温、操作观察检查
（2）烘炉结束后应符合下列规定：
① 炉墙经烘烤后没有变形、裂纹及坍落现象
② 炉墙砌筑砂浆含水率达到 7% 以下
（3）注意事项：根据试验实际情况填写实测数据，表格数字和曲线对照好，内容齐全，不得漏项</td></tr>
<tr><td>锅炉煮炉试验记录</td><td>1．记录形成：锅炉安装完成后，在试运行前，应进行煮炉试验，并做记录
2．相关规定与要求：煮炉时间一般应为 2~3 d，如蒸汽压力较低，可适当延长煮炉时间。非砌筑或浇筑保温材料保温的锅炉，安装后可直接进行煮炉。煮炉结束后，锅筒和集（水）箱内壁应无油垢，擦去附着物后金属表面无锈斑。检验方法：打开锅筒和集（水）箱检查孔检查</td></tr>
<tr><td>锅炉试运行记录</td><td>1．监理形成：锅炉在烘炉、煮炉合格后，应进行 48 h 的带负荷连续试运行，同时应进行安全阀的热状态定压检验和调整，并做记录
2．相关规定与要求：检验方法为检查烘炉、煮炉及试运行全过程</td></tr>
</table>

5.6.15 电气设备空载试运行记录

电气设备空载试运行记录应符合现行国家标准《建筑电气工程施工质量验收规范》(GB 50303—2002)的有关规定。建筑电气设备安装完毕后应进行耐压及调试试验，主要包括：低压电器动力设备和低压配电箱等。

电气设备空载运行记录见表 5.70。

表 5.70　电气设备空载运行记录

<table>
<tr><td colspan="2">工程名称</td><td colspan="4">×× 花园</td><td colspan="2">分部工程</td><td>电气工程</td></tr>
<tr><td colspan="2">设备名称</td><td colspan="4">动力 2# 电动机</td><td colspan="2">填写日期</td><td>×××× 年 ×× 月 ×× 日</td></tr>
<tr><td colspan="2">试运时间</td><td colspan="7">由 12 日 9 时 0 分开始，至 12 日 11 时 0 分结束</td></tr>
<tr><td rowspan="12">运行负荷记录</td><td rowspan="2">运行时间</td><td colspan="3">运行电压（V）</td><td colspan="3">运行电流（A）</td><td rowspan="2">温度（℃）</td></tr>
<tr><td>A-N
（A-B）</td><td>B-N
（B-C）</td><td>C-N
（C-A）</td><td>A 相</td><td>B 相</td><td>C 相</td></tr>
<tr><td>9：00</td><td>381</td><td>380</td><td>382</td><td>30</td><td>30</td><td>30</td><td>43</td></tr>
<tr><td>10：00</td><td>381</td><td>382</td><td>382</td><td>30</td><td>31</td><td>30</td><td>44</td></tr>
<tr><td>11：00</td><td>384</td><td>382</td><td>381</td><td>30</td><td>32</td><td>30</td><td>45</td></tr>
<tr><td></td><td></td><td></td><td></td><td></td><td></td><td></td><td></td></tr>
<tr><td></td><td></td><td></td><td></td><td></td><td></td><td></td><td></td></tr>
<tr><td></td><td></td><td></td><td></td><td></td><td></td><td></td><td></td></tr>
<tr><td></td><td></td><td></td><td></td><td></td><td></td><td></td><td></td></tr>
<tr><td></td><td></td><td></td><td></td><td></td><td></td><td></td><td></td></tr>
<tr><td></td><td></td><td></td><td></td><td></td><td></td><td></td><td></td></tr>
<tr><td></td><td></td><td></td><td></td><td></td><td></td><td></td><td></td></tr>
<tr><td>试运行情况记录</td><td colspan="5">经 2 小时通电试运行，线路接点和线路无过热现象；电机运转、噪声、温升等情况正常；配电线路、开关、仪表等运行正常</td><td>结论</td><td colspan="2">符合设计及规范要求</td></tr>
<tr><td colspan="3" rowspan="2">监理（建设）单位</td><td colspan="2">施工单位</td><td colspan="4">×× 建筑工程公司</td></tr>
<tr><td colspan="2">专业技术负责人</td><td colspan="2">专业质检员</td><td colspan="2">专业工长</td></tr>
<tr><td colspan="3">专业监理工程师：
（建设单位项目专业技术负责人）

×××</td><td colspan="2">×××</td><td colspan="2">×××</td><td colspan="2">×××</td></tr>
</table>

5.6.16 风管漏光检测记录

风管漏光检测记录应符合现行国家标准《通风与空调工程施工质量验收规范》(GB 50243—2002)的有关规定。风管系统安装完毕后，应按系统类别进行严密性检验，漏风量应符合设计与规范的规定。

风管漏光检测记录如表 5.71。

表 5.71 风管漏光检测记录

工程名称	×× 花园	试验日期	×××× 年 ×× 月 ×× 日
系统名称	K-1 送风系统	工作压力（Pa）	500
系统接缝总长度（m）	56.50	每 10 m 接缝为一检测段的分段数	6
检测光源	200 W 带保护罩低压照明		
分段序号	实测漏光点数（个）	每 10 m 接缝的允许漏光点数（个 /10 m）	结论
I 段 1#	0	不大于 1 处	合格
II 段 1#	1	不大于 1 处	合格
II 段 2#	0	不大于 1 处	合格
II 段 3#	0	不大于 1 处	合格
III 段 1#	0	不大于 1 处	合格
III 段 2#	0	不大丁 1 处	合格
合计	总漏光点数（个）	每 100 m 接缝的允许漏光点数（个 /100 m）	结论
	1	5	合格
检测结论： 按《通风与空调工程施工质量验收规范》(GB 50243—2002)要求进行测试的 6 段风管中，各段漏光点均未超标，系统接缝总长度漏光点数折算成每 100 m 允许漏光点数也未超标。评定结论合格 注：测出的 1 个漏光点处已用密封胶封堵严密			
监理（建设）单位	施工单位	×× 建筑工程公司	
	专业技术负责人	专业质检员	专业工长
专业监理工程师： （建设单位项目专业技术负责人） ×××	×××	×××	×××

5.6.17 风管漏风检测记录

风管漏风检测记录应符合现行国家标准《通风与空调工程施工质量验收规范》(GB 50243—2002)的有关规定。

风管漏风检测记录见表5.72。

表5.72　风管漏风检测记录

<table>
<tr><td>工程名称</td><td>××花园</td><td>试验日期</td><td colspan="2">××××年××月××日</td></tr>
<tr><td>系统名称</td><td>K—3送风系统</td><td>工作压力(Pa)</td><td colspan="2">600</td></tr>
<tr><td>系统总面积(m^2)</td><td>380</td><td>试验压力(Pa)</td><td colspan="2">900</td></tr>
<tr><td>试验总面积(m^2)</td><td>330</td><td>系统检测分段数</td><td colspan="2">10</td></tr>
<tr><td colspan="1" rowspan="12">检测区段图示:
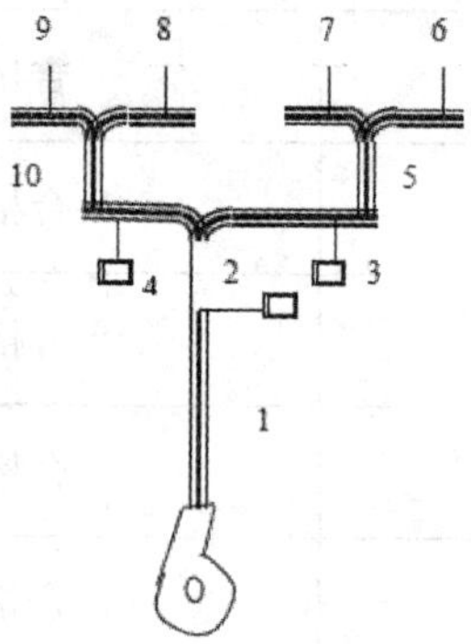
</td><td colspan="4">分段实测数值</td></tr>
<tr><td>序号</td><td>分段表面积(m^2)</td><td>试验压力(Pa)</td><td>实际漏风量(m^3/h)</td></tr>
<tr><td>1</td><td>70</td><td>900</td><td>112.3</td></tr>
<tr><td>2</td><td>20</td><td>900</td><td>56.8</td></tr>
<tr><td>3</td><td>45</td><td>900</td><td>41.2</td></tr>
<tr><td>4</td><td>40</td><td>900</td><td>55.2</td></tr>
<tr><td>5</td><td>30</td><td>900</td><td>38.5</td></tr>
<tr><td>6</td><td>20</td><td>900</td><td>38.6</td></tr>
<tr><td>7</td><td>30</td><td>900</td><td>56.8</td></tr>
<tr><td>8</td><td>30</td><td>900</td><td>41.2</td></tr>
<tr><td>9</td><td>40</td><td>900</td><td>55.2</td></tr>
<tr><td>10</td><td>30</td><td>900</td><td>55.8</td></tr>
<tr><td>系统允许漏风量
[$m^3/(m^2\cdot h)$]</td><td>2.25</td><td>实测系统漏风量
[$m^3/(m^2\cdot h)$]</td><td colspan="2">1.91</td></tr>
<tr><td colspan="5">检测结论:
各段用漏风检测仪所测漏风量低于规范要求,检测评定合格</td></tr>
<tr><td rowspan="2">监理(建设)单位</td><td>施工单位</td><td colspan="3">××建筑工程公司</td></tr>
<tr><td>专业技术负责人</td><td>专业质检员</td><td colspan="2">专业工长</td></tr>
<tr><td>专业监理工程师:
(建设单位项目专业技术负责人)
×××</td><td>×××</td><td>×××</td><td colspan="2">×××</td></tr>
</table>

5.7 施工质量验收记录

5.7.1 检验批质量验收记录

检验批是建筑工程质量验收的基本单位，检验批质量验收记录应符合现行国家标准《建筑工程施工质量验收统一标准》(GB 50300—2001)的有关规定。所有的检验批质量验收记录内容有主控项目和一般项目验收，主控项目是指建筑工程中对安全、卫生、环境保护和公众利益起决定性作用的检验项目；一般项目是指除主控项目以外的检验项目。检验批最后均划归到分项、子分部、分部工程。

以模板安装为例，检验批质量验收记录表见表 5.73。

表 5.73 模板安装工程检验批质量验收记录表

GB 50204—2002（Ⅰ）

<table>
<tr><td colspan="5">单位（子单位）工程名称</td><td colspan="12">××花园</td></tr>
<tr><td colspan="5">分部（子分部）工程名称</td><td colspan="3">主体结构（混凝土结构）</td><td colspan="4">验收部位</td><td colspan="5">①-⑫/Ⓐ -Ⓜ轴一层墙柱、顶板</td></tr>
<tr><td colspan="3">施工单位</td><td colspan="5">××建筑工程公司</td><td colspan="4">项目经理</td><td colspan="5">×××</td></tr>
<tr><td colspan="5">施工执行标准名称及编号</td><td colspan="12">《混凝土结构工程施工质量验收规范》GB 50204—2002</td></tr>
<tr><td colspan="6">质量验收规范的规定</td><td colspan="10">施工单位检查评定记录</td><td>监理（建设）单位验收记录</td></tr>
<tr><td rowspan="2">主控项目</td><td>1</td><td colspan="3">模板支撑、立柱位置和垫板</td><td>第 4.2.1 条</td><td colspan="10">符合要求</td><td rowspan="2">符合要求</td></tr>
<tr><td>2</td><td colspan="3">避免隔离剂沾污</td><td>第 4.2.2 条</td><td colspan="10">符合要求</td></tr>
<tr><td rowspan="3">一般项目</td><td>1</td><td colspan="3">模板安装的一般要求</td><td>第 4.2.3 条</td><td colspan="10">符合要求</td><td rowspan="3">符合要求</td></tr>
<tr><td>2</td><td colspan="3">用作模板地坪、胎膜质量</td><td>第 4.2.4 条</td><td colspan="10">—</td></tr>
<tr><td>3</td><td colspan="3">模板起拱高度</td><td>第 4.2.5 条</td><td colspan="10">符合要求</td></tr>
<tr><td rowspan="8">一般项目</td><td rowspan="8">4</td><td rowspan="8">预埋件、预留孔允许偏差</td><td colspan="2">预埋钢板中心线位置（mm）</td><td>3</td><td></td><td></td><td></td><td></td><td></td><td></td><td></td><td></td><td></td><td></td><td rowspan="8">符合要求</td></tr>
<tr><td colspan="2">预埋管、预留孔中心线位置（mm）</td><td>3</td><td>2</td><td>0</td><td>1</td><td>2</td><td>1</td><td>2</td><td>2</td><td>2</td><td>1</td><td>2</td></tr>
<tr><td rowspan="2">插筋</td><td>中心线位置（mm）</td><td>5</td><td></td><td></td><td></td><td></td><td></td><td></td><td></td><td></td><td></td><td></td></tr>
<tr><td>外露长度（mm）</td><td>+10,0</td><td></td><td></td><td></td><td></td><td></td><td></td><td></td><td></td><td></td><td></td></tr>
<tr><td rowspan="2">预埋螺栓</td><td>中心线位置（mm）</td><td>2</td><td></td><td></td><td></td><td></td><td></td><td></td><td></td><td></td><td></td><td></td></tr>
<tr><td>外露长度（mm）</td><td>+10,0</td><td></td><td></td><td></td><td></td><td></td><td></td><td></td><td></td><td></td><td></td></tr>
<tr><td rowspan="2">预留洞</td><td>中心线位置（mm）</td><td>10</td><td>5</td><td>4</td><td>8</td><td>9</td><td>7</td><td>3</td><td>3</td><td>4</td><td>5</td><td>4</td></tr>
<tr><td>尺寸（mm）</td><td>+10,0</td><td>5</td><td>5</td><td>2</td><td>6</td><td>3</td><td>8</td><td>7</td><td>5</td><td>6</td><td>5</td></tr>
</table>

续表 5.73

<table>
<tr><td rowspan="8">一般项目</td><td rowspan="8">5</td><td rowspan="8">模板安装允许偏差</td><td colspan="2">轴线位置（mm）</td><td>5</td><td>4</td><td>5</td><td>2</td><td>3</td><td>2</td><td>5</td><td>3</td><td>6</td><td>5</td><td>4</td><td rowspan="8">符合要求</td></tr>
<tr><td colspan="2">底模上表面标高（mm）</td><td>±5</td><td>3</td><td>2</td><td>-3</td><td>-1</td><td>4</td><td>2</td><td>-3</td><td>4</td><td>-1</td><td>2</td></tr>
<tr><td rowspan="2">截面内部尺寸（mm）</td><td>基础</td><td>±10</td><td></td><td></td><td></td><td></td><td></td><td></td><td></td><td></td><td></td><td></td></tr>
<tr><td>柱、墙、梁</td><td>+4,-5</td><td>-1</td><td>3</td><td>3</td><td>2</td><td>4</td><td>-3</td><td>1</td><td>-2</td><td>-4</td><td>-3</td></tr>
<tr><td rowspan="2">层高垂直度（mm）</td><td>不大于 5 m</td><td>6</td><td>3</td><td>2</td><td>6</td><td>2</td><td>5</td><td>4</td><td>5</td><td>4</td><td>4</td><td>4</td></tr>
<tr><td>大于 5 m</td><td>8</td><td></td><td></td><td></td><td></td><td></td><td></td><td></td><td></td><td></td><td></td></tr>
<tr><td colspan="2">相邻两板表面高低差（mm）</td><td>2</td><td>1</td><td>1</td><td>0</td><td>.1</td><td>1</td><td>2</td><td>2</td><td>1</td><td>0</td><td>2</td></tr>
<tr><td colspan="2">表面平整度（mm）</td><td>5</td><td>4</td><td>3</td><td>2</td><td>5</td><td>2</td><td>5</td><td>3</td><td>2</td><td>5</td><td>4</td></tr>
<tr><td colspan="4" rowspan="2">施工单位检查评定结果</td><td colspan="2">专业工长（施工员）</td><td colspan="5">×××</td><td colspan="5">施工班组长</td><td>×××</td></tr>
<tr><td colspan="13">主控项目全部合格，一般项目满足规范规定要求；检查评定合格

项目专业质量检查员：×××　　　　××××年××月××日</td></tr>
<tr><td colspan="4">监理（建设）单位验收结论</td><td colspan="13">验收合格
专业监理工程师：

（建设单位项目专业技术负责人）：×××　　　××××年××月××日</td></tr>
</table>

其中海南地区申评建筑结构优质工程的项目，施工质量必须符合《海南省建筑施工优质结构工程评定标准》（DBJ 09—2007）要求，该标准适用于海南行政区域内及该省建设施工企业在省外承包的工程项目，其总体水平高于国家工程质量验收规范的合格标准。相关检验批质量验收记录表采用注有“优质结构”的表样。

优质结构标准的检验批质量验收记录表见表 5.74。

表 5.74　模板安装工程检验批质量验收记录表（优质结构）
GB 50204—2002（Ⅰ）

<table>
<tr><td colspan="5">单位（子单位）工程名称</td><td colspan="12">××花园</td></tr>
<tr><td colspan="5">分部（子分部）工程名称</td><td colspan="5">主体结构（混凝土结构）</td><td colspan="3">验收部位</td><td colspan="4">①-⑫/Ⓐ-Ⓜ轴一层墙柱、顶板</td></tr>
<tr><td colspan="2">施工单位</td><td colspan="8">××建筑工程公司</td><td colspan="3">项目经理</td><td colspan="4">×××</td></tr>
<tr><td colspan="5">施工执行标准名称及编号</td><td colspan="12">《混凝土结构工程施工质量验收规范》GB 50204—2002
海南省《建筑施工优质结构工程评定标准》DBJ 09—2007</td></tr>
<tr><td colspan="6">质量验收规范的规定</td><td colspan="10">施工单位检查评定记录</td><td>监理（建设）单位验收记录</td></tr>
<tr><td rowspan="2">主控项目</td><td>1</td><td colspan="3">模板支撑、立柱位置和垫板</td><td>第 4.2.1 条</td><td colspan="10">符合要求</td><td rowspan="2">符合要求</td></tr>
<tr><td>2</td><td colspan="3">避免隔离剂沾污</td><td>第 4.2.2 条</td><td colspan="10">符合要求</td></tr>
<tr><td rowspan="24">一般项目</td><td rowspan="24">1</td><td colspan="3">模板安装的一般要求</td><td>第 4.2.3 条</td><td colspan="10">符合要求</td><td rowspan="24">符合要求</td></tr>
<tr><td colspan="3">用作模板地坪、胎膜质量</td><td>第 4.2.4 条</td><td colspan="10">—</td></tr>
<tr><td colspan="3">模板起拱高度</td><td>第 4.2.5 条</td><td colspan="10">符合要求</td></tr>
<tr><td rowspan="11">模板安装允许偏差</td><td>轴线位移（mm）</td><td>柱、墙、梁</td><td>4</td><td>1</td><td>1</td><td>1</td><td>4</td><td>2</td><td>1</td><td>2</td><td>2</td><td>2</td><td>1</td></tr>
<tr><td colspan="2">底模上表面标高（mm）</td><td>±4</td><td>3</td><td>-1</td><td>4</td><td>-1</td><td>-3</td><td>2</td><td>0</td><td>2</td><td>-2</td><td>2</td></tr>
<tr><td rowspan="2">截面模内尺寸（mm）</td><td>基础</td><td>±7</td><td></td><td></td><td></td><td></td><td></td><td></td><td></td><td></td><td></td><td></td></tr>
<tr><td>柱、墙、梁</td><td>±3</td><td>1</td><td>1</td><td>-1</td><td>0</td><td>-2</td><td>1</td><td>-2</td><td>1</td><td>2</td><td>-1</td></tr>
<tr><td rowspan="2">层高垂直度（mm）</td><td>层高不大于 5 m</td><td>4</td><td>3</td><td>3</td><td>3</td><td>4</td><td>3</td><td>2</td><td>0</td><td>2</td><td>4</td><td>4</td></tr>
<tr><td>大于 5 m</td><td>6</td><td></td><td></td><td></td><td></td><td></td><td></td><td></td><td></td><td></td><td></td></tr>
<tr><td colspan="2">相邻两板表面高低差（mm）</td><td>2</td><td>2</td><td>1</td><td>1</td><td>1</td><td>0</td><td>1</td><td>0</td><td>1</td><td>0</td><td>1</td></tr>
<tr><td colspan="2">表面平整度（mm）</td><td>3</td><td>3</td><td>3</td><td>3</td><td>2</td><td>0</td><td>2</td><td>1</td><td>1</td><td>1</td><td>3</td></tr>
<tr><td rowspan="2">阴阳角</td><td>方正</td><td>2</td><td>1</td><td>1</td><td>1</td><td>1</td><td>1</td><td>0</td><td>1</td><td>1</td><td>1</td><td>1</td></tr>
<tr><td>顺直</td><td>2</td><td>2</td><td>0</td><td>1</td><td>2</td><td>1</td><td>2</td><td>3</td><td>2</td><td>2</td><td>2</td></tr>
<tr><td colspan="2">预埋铁件中心线位移</td><td>2</td><td></td><td></td><td></td><td></td><td></td><td></td><td></td><td></td><td></td><td></td></tr>
<tr><td rowspan="10">预埋件、预留孔允许偏差</td><td rowspan="2">预埋管、螺栓</td><td>中心线位移</td><td>2</td><td>1</td><td>1</td><td>1</td><td>1</td><td>1</td><td>1</td><td>1</td><td>1</td><td>1</td><td>1</td></tr>
<tr><td>螺栓外露长度</td><td>+5、0</td><td>1</td><td>3</td><td>3</td><td>3</td><td>2</td><td>0</td><td>2</td><td>4</td><td>2</td><td>2</td></tr>
<tr><td rowspan="2">预留孔洞</td><td>中心线位移（mm）</td><td>5</td><td>3</td><td>4</td><td>4</td><td>4</td><td>1</td><td>5</td><td>2</td><td>3</td><td>3</td><td>3</td></tr>
<tr><td>尺寸（mm）</td><td>+5、0</td><td>2</td><td>1</td><td>0</td><td>3</td><td>1</td><td>3</td><td>5</td><td>2</td><td>4</td><td>4</td></tr>
<tr><td rowspan="3">门窗洞口</td><td>中心线位移（mm）</td><td>4</td><td>1</td><td>1</td><td>1</td><td>1</td><td>2</td><td>1</td><td>3</td><td>3</td><td>3</td><td>1</td></tr>
<tr><td>宽、高</td><td>±5</td><td>5</td><td>-1</td><td>3</td><td>-5</td><td>-2</td><td>4</td><td>2</td><td>4</td><td>2</td><td>-3</td></tr>
<tr><td>对角线</td><td>6</td><td>5</td><td>4</td><td>3</td><td>1</td><td>3</td><td>6</td><td>2</td><td>5</td><td>5</td><td>4</td></tr>
<tr><td rowspan="2">插筋</td><td>中心线位移（mm）</td><td>5</td><td></td><td></td><td></td><td></td><td></td><td></td><td></td><td></td><td></td><td></td></tr>
<tr><td>外露长度（mm）</td><td>+10,0</td><td></td><td></td><td></td><td></td><td></td><td></td><td></td><td></td><td></td><td></td></tr>
<tr><td colspan="4" rowspan="2">施工单位检查评定结果</td><td colspan="3">专业工长（施工员）</td><td colspan="5">×××</td><td colspan="4">施工班组长</td><td>×××</td></tr>
<tr><td colspan="13">主控项目全部合格，一般项目满足规范规定要求；检查评定合格
项目专业质量检查员：　×××　　　　××××年××月××日</td></tr>
<tr><td colspan="4">监理（建设）单位验收结论</td><td colspan="13">验收合格
专业监理工程师：×××
（建设单位项目专业技术负责人）：　　　　××××年××月××日</td></tr>
</table>

5.7.2 分项工程质量验收记录

分项工程质量验收记录应符合现行国家标准《建筑工程施工质量验收统一标准》（GB 50300—2001）的有关规定。分项工程完成，施工单位自检合格后，应填报《分项工程质量验收记录表》，并由监理工程师（建设单位项目专业技术负责人）组织项目专业技术负责人等进行验收并签认。以填充墙砌体为例，分项工程质量验收记录表见表 5.75。

表 5.75 填充墙砌体分项工程质量验收记录表

<table>
<tr><td colspan="2">单位（子单位）工程名称</td><td>××花园</td><td>结构类型</td><td>框剪</td></tr>
<tr><td colspan="2">分部（子分部）工程名称</td><td>主体结构分部——砌体工程</td><td>检验批数</td><td>20 批</td></tr>
<tr><td>施工单位</td><td colspan="2">××建筑工程公司</td><td>项目经理</td><td>×××</td></tr>
<tr><td>分包单位</td><td colspan="2">—</td><td>分包项目经理</td><td>—</td></tr>
<tr><td>序号</td><td colspan="2">检验批名称及部位、区段</td><td>施工单位检查评定结果</td><td>监理（建设）单位验收结论</td></tr>
<tr><td>1</td><td colspan="2">一层填充墙砌体工程检验批质量验收记录表</td><td>合格</td><td>符合要求</td></tr>
<tr><td>2</td><td colspan="2">二层填充墙砌体工程检验批质量验收记录表</td><td>合格</td><td>符合要求</td></tr>
<tr><td>3</td><td colspan="2">三层填充墙砌体工程检验批质量验收记录表</td><td>合格</td><td>符合要求</td></tr>
<tr><td>4</td><td colspan="2">四层填充墙砌体工程检验批质量验收记录表</td><td>合格</td><td>符合要求</td></tr>
<tr><td>5</td><td colspan="2">五层填充墙砌体工程检验批质量验收记录表</td><td>合格</td><td>符合要求</td></tr>
<tr><td>6</td><td colspan="2">六层填充墙砌体工程检验批质量验收记录表</td><td>合格</td><td>符合要求</td></tr>
<tr><td>7</td><td colspan="2">七层填充墙砌体工程检验批质量验收记录表</td><td>合格</td><td>符合要求</td></tr>
<tr><td>8</td><td colspan="2">八层填充墙砌体工程检验批质量验收记录表</td><td>合格</td><td>符合要求</td></tr>
<tr><td>9</td><td colspan="2">九层填充墙砌体工程检验批质量验收记录表</td><td>合格</td><td>符合要求</td></tr>
<tr><td>10</td><td colspan="2">十层填充墙砌体工程检验批质量验收记录表</td><td>合格</td><td>符合要求</td></tr>
<tr><td>11</td><td colspan="2">十一层填充墙砌体工程检验批质量验收记录表</td><td>合格</td><td>符合要求</td></tr>
<tr><td>12</td><td colspan="2">十二层填充墙砌体工程检验批质量验收记录表</td><td>合格</td><td>符合要求</td></tr>
<tr><td>13</td><td colspan="2">十三层填充墙砌体工程检验批质量验收记录表</td><td>合格</td><td>符合要求</td></tr>
<tr><td>14</td><td colspan="2">十四层填充墙砌体工程检验批质量验收记录表</td><td>合格</td><td>符合要求</td></tr>
<tr><td>15</td><td colspan="2">十五层填充墙砌体工程检验批质量验收记录表</td><td>合格</td><td>符合要求</td></tr>
<tr><td>16</td><td colspan="2">十六层填充墙砌体工程检验批质量验收记录表</td><td>合格</td><td>符合要求</td></tr>
<tr><td>17</td><td colspan="2">十七层填充墙砌体工程检验批质量验收记录表</td><td>合格</td><td>符合要求</td></tr>
<tr><td>18</td><td colspan="2">十八层填充墙砌体工程检验批质量验收记录表</td><td>合格</td><td>符合要求</td></tr>
<tr><td>19</td><td colspan="2">十九层填充墙砌体工程检验批质量验收记录表</td><td>合格</td><td>符合要求</td></tr>
<tr><td>20</td><td colspan="2">二十层填充墙砌体工程检验批质量验收记录表</td><td>合格</td><td>符合要求</td></tr>
<tr><td colspan="5">说明：
经检查，填充墙砌体工程原材料强度等级规格及砂浆强度等级和水平灰缝砂浆饱满度、垂直度允许偏差符合设计及施工规范（GB 50203—2002）要求，墙体砌筑分项工程合格</td></tr>
<tr><td>检查结论</td><td colspan="2">合格
项目专业技术负责人：×××
××××年××月××日</td><td>验收结论</td><td>同意验收
监理工程师：×××
（建设单位项目专业技术负责人）
××××年××月××日</td></tr>
</table>

5.7.3 分部（子分部）工程质量验收记录

分部（子分部）工程质量验收记录应符合现行国家标准《建筑工程施工质量验收统一标准》（GB 50300—2001）的有关规定。分部（子分部）工程完成，施工单位自检合格后，应填报《分部（子分部）工程质量验收记录》。分部（子分部）工程应由总监理工程师或建设单位项目负责人组织有关建设单位、勘察单位（需参加地基与基础分部和主体分部验收）、设计单位及施工单位项目负责人和技术质量负责人等共同验收并签认。

以主体结构分部工程为例，分部（子分部）工程质量验收记录表见表 5.76。

表 5.76　主体结构分部（子分部）工程质量验收记录表

<table>
<tr><td colspan="2">单位（子单位）工程名称</td><td colspan="2">××花园</td><td colspan="2">结构类型及层楼</td><td>框架剪力墙
地下 1 层，地上 20 层</td></tr>
<tr><td colspan="2">施工单位</td><td>××建筑工程公司</td><td>技术部门负责人</td><td>×××</td><td>质量部门负责人</td><td>×××</td></tr>
<tr><td colspan="2">分包单位</td><td>—</td><td>分包单位负责人</td><td>—</td><td>分包技术负责人</td><td>—</td></tr>
<tr><td>序号</td><td colspan="2">分项工程名称</td><td>检验批数</td><td colspan="2">施工单位检查评定</td><td>验收意见</td></tr>
<tr><td rowspan="8">1</td><td colspan="2">模板安装工程</td><td>40</td><td colspan="2">合 格</td><td rowspan="8">通过验收</td></tr>
<tr><td colspan="2">模板拆除工程</td><td>40</td><td colspan="2">合 格</td></tr>
<tr><td colspan="2">钢筋加工工程</td><td>80</td><td colspan="2">合 格</td></tr>
<tr><td colspan="2">钢筋安装</td><td>80</td><td colspan="2">合 格</td></tr>
<tr><td colspan="2">混凝土原材及配比</td><td>80</td><td colspan="2">合 格</td></tr>
<tr><td colspan="2">混凝土施工工程</td><td>80</td><td colspan="2">合 格</td></tr>
<tr><td colspan="2">混凝土现浇结构</td><td>80</td><td colspan="2">合 格</td></tr>
<tr><td colspan="2">填充墙砌体工程</td><td>20</td><td colspan="2">合 格</td></tr>
<tr><td>2</td><td colspan="2">质量控制资料</td><td colspan="3">资料完整，内容符合要求</td><td>通过验收</td></tr>
<tr><td>3</td><td colspan="2">安全和功能检验（检测报告）</td><td colspan="3">资料完整，内容符合要求</td><td>通过验收</td></tr>
<tr><td>4</td><td colspan="2">观感质量验收</td><td colspan="3">好</td><td>好</td></tr>
<tr><td rowspan="5">验收单位</td><td>分包单位</td><td>项目经理</td><td colspan="2">—</td><td colspan="2">××××年××月××日</td></tr>
<tr><td>施工单位</td><td>项目经理
（签章）</td><td colspan="2">×××</td><td colspan="2">××××年××月××日</td></tr>
<tr><td>勘察单位</td><td>项目负责人</td><td colspan="2">×××</td><td colspan="2">××××年××月××日</td></tr>
<tr><td>设计单位</td><td>项目负责人</td><td colspan="2">×××</td><td colspan="2">××××年××月××日</td></tr>
<tr><td>监理（建设）单位</td><td colspan="5">总监理工程师（签章）：
（建设单位项目专业负责人）　×××
××××年××月××日</td></tr>
</table>

注：地基基础、主体结构工程的检验批质量验收不填写“分包单位负责人”和“分包技术负责人”。地基与基础、主体结构分部工程验收勘察单位应签认，其他分部工程验收勘察单位不签认

5.7.4 建筑节能分部工程质量验收记录

建筑节能分部工程质量验收记录应符合现行国家标准《建筑节能工程施工质量验收规范》（GB 50411—2007）的有关规定。该记录表与其他分部工程验收记录表不同，表上列了节能分部的九个分项工程，填写时根据设计及现场实际施工内容填写。建筑节能分部工程质量验收记录见表 5.77。

表 5.77 建筑节能分部工程质量验收记录

<table>
<tr><td colspan="2">工程名称</td><td>××花园</td><td>结构类型</td><td>剪力墙结构</td><td>层数</td><td>地下1层，
地上20层</td></tr>
<tr><td colspan="2">施工单位</td><td colspan="2">××建筑工程公司</td><td colspan="2">建筑面积（m²）</td><td>18 300</td></tr>
<tr><td>序号</td><td colspan="2">分项工程名称</td><td>验收结论</td><td colspan="2">监理工程师签字</td><td>备注</td></tr>
<tr><td>1</td><td colspan="2">墙体节能工程</td><td>合格</td><td colspan="2">×××</td><td></td></tr>
<tr><td>2</td><td colspan="2">幕墙节能工程</td><td>合格</td><td colspan="2">×××</td><td></td></tr>
<tr><td>3</td><td colspan="2">门窗节能工程</td><td>合格</td><td colspan="2">×××</td><td></td></tr>
<tr><td>4</td><td colspan="2">屋面节能工程</td><td>合格</td><td colspan="2">×××</td><td></td></tr>
<tr><td>5</td><td colspan="2">地面节能工程</td><td>—</td><td colspan="2"></td><td></td></tr>
<tr><td>6</td><td colspan="2">通风与空调节能工程</td><td>合格</td><td colspan="2">×××</td><td></td></tr>
<tr><td>7</td><td colspan="2">空调与采暖系统的
冷热源及管网节能工程</td><td>—</td><td colspan="2"></td><td></td></tr>
<tr><td>8</td><td colspan="2">配电与照明节能工程</td><td>合格</td><td colspan="2">×××</td><td></td></tr>
<tr><td>9</td><td colspan="2">监测与控制节能工程</td><td>—</td><td colspan="2"></td><td></td></tr>
<tr><td colspan="3">质量控制资料</td><td>资料完整、内容
符合要求</td><td colspan="2">×××</td><td></td></tr>
<tr><td colspan="3">功能检验（检测）资料</td><td>资料完整、内容
符合要求</td><td colspan="2">×××</td><td></td></tr>
<tr><td colspan="3">观感质量</td><td>好</td><td colspan="2">×××</td><td></td></tr>
<tr><td>分部工程质量验收结论</td><td colspan="6">质量合格，通过验收</td></tr>
<tr><td colspan="2">施工单位（总包）</td><td colspan="2">监理单位</td><td colspan="2">设计单位</td><td>建设单位</td></tr>
<tr><td colspan="2">项目经理（签章）：
×××
（公章）
××××年××月××日</td><td colspan="2">总监理工程师（签章）：
×××
（公章）
××××年××月××日</td><td colspan="2">设计负责人：
×××
（公章）
××××年××月××日</td><td>项目负责人：
×××
（公章）
××××年××月××日</td></tr>
</table>

5.8 竣工验收资料

依据《房屋建筑工程和市政基础设施工程竣工验收暂行规定》（建建 [2000]142 号）规定：房屋建筑工程和市政基础设施工程竣工验收工作，由建设单位负责组织实施。县级以上地方人民政府建设行政主管部门应当委托工程质量监督机构对工程竣工验收实施监督。

5.8.1 工程竣工验收组织

1. 工程符合下列要求方可进行竣工验收

（1）完成工程设计和合同约定的各项内容。

（2）施工单位在工程完工后对工程质量进行了检查，确认工程质量符合有关法律、法规和工程建设强制性标准，符合设计要求及合同约定，并提出工程竣工报告。工程竣工报告应经项目经理和施工单位有关负责人审核签字。

（3）对于委托监理的工程项目，监理单位对工程进行了质量评估，具有完整的监理资料，并提出工程质量评估报告。工程质量评估报告应经总监理工程师和监理单位技术负责人审核签字。

（4）勘察、设计单位对勘察、设计文件及施工过程中由设计单位签署的设计变更通知书进行了检查，并提出质量检查报告。质量检查报告应经该项目勘察、设计负责人和勘察、设计单位有关负责人审核签字。

（5）有完整的技术档案和施工管理资料，并按《海南省建筑工程竣工验收资料》（2012 版）要求进行装订。

（6）有工程使用的主要建筑材料、建筑构配件和设备的进场试验报告。

（7）建设单位已按合同约定支付工程款。

（8）有施工单位签署的房屋建筑工程质量保修书。

（9）城乡规划行政主管部门对工程是否符合规划设计要求进行检查，并出具认可文件。

（10）有公安消防、环保等部门出具的认可文件或准许使用文件。

（11）劳动部门出具的电梯工程验收合格证

（12）建设行政主管部门及其委托的工程质量监督机构等有关部门责令整改的问题全部整改完毕。

2. 工程竣工验收应当按以下程序进行

（1）工程完工后，施工单位向建设单位提交工程竣工报告，申请工程竣工验收。实行监理的工程，工程竣工报告须经总监理工程师签署意见。

（2）建设单位收到工程竣工报告后，对符合竣工验收要求的工程，组织勘察、设计、施工、监理等单位组成验收组，制定验收方案。

（3）建设单位应当在工程竣工验收 7 个工作日前将验收的时间、地点及验收组名单书面通知负责监督该工程的工程质量监督机构。

（4）建设单位组织工程竣工验收。

5.8.2 单位工程竣工验收报审表

工程按设计和合同内容完成后，施工单位向监理单位提出工程验收报审表，申请工程预验收（初验），同时将工程资料按《海南省建筑工程竣工验收资料》（2012 版）要求及目录整理装订，报经监理单位审查，在竣工验收前送交监督机构综合部门最后审核。单位工程竣工验收报审表应符合现行国家标准《建设工程监理规范》（GB 50319—2012）的有关规定。总监理工程师应组织专业监理工程师依据有关法律法规、工程建设强制性标准设计文件及施工合同，对承包单位报送的竣工资料进行审查，并对工程质量组织建设单位、勘察、设计单位及施工单位项目负责人、相关人员对工程进行竣工预验收，对存在的问题应及时要求施工单位整改。整改完毕后由总监理工程师签署工程竣工报审表，确定预验收合格，给出“可以组织竣工验收”结论，报建设单位申请竣工验收（终验）。

单位工程竣工验收报审表见表 5.78。

表 5.78 单位工程竣工验收报审表

工程名称：×× 花园　　　　编号：××

致：××工程监理有限公司（项目监理机构） 我方已按施工合同要求完成 ×× 花园 工程，经自检合格，现将有关资料报上，请予以预验收 附件： 1. 工程质量验收报告 2. 工程功能检验报告 施工单位（盖章）：×× 建筑工程公司 项目经理（签字）：××× ×××× 年 ×× 月 ×× 日
预验收意见： 预验收合格，可以组织竣工验收 项目监理机构（盖章）：×× 工程监理有限公司 总监理工程师（签字）：××× ×××× 年 ×× 月 ×× 日

注：本表一式三份，项目监理机构、建设单位、施工单位各一份

5.8.3 工程竣工报告

工程竣工报告是由施工单位编制的综合性报告，报告的主要内容包括：工程概况、工程施工组织情况、施工中技术组织落实和质量管理验收情况、质量事故及处理情况、工程质量的评价与问题的处理建议。

5.8.4 单位（子单位）工程质量竣工验收记录

单位（子单位）工程质量竣工验收记录、单位（子单位）工程质量控制资料核查记录、单位（子单位）工程安全和功能检验资料核查及主要功能抽查记录、建筑节能分部工程质量管理和控制及功能检验资料核查记录、单位（子单位）工程观感质量检查记录应符合现行国家标准《建筑工程施工质量验收统一标准》（GB 50300—2001）的有关规定。

单位（子单位）工程质量竣工验收记录见表 5.79。

表 5.79 单位（子单位）工程质量竣工验收记录

<table>
<tr><td>工程名称</td><td>××花园</td><td>结构类型</td><td>剪力墙结构</td><td>层数 /
建筑面积</td><td>地下 1 层，地上 20 层 /
18 300 m^2</td></tr>
<tr><td>施工单位</td><td>××建筑工程公司</td><td>技术负责人</td><td>×××</td><td>开工日期</td><td>×××× 年 ×× 月 ×× 日</td></tr>
<tr><td>项目经理</td><td>×××</td><td>项目技术
负责人</td><td>×××</td><td>竣工日期</td><td>×××× 年 ×× 月 ×× 日</td></tr>
<tr><td>序号</td><td>项　目</td><td colspan="3">验 收 记 录</td><td>验收结论</td></tr>
<tr><td>1</td><td>分部工程</td><td colspan="3">共 9 分部，经查 9 分部
符合标准及设计要求 9 分部</td><td>通过验收</td></tr>
<tr><td>2</td><td>质量控制资料核查</td><td colspan="3">共 63 项，经审查符合要求 63 项
经核定符合规范要求 63 项</td><td>通过验收</td></tr>
<tr><td>3</td><td>安全和主要使用功能
核查及抽查结果</td><td colspan="3">共核查 27 项，符合要求 27 项
共抽查 3 项，符合要求 3 项
经返工处理符合要求 0 项</td><td>通过验收</td></tr>
<tr><td>4</td><td>观感质量验收</td><td colspan="3">共抽查 26 项，符合要求 26 项
不符合要求 0 项</td><td>好</td></tr>
<tr><td>5</td><td>综合验收结论</td><td colspan="4">通过验收，本工程质量合格</td></tr>
<tr><td rowspan="2">参加验收单位</td><td>建设单位（公章）</td><td>监理单位（公章）</td><td colspan="2">施工单位（公章）</td><td>设计单位（公章）</td></tr>
<tr><td>单位（项目）负责人

×××

×××× 年 ×× 月 ×× 日</td><td>总监理工程师
（签章）：

×××

×××× 年 ×× 月 ×× 日</td><td colspan="2">单位负责人

×××

×××× 年 ×× 月 ×× 日</td><td>单位（项目）负责人

×××

×××× 年 ×× 月 ×× 日</td></tr>
</table>

5.8.5 单位（子单位）工程质量控制资料核查记录

施工单位填写单位（子单位）工程质量控制资料核查记录，报监理（建设）单位核查，核查质量控制资料是否完整、有效，以及符合规范要求情况。

单位（子单位）工程质量控制资料核查记录见表5.80。

表5.80 单位（子单位）工程质量控制资料核查记录

工程名称		××花园	施工单位	××建筑工程公司	
序号	项目	资料名称	份数	核查意见	核查人
1	建筑与结构	图纸会审、设计变更、洽商记录	××	符合要求	×××
2		工程定位测量、放线记录	××	符合要求	
3		原材料出厂合格证书及进场检（试）验报告	××	符合要求	
4	建筑与结构	施工试验报告及见证检测报告	××	符合要求	×××
5		隐蔽工程验收记录	××	符合要求	
6		施工记录	××	符合要求	
7		预制构件、预拌混凝土合格证	××	符合要求	
8		地基基础、主体结构检验及抽样检测资料	××	符合要求	
9		分项、分部工程质量验收记录	××	符合要求	
10		工程质量事故及事故调查处理资料			
11		新材料、新工艺施工记录			
12					
1	给排水与采暖	图纸会审、设计变更、洽商记录	××	符合要求	×××
2		材料、配件出厂合格证书及进场检（试）验报告	××	符合要求	
3		管道、设备强度试验、严密性试验记录	××	符合要求	
4		隐蔽工程验收记录	××	符合要求	
5		系统清洗、灌水、通水、通球试验记录	××	符合要求	
6		施工记录	××	符合要求	
7		分项、分部工程质量验收记录	××	符合要求	
8					
1	建筑电气	图纸会审、设计变更、洽商记录	××	符合要求	×××
2		材料、设备出厂合格证书及进场检（试）验报告	××	符合要求	
3		设备调试记录	××	符合要求	
4		接地、绝缘电阻测试记录	××	符合要求	
5		隐蔽工程验收记录	××	符合要求	
6		施工记录	××	符合要求	
7		分项、分部工程质量验收记录	××	符合要求	
8					

续表 5.80

工程名称		×× 花园	施工单位	×× 建筑工程公司	
1	通风与空调	图纸会审、设计变更、洽商记录	××	符合要求	×××
2		材料、设备出厂合格证书及进场检（试）验报告	××	符合要求	
3		制冷、空调、水管道强度试验、严密性试验记录	××	符合要求	
4		隐蔽工程验收记录	××	符合要求	
5		制冷设备运行调试记录	××	符合要求	
6		通风、空调系统调试记录	××	符合要求	
7		施工记录	××	符合要求	
8		分项、分部工程质量验收记录	××	符合要求	
9					
1	电梯	土建布置图纸会审、设计变更、洽商记录	××	符合要求	×××
2		设备出厂合格证书及开箱检验记录	××	符合要求	
3		隐蔽工程验收记录	××	符合要求	
4		施工记录	××	符合要求	
5		接地、绝缘电阻测试记录	××	符合要求	
6		负荷试验、安全装置检查记录	××	符合要求	
7		分项、分部工程质量验收记录	××	符合要求	
8					
1	建筑智能化	图纸会审、设计变更、洽商记录、竣工图及设计说明			×××
2		材料、设备出厂合格证书及技术文件及进场检（试）验报告			
3		隐蔽工程验收记录			
4		系统功能测定及设备调试记录			
5		系统技术、操作和维护手册			
6		系统管理、操作人员培训记录			
7		系统检测报告			
8		分项、分部工程质量验收记录			

结论：

同意验收

施工单位项目经理（签章）：×××　　　　总监理工程师（签章）：×××
（建设单位项目负责人）

××××年××月××日　　　　××××年××月××日

5.8.6 单位（子单位）工程安全和功能检验资料核查及主要功能抽查记录

施工单位填写单位（子单位）工程安全和功能检验资料核查及主要功能抽查记录，报监理（建设）单位核查，核查安全和功能检验资料是否符合要求，抽查项目主要功能是否满足使用功能。

单位（子单位）工程安全和功能检验资料核查及主要功能抽查记录见表 5.81。

表 5.81　单位（子单位）工程安全和功能检验资料核查及主要功能抽查记录

工程名称		××花园		施工单位	××建筑工程公司	
序号	项目	安全和功能检查	份数	核查意见	抽查结果	核查（抽查人）
1	建筑与结构	屋面淋水或蓄水试验记录	2	完整	符合要求	×××
2		地下室防水效果检查记录	4	完整		
3		有防水要求的地面蓄水试验记录	37	完整		
4		建筑物垂直度、标高、全高测量记录	20	完整		
5		抽气（风）道检查记录	1	完整		
6		幕墙及外窗气密性、水密性、耐风压检测报告	1	完整		
7		建筑物沉降观测测量记录	1	完整		
8		节能、保温测试记录		—		
9		室内环境检测报告	1	完整		
1	给排水与采暖	给水管道通水试验记录	1	完整	符合要求	×××
2		暖气管道、散热器压力试验记录		—		
3		卫生器具满水试验记录		—		
4		消防管道、燃气管道压力试验记录		—		
5		排水干管通球试验记录	1	完整		
1	电气	照明全负荷试验记录	1	完整	符合要求	×××
2		大型灯具牢固性试验记录		—		
3		避雷接地电阻测试记录	1	完整		
4		线路\插座\开关接地检验记录	1	完整		
1	通风与空调	通风、空调系统试运行记录				
2		风量、温度调试记录				
3		洁净室洁净度测试记录				
4		制冷机组试运行调试记录				
1	电梯	电梯运行记录				
2		电梯安全装置检测报告				
3		有关部门出具的认可文件或准许使用文件				
1	智能建筑	系统试运行记录				
2		系统电源及接地检测报告				

结论：

资料完整，内容符合要求

施工单位项目经理（签章）：×××
××××年××月××日

总监理工程师（签章）：×××
（建设单位项目负责人）
××××年××月××日

注：抽查项目由验收组协商确定

5.8.7 建筑节能分部工程质量管理和控制及功能检验资料核查记录

工程验收前，施工单位填写建筑节能分部工程质量管理和控制及功能检验资料核查记录，报监理（建设）单位进行核查。核查人填写核查意见并签字，对资料齐全、结果符合要求的结论为“资料完整”。

建筑节能分部工程质量管理和控制及功能检验资料核查记录见表5.82。

表5.82 建筑节能分部工程质量管理和控制及功能检验资料核查记录

工程名称		××花园	施工单位	××建筑工程公司	
序号		资料名称	份数	审查情况	审核情况
1	质量管理资料	建筑节能工程施工图设计文件审查意见	×	完整	符合要求
2		建筑节能工程设计变更重新报审的审查意见	×	完整	符合要求
3		建筑节能工程专业分包单位资质及施工分包合同	×	完整	符合要求
4		建筑节能工程施工方案及审批记录	×	完整	符合要求
5		节能工程设计计算书	×	完整	符合要求
6		图纸会审、设计变更、洽商记录	×	完整	符合要求
7		建筑节能材料及产品认定资料	×	完整	符合要求
8		建筑节能工程质量问题的整改和质量事故的处理记录	×	完整	符合要求
9		建筑节能工程竣工图	×	完整	符合要求
10	质量控制资料及功能检验资料	墙体节能工程质量控制资料及现场检验资料	×	完整	符合要求
11		幕墙节能工程质量控制资料及现场检验资料	×	完整	符合要求
12		门窗节能工程质量控制资料及现场检验资料	×	完整	符合要求
13		屋面节能工程质量控制资料	×	完整	符合要求
14		地面节能工程质量控制资料			
15		通风与空调节能工程质量控制资料及功能检验资料			
16		空调与采暖系统冷热源及管网节能工程质量控制资料及功能检验资料			
17		配电与照明节能工程质量控制资料及功能检验资料	×	完整	符合要求
18		监测与控制节能工程质量控制资料及功能检验资料			
审查结论： 资料完整，内容符合要求 施工单位项目经理（签章）：××× ××××年××月××日					
审核结论： 资料完整，内容符合要求 总监理工程师（签章）：××× （建设单位项目负责人） ××××年××月××日					

注：工程验收前，监理（建设）单位应对相应资料进行核查，核查人填写意见并签字；对资料齐全、结果符合要求的，结论中填写“资料完整”

5.8.8 单位（子单位）工程观感质量检查记录

单位（子单位）工程观感质量检查由监理（建设）单位和施工单位一同进行，对建筑与结构、给排水与采暖、建筑电气、通风与空调、电梯、智能建筑、建筑节能项目进行观感质量抽查，并给予评价。

单位（子单位）工程观感质量检查记录见表 5.83。

表 5.83 单位（子单位）工程观感质量检查记录

工程名称		××花园						施工单位			××建筑工程公司				
序号	项目		抽查质量状况										质量评价		
													好	一般	差
1	建筑与结构	室外墙面	√	√	√	√	√	√	√	O	√	√		√	
2		变形缝	√	√	√	√	√	√	√	√	√	√	√		
3		水落管、屋面	√	√	√	√	√	√	√	√	√	√	√		
4		室内墙面	√	√	O	√	√	√	√	√	√	√		√	
5		室内顶棚	√	√	√	√	√	√	√	√	√	√	√		
6		室内地面	√	√	√	√	√	√	√	√	√	√	√		
7		楼梯、踏步、护栏	√	√	√	√	√	√	√	O	√	√		√	
8		门窗	√	√	√	√	√	√	√	√	√	√	√		
1	排水与采暖	管道接口、坡度、支架	√	√	√	√	√	√	√	√	√	√	√		
2		卫生器具、支架、阀门													
3		检查口、扫除口、地漏	√	√	√	√	√	√	√	√	√	√	√		
4		散热器、支架													
1	建筑电气	配电箱、盘、板、接线盒	√	√	√	√	O	√	√	√	√	√		√	
2		设备器具、开关、插座	√	O	√	√	√	√	√	√	√	√		√	
3		防雷、接地	√	√	√	√	√	√	√	√	√	O		√	
1	通风与空调	风管、支架													
2		风口、风阀													
3		风机、空调设备													
4		阀门、支架													
5		水泵、冷却塔													
6		绝热													
1	电梯	运行、平层、开关门													
2		层门、信号系统													
3		机房													
1	智能建筑	机房设备安装及布局													
2		现场设备安装													
1	建筑节能	保温隔热层													
2		保温材料													
3		面层													
观感质量综合评价			好												
检查结论	该工程观感质量综合评价为“好” 施工单位项目经理（签章）：××× ××××年××月××日						总监理工程师（签章）：××× （建设单位项目负责人） ××××年××月××日								

注：1. 本表“抽查质量状况”栏中，观感质量好打“√”，一般打“O”，差打“×”，质量评价为差的项目应进行返修

2. 项目抽查质量状况在 80% 或以上评为“好”时，该项目质量评为“好”。各项目质量评价在 80% 或以上为“好”时，单位工程观感质量综合评价为“好”

5.8.9 房屋建筑工程质量保修书

依据《房屋建筑工程质量保修办法》建设部令第 80 号文规定：房屋建筑工程质量保修，是指对房屋建筑工程竣工验收后在保修期限内出现的质量缺陷，予以修复。房屋建筑工程在保修范围和保修期限内出现质量缺陷，施工单位应当履行保修义务。在正常使用下，房屋建筑工程的最低保修期限为：

（1）地基基础和主体结构工程，为设计文件规定的该工程的合理使用年限。

（2）屋面防水工程、有防水要求的卫生间、房间和外墙面的防渗漏，为 5 年。

（3）供热与供冷系统，为 2 个采暖期、供冷期。

（4）电气系统、给排水管道、设备安装为 2 年。

（5）装修工程为 2 年。

其他项目的保修期限由建设单位和施工单位约定。

房屋建筑工程质量保修书可采用住建部示范文本。

习题

5.1 什么是“三通一平”？

5.2 地基验槽的主要检查内容和要求有哪些？

5.3 管道（设备）强度、严密性什么时间检验？如何进行？

5.4 钢筋原材复检应做哪几项检测？

5.5 检验批的验收分哪两个验收项目？

模块 6

建筑工程竣工验收备案

【模块概述】

建筑工程竣工验收备案制度是加强政府对工程质量监督管理，增强工程建设各质量责任主体责任意识，提高工程质量水平，防止不合格工程流入社会的有效手段。建设工程竣工验收备案是一项程序性备案检查制度，并不免除工程建设各质量责任主体的责任。

《建设工程质量管理条例》规定：建设单位应当自建设工程竣工验收合格之日起15日内，将建设工程竣工验收报告和规则、公安消防、环保等部门出具的认可文件或者准许使用文件报建设行政主管部门或者其他有关部门备案。

《建筑工程施工质量验收统一标准》规定：单位工程质量验收合格后，建设单位应在规定时间内将工程竣工验收报告和有关文件，报建设行政管理部门备案。

6.1 建筑工程竣工验收备案的范围和管理部门

1. 范围

依据《房屋建筑工程和市政基础设施工程竣工验收备案管理暂行办法》规定：在中华人民共和国境内新建、扩建、改建各类房屋建筑和市政基础设施工程的竣工验收备案，均应进行竣工验收备案。但抢险救灾工程、临时性房屋建筑工程和农民自建低层住宅工程除外。军用房屋建筑工程竣工验收备案，按照中央军事委员会的有关规定执行。

2. 管理部门

国务院住房和城乡建设主管部门负责全国房屋建筑和市政基础设施工程的竣工验收备案管理工作。县级以上地方人民政府建设主管部门负责本行政区域内工程的竣工验收备案管理工作。

6.2 建筑工程竣工验收备案应提交的文件

（1）工程竣工验收备案表，见表 6.1。

（2）工程竣工验收报告，见表 6.2。竣工验收报告应当包括工程报建日期，施工许可证号，施工图设计文件审查意见，勘察、设计、施工、工程监理等单位分别签署的质量合格文件及验收人员签署的竣工验收原始文件，市政基础设施的有关质量检测和功能性试验资料以及备案机关认为需要提供的有关资料；

（3）建设工程质量安全监督登记表。

（4）建筑工程施工许可证。

（5）施工图设计文件审查批准书。

（6）法律、行政法规规定应当由规划、环保等部门出具的认可文件或者准许使用文件。

（7）法律规定应当由公安消防部门出具的对大型的人员密集场所和其他特殊建设工程验收合格的证明文件。

（8）单位工程综合验收文件。

① 单位工程质量验收记录。

② 勘察单位提出的工程质量检查报告，见表 6.3。

③ 设计单位提出的工程质量检查报告，见表 6.4。

④ 监理单位提出的工程质量评估报告，见表 6.5。

⑤ 施工单位提出的工程竣工报告，见表 6.6。

（9）施工单位签署的工程质量保修书，见表 6.7。

（10）住宅工程建设单位还应当提交住宅质量保证书（表 6.8）和住宅使用说明书（表 6.9）样本。

（11）法规、规章规定必须提供的其他文件。

表 6.1　工程竣工验收备案表

工程竣工验收备案表

工程名称：××花园

建设单位：××房地产有限公司

××××年××月××日

续表 6.1

工程名称	××花园		工程地址	××省××市××路××号	
工程规模	地下1层， 地上20层， 建筑面积：18 300 m^2	工程类别	民用建筑	结构类型	框架结构
规划许可证号	××××	施工许可证号	××××	监督注册号	××××
开工日期	××××年××月××日		竣工日期	××××年××月××日	
单位名称			资质等级	负责人	联系电话
建设单位	××房地产有限公司		一级	××××	××××
勘察单位	××勘察院		甲级	××××	××××
设计单位	××建筑设计院		甲级	××××	××××
施工单位	××建筑工程公司		一级	××××	××××
监理单位	××工程监理有限公司		甲级	××××	××××

备案理由：

本工程已按《建设工程质量管理条例》第六十条规定进行了竣工验收，验收合格，备案条件具备。现报送备案

建设单位：××房地产有限公司（公章）　负责人：×××

报送日期：××××年××月××日

竣工验收意见	
竣工验收意见	本项目已完成了设计和合同约定内容，工程质量符合设计、施工质量验收规范和合同约定要求，竣工验收通过 建设单位（公章）：　项目负责人：×××
	本工程地质情况与勘察文件相符，同意通过竣工验收 勘察单位（公章）：　项目负责人：×××
	本工程施工质量符合施工图设计文件要求，同意通过竣工验收 设计单位（公章）：　项目负责人：×××
	本工程按施工合同、设计文件和工程建设强制性要求施工，工程质量经验收合格 施工单位（公章）：　项目经理（签章）：×××　技术负责人：×××
	本工程已按设计文件、工程建设强制性和合同约定要求完成施工，工程质量验收合格 监理单位（公章）：　总监理工程师（签章）：×××

续表 6.1

<table>
<tr><td rowspan="11">竣工验收备案文件目录</td><td>内容</td><td>份数</td><td>验证情况</td><td>备注</td></tr>
<tr><td>1. 建筑工程竣工验收报告</td><td>1</td><td>齐全</td><td></td></tr>
<tr><td>2. 工程质量安全监督注册登记表</td><td>1</td><td>齐全</td><td></td></tr>
<tr><td>3. 施工许可证</td><td>1</td><td>齐全</td><td></td></tr>
<tr><td>4. 施工图设计文件审查合格书</td><td>1</td><td>齐全</td><td></td></tr>
<tr><td>5. 规划、公安消防、环保等部门出具的认可文件或准许使用文件</td><td>5</td><td>齐全</td><td></td></tr>
<tr><td>6. 单位工程质量综合验收文件
（1）单位（子单位）工程质量竣工验收记录
（2）勘察单位《工程质量检查报告》
（3）设计单位《工程质量检查报告》
（4）施工单位《工程竣工报告》
（5）监理单位《工程质量评估报告》</td><td>5</td><td>齐全</td><td></td></tr>
<tr><td>7. 施工单位签署的建筑工程质量保修书</td><td>1</td><td>齐全</td><td></td></tr>
<tr><td>8. 住宅质量保证书（样本）</td><td>1</td><td>齐全</td><td></td></tr>
<tr><td>9. 住宅使用说明书（样本）</td><td>1</td><td>齐全</td><td></td></tr>
<tr><td>10. 法律法规规定必须提供的其他文件</td><td>1</td><td>齐全</td><td></td></tr>
<tr><td colspan="5">验证人员意见：

本工程竣工验收备案文件于 ×××× 年 ×× 月 ×× 日收讫，经验证文件齐全

验证人员（签字）： ×××× 年 ×× 月 ×× 日</td></tr>
<tr><td colspan="5">备案管理机构意见：

同意备案

备案管理机构（公章）
×××× 年 ×× 月 ×× 日</td></tr>
</table>

表 6.2　工程竣工验收报告

工程竣工验收报告

工程名称：××花园

建设单位（盖章）：××房地产有限公司

××××年××月××日

续表 6.2

<table>
<tr><td colspan="2">工程名称</td><td colspan="2">××花园</td><td>工程地址</td><td>××省××市××路××号××号</td></tr>
<tr><td colspan="2">建设单位</td><td colspan="2">××房地产有限公司</td><td>建筑面积</td><td>18 300 m^2</td></tr>
<tr><td colspan="2">勘察单位</td><td colspan="2">××勘察院</td><td>工程总造价</td><td>4 500 万元</td></tr>
<tr><td colspan="2">设计单位</td><td colspan="2">××建筑设计院</td><td>基础类型</td><td>桩基</td></tr>
<tr><td colspan="2">施工单位</td><td colspan="2">××建筑工程公司</td><td>结构类型 / 层数</td><td>框架结构 / 地上 20 层，地下 1 层</td></tr>
<tr><td colspan="2">监理单位</td><td colspan="2">××工程监理有限公司</td><td>质量监督单位</td><td>××质量安全监督站</td></tr>
<tr><td colspan="2">开工日期</td><td colspan="2">××××年××月××日</td><td>竣工验收日期</td><td>××××年××月××日</td></tr>
<tr><td colspan="2">工程完成设计与合同所约定内容情况</td><td colspan="4">已按设计和合同约定内容完成本工程的施工</td></tr>
<tr><td>竣工验收程序</td><td colspan="5">建设单位组织，成立验收组
各参建单位分别汇报工程合同履约情况和在工程建设各环节执行法律、法规和工程建设强制性标准的情况
审阅各参建单位提供的工程档案资料
实地查验工程质量
形成工程竣工验收结论</td></tr>
<tr><td colspan="2">验收组织</td><td colspan="4">建设单位组织勘察、设计、施工、监理等单位和其他有关专家组成验收组，根据工程特点，下设若干个专业组</td></tr>
<tr><td rowspan="3">验收组</td><td>组长</td><td colspan="4">×××</td></tr>
<tr><td>副组长</td><td colspan="4">××× ××× ×××</td></tr>
<tr><td>组员</td><td colspan="4">××× ××× ××× ××× ××× ××× ××× ×××</td></tr>
<tr><td colspan="3">专业组</td><td>组长</td><td colspan="2">组员</td></tr>
<tr><td colspan="3">建筑工程</td><td>×××</td><td colspan="2">××× ××× ××× ×××</td></tr>
<tr><td colspan="3">建筑给排水及采暖与燃气工程</td><td>×××</td><td colspan="2">××× ××× ××× ×××</td></tr>
<tr><td colspan="3">建筑电气安装工程</td><td>×××</td><td colspan="2">××× ××× ××× ×××</td></tr>
<tr><td colspan="3">智能建筑工程</td><td>×××</td><td colspan="2">××× ××× ××× ×××</td></tr>
<tr><td colspan="3">通风与空调工程</td><td>×××</td><td colspan="2">××× ××× ××× ×××</td></tr>
<tr><td colspan="3">电梯安装工程</td><td>×××</td><td colspan="2">××× ××× ××× ×××</td></tr>
<tr><td colspan="3">工程档案及有关文件资料审查</td><td>×××</td><td colspan="2">××× ××× ××× ×××</td></tr>
</table>

续表 6.2

<table>
<tr><td rowspan="15">工程竣工验收情况</td><td>分部工程名称</td><td>验收结论</td><td rowspan="11">共 10 分部
经查 10 分部，符合标准及设计要求 10 分部

检查结果：合格</td><td colspan="2" rowspan="11">质量控制资料核查：
共 36 项，经审查符合要求 36 项，经核定符合规范要求 0 项

安全和主要使用功能核查及抽查结果：
共核查 27 项，符合要求 27 项，经返工处理符合要求 0 项

检查结果：
资料完整</td><td>观感质量验收</td></tr>
<tr><td>地基与基础工程</td><td>合格</td><td rowspan="10">共抽查 26 项
符合要求 26 项，
不符合要求 0 项

抽查结果：
好</td></tr>
<tr><td>主体结构工程</td><td>合格</td></tr>
<tr><td>建筑装饰装修工程</td><td>合格</td></tr>
<tr><td>建筑屋面工程</td><td>合格</td></tr>
<tr><td>建筑给水、排水及采暖工程</td><td>合格</td></tr>
<tr><td>建筑电气工程</td><td>合格</td></tr>
<tr><td>智能建筑工程</td><td>合格</td></tr>
<tr><td>通风与空调</td><td>合格</td></tr>
<tr><td>电梯工程</td><td>合格</td></tr>
<tr><td>建筑节能工程</td><td>合格</td></tr>
<tr><td colspan="6">可再生能源应用</td></tr>
<tr><td colspan="3">太阳能热水</td><td rowspan="2">太阳能发电</td><td rowspan="2">其他</td><td rowspan="2">验收结论</td></tr>
<tr><td>应用面积（m^2）</td><td>集热器面积（m^2）</td><td>补贴（元）</td></tr>
<tr><td>15 680</td><td>550</td><td>24 560</td><td>—</td><td>—</td><td>合格</td></tr>
<tr><td rowspan="5">参建各方竣工验收意见</td><td colspan="6">本项目已完成了设计和合同约定内容，工程质量符合设计、施工质量验收规范和合同约定要求，竣工验收合格

建设单位（公章）　　　　项目负责人：×××</td></tr>
<tr><td colspan="6">本工程地质情况与勘察文件相符，同意通过竣工验收

勘察单位（公章）　　　　项目负责人：×××</td></tr>
<tr><td colspan="6">本工程施工质量符合施工图设计文件要求，同意通过竣工验收

设计单位（公章）　　　　项目负责人：×××</td></tr>
<tr><td colspan="6">本工程按施工合同、设计文件和工程建设强制性要求施工，工程质量经验收合格

施工单位（公章）　　项目经理（签章）：×××　　技术负责人：×××</td></tr>
<tr><td colspan="6">本工程已按设计文件、工程建设强制性和合同约定要求完成施工，工程质量合格

监理单位（公章）　　　　总监理工程师（签章）：×××</td></tr>
</table>

续表 6.2

<table>
<tr><td rowspan="3">验收组对竣工验收程序和参建主体的评价意见</td><td>竣工验收程序执行情况：

本工程已按照竣工验收程序组织竣工验收</td></tr>
<tr><td>建设单位执行基本建设程序情况：

建设单位在本工程建设过程中，能够执行国家基本建设程序，相关报建手续齐全</td></tr>
<tr><td>对工程勘察、设计、施工、监理等单位的评价：

工程勘察、设计、施工、监理等各责任主体在本工程建设过程中，能够执行相关建设工程法律法规和强制性标准，建立健全项目质量保证体系，质量责任制落实，完成了合同约定的全部事项</td></tr>
<tr><td>竣工验收结论</td><td>工程质量验收合格</td></tr>
<tr><td colspan="2">参加验收人员：

××× ××× ××× ××× ××× ××× ××× ×××
××× ××× ××× ××× ××× ××× ××× ×××
×××</td></tr>
</table>

表 6.3　勘察单位建筑工程质量检查报告

<table>
<tr><td>勘察单位名称</td><td colspan="5">×× 勘察院</td></tr>
<tr><td>工程名称</td><td colspan="3">×× 花园</td><td>基础结构类型</td><td>桩基</td></tr>
<tr><td>工程地址</td><td colspan="3">×× 省 ×× 市 ×× 路 ×× 号</td><td>主体结构类型</td><td>框架</td></tr>
<tr><td>结构层数</td><td>地下 1 层，地上 20 层</td><td>建筑规模（m^2）</td><td>18 300</td><td>工程造价（万元）</td><td>4 500</td></tr>
<tr><td>开工日期</td><td>×××× 年 ×× 月 ×× 日</td><td>完工日期</td><td>×××× 年 ×× 月 ×× 日</td><td>合同工期</td><td>450 天</td></tr>
<tr><td>规划许可证号</td><td>××××</td><td>监督注册登记号</td><td>××××</td><td>施工许可证号</td><td>××××</td></tr>
<tr><td colspan="6">工程质量检查内容</td></tr>
<tr><td>勘察文件及变更文件检查情况</td><td colspan="5">本工程勘察文件及变更资料齐全，内容符合国家工程建设强制性标准和合同要求</td></tr>
<tr><td>施工中质量检查情况</td><td colspan="5">经施工现场检查，工程地质情况与勘察文件内容相符</td></tr>
<tr><td>综合评价</td><td colspan="5">本工程勘察文件齐全，地质情况与勘察文件内容相符

项目负责人：×××　　勘察单位负责人：×××　　（单位盖章）

×××× 年 ×× 月 ×× 日</td></tr>
</table>

表 6.4　设计单位建筑工程质量检查报告

<table>
<tr><td>设计单位名称</td><td colspan="5">×× 建筑设计院</td></tr>
<tr><td>工程名称</td><td colspan="3">×× 花园</td><td>基础结构类型</td><td>桩基</td></tr>
<tr><td>工程地址</td><td colspan="3">×× 省 ×× 市 ×× 路 ×× 号</td><td>主体结构类型</td><td>框架</td></tr>
<tr><td>结构层数</td><td>地下 1 层，地上 20 层</td><td>建筑规模（m^2）</td><td>18 300</td><td>工程造价（万元）</td><td>4 500</td></tr>
<tr><td>开工日期</td><td>×××× 年 ×× 月 ×× 日</td><td>完工日期</td><td>×××× 年 ×× 月 ×× 日</td><td>合同工期</td><td>450 天</td></tr>
<tr><td>规划许可证号</td><td>××××</td><td>监督注册登记号</td><td>××××</td><td>规划许可证号</td><td>××××</td></tr>
<tr><td colspan="6">工程质量检查内容</td></tr>
<tr><td>设计文件及设计变更文件检查情况</td><td colspan="5">本工程的设计文件及设计变更资料齐全，内容符合国家工程建设强制性标准和设计合同要求</td></tr>
<tr><td>施工中质量检查情况</td><td colspan="5">我单位参与工程地基与基础、主体结构主要部位的验收以及工程其他主要部位的施工现场检查，工程实体质量符合设计要求</td></tr>
<tr><td>综合评价</td><td colspan="5">本工程施工图设计文件及变更文件齐全，工程质量符合设计要求

项目负责人：×××　　设计单位负责人：×××　（单位盖章）　　×××× 年 ×× 月 ×× 日</td></tr>
</table>

表 6.5　监理单位建筑工程质量评估报告

监理单位建筑工程质量评估报告

工程名称：××花园

监理单位（盖章）：××工程监理有限公司

××××年××月×日

续表 6.5

<table>
<tr><td>工程名称</td><td colspan="3">×× 花园</td><td>基础结构类型</td><td>桩基</td></tr>
<tr><td>工程地址</td><td colspan="3">×× 省 ×× 市 ×× 路 ×× 号</td><td>主体结构类型</td><td>框架</td></tr>
<tr><td>结构层数</td><td>地下 1 层，地上 20 层</td><td>建筑规模（面积 m^2）</td><td>18 300</td><td>工程造价（万元）</td><td>4 500</td></tr>
<tr><td>开工日期</td><td>×××× 年 ×× 月 ×× 日</td><td>完工日期</td><td>×××× 年 ×× 月 ×× 日</td><td>合同工期</td><td>450 天</td></tr>
<tr><td>规划许可证号</td><td>××××</td><td>监督登记号</td><td>××××</td><td>施工许可证号</td><td>××××</td></tr>
<tr><td colspan="6">工程质量评估内容</td></tr>
<tr><td>地基基础和主体工程、建筑节能质量评价</td><td colspan="5">我单位在本工程监理工作中，严格执行监理合同要求，对地基与基础、主体和建筑节能分部工程重要部位按照相关规定要求采取旁站、巡视、平行检验等方式进行监督检查，对相关检验批和分项工程依据相关规范要求进行评定。经检查，上述分部工程质量控制资料完整，工程实体质量符合施工图设计文件和工程建设强制性标准及有关合同要求</td></tr>
<tr><td>其他分部工程质量评价</td><td colspan="5">本工程的建筑装饰装修、屋面工程、建筑给水排水、通风与空调、建筑电气、建筑智能化和电梯工程等七个分部工程重要部位按照相关规定要求采取旁站、巡视、平行检验等方式进行监督检查，对相关检验批和分项工程依据相关规范要求进行判定。经检查，上述分部工程质量控制资料完整，工程实体质量符合施工图设计文件和工程建设强制性标准及有关合同要求</td></tr>
<tr><td>工程观感质量及使用功能等方面评述</td><td colspan="5">经总监理工程师组织相关专业监理工程师进行检查，本工程观感质量符合相关质量验收规范要求，评定为“好”。使用功能符合施工图设计文件和相关工程建强制性标准要求</td></tr>
<tr><td>工程竣工技术资料审查情况</td><td colspan="5">经检查，本工程质量控制资料和管理资料完整，安全和功能检验资料及主要功能抽查记录符合设计和施工质量验收规范要求</td></tr>
<tr><td>综合评价</td><td colspan="5">本工程施工质量符合施工图设计文件、施工质量验收规范及相关合同要求，质量等级评为合格

总监理工程师（签章）：×××　法人代表：×××　（公司盖章）　×××× 年 ×× 月 × 日</td></tr>
</table>

表 6.6 施工单位建筑工程竣工报告

施工单位建筑工程竣工报告

工程名称： ××花园

施工单位（盖章）：××建筑工程公司

××××年××月×日

续表 6.6

<table>
<tr><td>工程名称</td><td colspan="3">×× 花园</td><td>基础结构类型</td><td>桩基</td></tr>
<tr><td>工程地址</td><td colspan="3">×× 省 ×× 市 ×× 路 ×× 号</td><td>主体结构类型</td><td>框架</td></tr>
<tr><td>结构层数</td><td>地下 1 层，地上 20 层</td><td>建筑规模（面积 m^2）</td><td>18 300</td><td>工程造价（万元）</td><td>4 500</td></tr>
<tr><td>开工日期</td><td>×××× 年 ×× 月 ×× 日</td><td>完工日期</td><td>×××× 年 ×× 月 ×× 日</td><td>合同工期</td><td>450 天</td></tr>
<tr><td>规划许可证号</td><td>××××</td><td>监督登记号</td><td>××××</td><td>施工许可证号</td><td>××××</td></tr>
<tr><td rowspan="7">具备竣工验收条件情况</td><td>完成工程设计和合同约定情况</td><td colspan="4">已按施工图设计文件要求和施工合同约定完成本工程全部内容</td></tr>
<tr><td>施工技术资料和管理资料情况</td><td colspan="4">工程质量控制资料、管理资料完整</td></tr>
<tr><td>执行工程建设强制性标准和质量自评情况</td><td colspan="4">本工程严格执行工程建设强制性标准，工程质量符合施工图设计文件及相关规范要求，工程质量自评合格</td></tr>
<tr><td>工程款支付情况</td><td colspan="4">建设单位已按照合同约定支付工程款</td></tr>
<tr><td>工程质量保修书签署情况</td><td colspan="4">已按规定签署工程质量保修书</td></tr>
<tr><td>规划、消防部门出具的认可文件或批准使用文件情况</td><td colspan="4">规划、消防、园林、环保等部门已出具的认可文件或批准使用文件</td></tr>
<tr><td>建设行政主管部门和工程质量监督机构责令整改的问题执行情况</td><td colspan="4">建设行政主管部门和工程质量监督机构责令整改的问题已全部整改完毕</td></tr>
<tr><td colspan="6">其他质量情况</td></tr>
<tr><td colspan="2">工程中发生的质量缺陷及其相应处理措施、遗留问题和对工程质量的影响</td><td colspan="4">本工程中发现的质量缺陷已按照相关方案处理完毕，对工程质量未造成影响</td></tr>
<tr><td colspan="2">工程中质量事故及其处理情况和对工程质量的影响</td><td colspan="4">无</td></tr>
<tr><td colspan="2">新材料、新技术、新产品在工程中的应用情况及对工程质量的影响</td><td colspan="4">无</td></tr>
<tr><td colspan="6">×× 房地产有限公司（建设单位）：
我公司已按照工程设计和合同约定的各项内容完成本工程的施工。经我公司检查，工程质量符合有关法律、法规、工程建设强制性标准、设计文件和合同要求，符合中华人民共和国住房和城乡建设部令（2000）第 142 号《房屋建筑和市政基础设施工程竣工暂行规定》中关于竣工验收各项内容的规定
特此申请工程竣工验收
项目经理（签章）：×××　　法人代表：×××　　施工单位（盖章）　　×××× 年 ×× 月 × 日</td></tr>
<tr><td>监理单位意见</td><td colspan="5">同意报建设单位组织竣工验收
总监理工程师（签章）：×××　　监理单位（盖章）　　×××× 年 ×× 月 × 日</td></tr>
<tr><td>建设单位意见</td><td colspan="5">同意组织竣工验收
项目责任人：×××　　建设单位（盖章）　　×××× 年 ×× 月 × 日</td></tr>
</table>

表 6.7　房屋建筑工程质量保修书

发包人（全称）：××房地产有限公司

承包人（全称）：××建筑工程公司

发包人、承包人根据《中华人民共和国建筑法》、《建筑工程质量管理条例》和《房屋建筑工程质量保修办法》，经协商一致，对××花园（工程全称）签订工程质量保修书

一、工程质量保修范围和内容

承包人在质量保修期内，按照有关法律、法规、规章的管理规定和双方约定，承担本工程质量保修责任

质量保修范围包括地基基础工程、主体结构工程、屋面防水工程、有防水要求的卫生间、房间和外墙面的防渗漏；供热与供冷系统、电气管线、给排水管道、设备安装和装修工程及双方约定的其他项目。具体保修内容，双方约定如下：

地基基础工程，主体结构工程、屋面防水工程、有防水要求的卫生间、房间和外墙面的防渗漏，电气管线，给排水管道，装修工程

二、质量保修期

双方根据《建设工程质量管理条例》及有关规定，约定本工程的质量保修期如下：

1．地基基础工程和主体结构工程为设计文件规定的该工程合理使用年限

2．屋面防水工程、有防水要求的卫生间，房间和外墙面防渗漏为 5 年

3．装修工程为 2 年

4．电气管线、给排水管道、设备安装工程为 2 年

5．供热与供冷系统为 2 个采暖、供冷期

6．住宅小区内的给排水设施、道路等配套工程为 1 年

7．其他项目保修期限约定如下：

灯具、开关、插座为 1 年

质量保修期自工程竣工验收合格之日起计算

三、质量保修责任

1．属于保修范围、内容的项目，承包人应当在接到保修通知之日起 7 天内派人保修。承包人不在约定期限内派人维修的，发包人可以委托他人修理

2．发生紧急抢修事故的，承包人在接到事故通知后，应当立即到达事故现场抢修

3．对于涉及结构安全的质量问题，应当按照《房屋建筑工程质量保修办法》的规定，立即向当地建设行政主管部门报告，采取安全防范措施；由原设计单位或具有相应资质等级的设计单位提出保修方案，承包人实施保修

4．质量保修完成后，由发包人组织验收

四、保修费用

保修费用由造成质量缺陷的责任单位承担

五、其他

双方约定的其他工程质量保修事项：无

本工程质量保修书，由施工合同发包人、承包人双方在竣工验收前共同签署，作为施工合同附件，其有效期限至保修期满

发包人（公章）：	承包人（公章）：
法定代表人：×××	法定代表人：×××
××××年××月×日	××××年××月×日

表 6.8 住宅质量保证书

填发日期： ××××年××月××日

建设单位（公章）	××房地产有限公司	地址	××省××市××路××号
商品房项目名称	××花园	工程质量等级	合格
房号	×栋×单元×室	用户姓名	×××
竣工验收时间	××××年××月××日	交付使用时间	××××年××月××日
负责质量保修部门	××物业管理公司	答复时限	4小时
联系人	×××	联系电话	××××
保修项目	保修期限	保修内容	
地基基础和主体结构工程	设计合理使用年限（50年）	全部	
屋面防水工程、有防水要求的卫生间、房间和外墙面	5年	防水部分	
墙面、厨房和卫生间地面、地下室防渗漏	5年	防水部分	
墙面、顶棚	2年	面层	
门窗、五金	2年	面层	
地面	2年	全部	
管道	2年	面层及地面基层	
供热与供冷系统	2个供热或供冷期	—	
卫生洁具	2年	全部	
灯具、电器开关	1年	全部	
（建设单位）房地产开发公司承诺的其他保修项目	无	无	

表 6.9 住宅使用说明书

签发单位（盖章）： 填发日期： ×××× 年 ×× 月 ×× 日

工程名称	×× 花园	结构类型	框剪
工程地点	海口 ×× 路 ×× 号		
住户位置	× 栋 × 单元 × 室	使用面积	×××m^2
联系人	×××	联系电话	××××
物业管理单位	×× 物业管理公司	负责人	×××
联系人	×××	联系电话	××××
建设单位	×× 房地产有限公司	负责人	×××
设计单位	×× 建筑设计院	负责人	×××
施工单位	×× 建筑工程公司	负责人	×××
监理单位	×× 工程监理有限公司	负责人	×××
项目部位	使用说明和注意事项		
结构	不得擅自改动和破坏		
装修、装饰	装修需经物业批准，不得超过设计允许负荷		
上水、下水	不得擅自改动和破坏		
供电设施、配电负荷	不得擅自改动和破坏		
通信	不得擅自改动和破坏，不得违规增设通信设备		
燃气	不得擅自改动和破坏，严格按规定使用		
消防	不得擅自改动和破坏		
门窗	不得擅自改动和破坏		
承重墙	不得改动		
防水层	不得擅自改动和破坏		
阳台	不得随意改动，不得超过设计文件增加结构负荷		
其他	无		

6.3 申请建筑工程竣工验收备案程序

《房屋建筑和市政基础设施工程竣工验收备案管理办法》对备案程序做了明确规定：

（1）工程质量监督机构应当在工程竣工验收之日起 5 日内，向备案机关提交工程质量监督报告。

（2）备案机关收到建设单位报送的竣工验收备案文件，验证文件齐全后，应当在工程竣工验收备案表上签署文件收讫。工程竣工验收备案表一式两份，一份由建设单位保存，一份留备案机关存档。一般建设单位除取得加盖备案机构公章的工程竣工验收备案表外，还应得到《建设工程竣工验收备案证明》一份。

（3）备案机关发现建设单位在竣工验收过程中有违反国家有关建设工程质量管理规定行为的，应当在收讫竣工验收备案文件 15 日内，责令停止使用，重新组织竣工验收。

习题

6.1 什么是建筑工程竣工验收备案制度？

6.2 建筑工程竣工验收备案的范围是什么？

6.3 建筑工程竣工验收备案应提交的文件是什么？

6.4 简述建筑工程竣工验收备案程序。

模块 7

建筑工程施工资料编制指导

【模块概述】

本模块主要内容是指导项目资料员如何做好项目的资料管理工作，以《海南省建筑工程竣工验收资料》2012 版作为脚本向学生讲授建筑工程资料如何收集和整理。在前几个模块学习的基础上，通过本模块的应用学习，可以较清晰地理解和掌握施工资料管理技术，提高资料管理的方法和能力。

7.1 ××花园工程设计背景资料

工程名称：××花园

工程地址：××省××市××路××号

建设单位：××房地产有限公司　　项目负责人：×××

勘察单位：××勘察院

设计单位：××建筑设计院

施工单位：××建筑工程公司　　项目经理：×××

监理单位：××工程监理有限公司　　总监理工程师：×××

建筑面积：18 300 m^2

基础类型：钻孔灌注桩基础

结构类型：框架剪力墙结构

层　　数：地下1层，地上20层

建筑高度：63 m

质量监督单位：××质量安全监督站

开工日期：××年××月××日

竣工日期：××年××月××日

7.1.1 建筑设计

本工程共有2个单元，每单元内设楼梯一个，电梯1部，屋面设有花架。室内装饰为毛坯房。小业主室内：楼地面为水泥砂浆面；内墙及天棚为一般抹灰，阳台等处设有铁艺栏杆；公共部位：电梯间铺设石材，外墙采用保温砂浆、涂料饰面；窗为铝合金窗，入户门有防盗（防火）门、铝合金门等；屋面为卷材防水，面设挤塑聚苯板隔热材料。

本工程平面轴线范围①-㉔/Ⓐ-Ⓜ轴，轴与轴间设有伸缩缝，按伸缩缝将工程分为两个作业面，①-⑫轴为第I作业面，⑬-㉔轴为第II作业面。

7.1.2 结构设计

（1）工程的结构设计基准周期为50年、建筑抗震设防为丙类、结构安全等级为二级、地基基础设计等级为乙级、建筑桩基础安全等级为二级、耐火等级为一级。

（2）工程为剪力墙结构，结构安全等级为二级，抗震设防烈度8度，地震加速度值为0.3 g。

（3）工程采用灌注桩基础，桩上为地下室底板，板厚400，承台及地梁与底板底平齐。砼采用泵送商品砼，砼强度等级：地下室及主体8层以下C40，9~15层C35，16层至屋面C30。钢筋采用HPB235和HRB335级钢筋。砌体采用200厚和100厚两种加气砖砌筑，要求容重不得大于10 kN/m^3。

7.1.3 节能设计

1. 外窗、阳台门热性能

居住主要构造材料由优质铝合金柜＋茶色透明中空玻璃组成。

公建主要构造材料由优质铝合金柜＋无色透明中空玻璃组成。

2. 外墙热性能

热桥梁主要构造材料由粉刷石膏抹灰压入网格布、保温砂浆等组成。

3. 屋面热性能

平屋面主要构造材料由沥青油毡、挤塑聚苯板、卷材防水层等组成。

坡屋面主要构造材料由挤塑聚苯板、沥青油毡、水泥砂浆等组成。

4. 地面热性能

地面主要构造材料由挤塑聚苯板等组成。

7.1.4 给排水设计

（1）水源为市政水源，从市政道路的给水干管上分别引一条 DN150 给水管，与小区内环状管连接，供室外消防用水，并从环状管网上引一条 DN100 给水管至地下蓄水池。

（2）生活给水系统采用水泵—用水点供水方式，采用变频供水补压装置供水。

（3）屋顶水箱水位由全自动式液压水位控制阀控制，屋顶水箱上升至报警水位时，信号传至泵房值班室进行声光报警，并人工停泵。

（4）室内排水管，用 UPVC 塑料排水管，粘接剂粘结连接，悬吊管采用环形密封柔接。

（5）UPVC 排水管安装时需选用长方提供的配套专用粘接剂及标准配件。

7.1.5 电气设计

（1）本工程消防及电梯用电为二级负荷，其余用电为三级负荷。电源引自地下室变配电室，总进线一路正常用电为市电、电压等级为 380 V/220 V，另一路电源引自柴油发电机，作为消防设备及二级负荷的备用电源。进线电源采用电缆敷设在电缆桥架内，电源为三相五根线，接地形式 TN–S。

（2）室内照明插座线路除注明的电缆外均采用 BV–0.5 型线暗敷，插座回路单相三根线，三相五根线，其中一根为 PE 线，照明回路除注明外均为二根线，BV–2.5，五根及以下 PC20，五根以上 PC20 多管敷设。

（3）线电视信号源接人有线电视网，系统安装调试由专业人员施工，要求用户终端电平为 73±5 db，电视系统中放大器、分配器、分支器，终端插座规格型号由有线电视部门定。

7.1.6 消防设计

（1）消火栓系统采用镀锌钢管，螺纹或法兰连接，当 DN ＜ 100 时，螺纹连接，DN ≥ 100 时，沟槽式连接件连接，阀门处用法兰连接。

（2）自动喷淋系统采用镀锌钢管螺纹或法兰连接，当 DN ＜ 100 时，螺纹连接，当 N ≥ 100 时，沟槽式连接件连接，阀门处用法兰连接。

（3）室外消火栓系统为生活消防合用低压给水系统，室外消防用水量为 20L/S，室外消火系统详见室外给水总平面图。

（4）火灾初期由地下水箱供水，水箱储存 14.7 m^3 消防用水，消防泵的控制由设于消火栓箱内的按钮启动，其信号传至消防控制中心，并能自动启泵，泵房内设有手动启动装置。

（5）室内消火栓系统设两组室外地上式消防水泵接合器，距室外消火栓 14~40 m，消防水泵接合器应设有明显标志。

其他专业设计略。

7.2 建筑工程项目组成

首先来了解建设项目的构成。

（1）基本建设项目：一个基本建设项目可以由一个单项工程或几个单项工程组成。

（2）单项工程：是指在一个建设工程项目中，具有独立的设计文件，竣工后可以独立发挥生产能力或效益的一组配套齐全的工程项目。

如工民建工程中，某工厂建设项目中的生产车间、办公楼、住宅等均是一个独立发挥效益（或功能）的设施，即可成为单项工程；某学校建设项目中的教学楼、食堂、宿舍等也可称为单项工程。

（3）单位工程：具有独立的设计文件，具备独立施工条件并能形成独立使用功能，但竣工后不能独立发挥生产能力或工程效益的工程，是构成单项工程的组成部分。

建筑工程中办公楼单项工程，其包含的土建工程、采暖工程、通风工程、照明工程以及热力设备及安装工程、电气设备及安装工程等都可称为单位工程。通俗地说只要具备独立施工条件并能形成独立使用功能的建筑物及构筑物我们可以划归为一个单位工程，如住宅群楼工程中的一栋楼。

与单项工程不同的是，单位工程竣工后不能独立发挥其生产能力或价值。

（4）分部工程：是指按专业性质、建筑部位确定的建筑单位。

（5）分项工程：是指按主要工种、材料、施工工艺、设备类别等进行划分的建筑单位。

（6）检验批：按同一生产条件或按规定的方式汇总起来供检验用的，由一定数量样本组成的检验体。建筑工程的每个分项工程根据需要验评多次，那么每一次验评就叫一个检验批，检验批是工程质量验收的基本单元。房建工程一般以层来划分验收批，如 ×× 花园工程，其一层柱子钢筋、二层柱子钢筋、二层楼板钢筋等均为一个验收批，那么 20 层楼房的主体分部工程中就有 40 个钢筋加工（或安装）检验批（20 个柱子、20 个楼板），由于本工程按伸缩缝划分为两个工作面，于是该主体分部工程的钢筋加工（或安装）检验批就为 80 个。

（7）工序：一个现浇混凝土楼板结构，在楼面模板安装完成后，通过验收再进行楼面钢筋的绑扎，我们可以说模板工序完成后进入钢筋绑扎工序。所谓工序，是指制造、生产某种东西或达到某一特定结果的特定步骤，或指一个或一组工人，在一个工作地（机床设备）上，对同一个或同时对几个工件所连续完成的那一部分工艺过程称为工序。建筑施工中强调上道工序验收合格后方可进入下道工序施工。

建设单位和施工单位签订的施工承包合同内容可称为一个项目。工程资料是项目建设过程中同步形成的书面记录，是在工程管理过程逐步汇总完成的。一个项目应形成一套完整的工程竣工验收资料。建筑工程项目的施工资料是以构成这个项目的各个单体工程作为单位工程来划分归档的。一般情况下，单位工程由十个分部工程组成，分部工程由若干个分项工程组成，分项工程亦由若干个检验批组成。

即：单项工程→单位工程→分部工程→分项工程→检验批

单位工程按专业、建筑部位划分的十个分部工程为：地基与基础分部、主体分部、采暖及给排水分部、电气工程、屋面工程、装饰装修工程、节能、电梯、空调、智能化共十个分部工程。有的项目应设计和合同内容可能不足十个分部，如设计中无电梯的则该分部不存在。

每个分部工程可划分为若干个分项工程。如主体分部工程中的钢筋工程、模板工程、砼工程、砌体工程均为主体分部的分项工程；地基与基础分部中也有钢筋工程、模板工程等，他们则归在基础分部的分项工程中。

工程的建设过程就由完成一个个检验批开始，既而完成各分项工程、分部工程，最后是单位工程乃至整个项目的完成。单位工程验收程序分检验批、分项、分部（子分部）、单位工程四个验收层次，每个检验批、分项、分部工程均通过验收，最后才是单位工程、整个项目的验收。

7.3 工程竣工验收资料的组成

施工单位的工程竣工验收资料（俗称质量资料）的整理，须与建设工程进度同步，资料必须做到完整、准确、系统、齐全，真实的记录，客观地反映施工及竣工验收的全过程，工程竣工验收后送档案管备案。

施工单位的施工资料应以各施工过程中形成的重要资料为主进行收集、整理。一般可以分为几个阶段：① 工程施工前的资料收集、整理；② 施工过程中各分部工程资料的收集、整理；③ 施工竣工验收阶段的资料收集、整理。

以海南地区资料管理为例：根据海南省住房和城乡建设厅琼建质监 [2012]213 号文，自 2013 年 1 月 1 日起，海南省新开工的建筑工程统一使用《海南省建筑工程竣工验收资料》（2012 版）。该资料将建筑工程的地基与基础、主体结构、建筑屋面、建筑装饰装修、建筑给水排水及采暖、建筑电气、智能建筑、通风与空调、电梯、节能建筑十个分部工程所产生的全部竣工资料划分为十四个章节，每章有统一目录。建筑工程竣工验收资料按此目录及要求进行整理、归档。施工单位应熟悉本资料的组成和填写要求，避免过程中资料漏项。

十四个章节及目录内容如 7.3.1 至 7.3.17 所述（未列章节目录内容详见《海南省建筑工程竣工验收资料》（2012 版））。

7.3.1 单位（子单位）工程质量竣工验收资料

（1）建设单位建筑工程竣工验收监督通知书。

（2）单位（子单位）工程质量控制资料核查记录。

（3）单位（子单位）工程安全和功能检验资料核查及主要功能抽查记录。

（4）建筑节能分部工程质量管理和控制及功能检验资料核查记录。

（5）单位（子单位）工程观感质量检查记录。

（6）施工单位建筑工程竣工报告。

（7）勘察单位建筑工程质量检查报告。

（8）设计单位建筑工程质量检查报告。

（9）监理单位建筑工程质量评估报告。

（10）公安消防部门出具的消防认可文件或准许使用文件（原件 / 复印件）。

（11）劳动部门出具的电梯工程质量验收合格证（原件 / 复印件）。

（12）单位（子单位）工程质量竣工验收记录。

（13）工程竣工验收报告。

（14）建筑工程质量保修书。

（15）住宅质量保证书和住宅使用说明书。

本小节第（12）项由施工单位和监理单位在工程竣工验收前填写相关内容，第（12）项的其余内容及第（13）项在工程竣工验收通过后补齐。

本小节资料在工程完工阶段整理，作为参建各方对工程竣工验收意见的统一评价记录，其中工程质量保修书按甲乙双方承包合同条款填写。第（13）项工程竣工报告须经建设、设计、施工、监理单位法定代表人或者项目负责人签字，并加盖单位公章后方为有效。

7.3.2 建筑工程综合管理资料

（1）建设工程规划许可证（原件/复印件）。

（2）施工图设计文件审查合格书（原件/复印件）。

（3）建筑工程施工许可证（原件/复印件）。

（4）施工合同。

（5）单位工程开工报告。

（6）施工现场质量管理检查记录及施工项目管理机构审查记录。

（7）单位工程施工组织设计或项目管理实施规划。

（8）工程定位测量、放线记录。

（9）工程质量事故调查处理记录。

（10）工程质量事故停（复）工通知。

（11）工程质量事故调查处理报告。

（12）工程总结。

（13）工程施工日志。

（14）地质勘察资料（原件/复印件）。

（15）竣工图。

本小节资料第（1）~（7）项在工程开工前收集，尤其是施工许可证，建设单位要办理施工许可后施工单位方可申请开工，否则将违反建设程序。第（1）项由建设单位提供给施工单位，施工图设计文件审查合格书由设计单位提供给建设单位，施工单位向建设单位索取。第（6）项施工现场质量管理检查记录报监理单位，经总监理工程师审查做出结论后，返还施工单位。第（8）项工程定位测量记录，测绘部门根据建设工程规划许可证批准的建筑工程位置及标高依据，测定出建筑的红线桩，施工测量单位依据测绘部门提供的放线成果，红线桩及建筑物控制网（坐标点），测定建筑物位置、主控轴线及尺寸、±0.000 绝对高程。施工日记从工程开始（包括开工前期准备阶段）到竣工，对整个施工过程中的重要生产和技术活动的连续不断的翔实记录，一天一页，记录每日天气、温度情况，施工每日进度、人员进退场情况，以及主要记事等。工程竣工图须为蓝图，图上应有设计单位公章、设计师章、图审章、节能章，以及施工单位的竣工图章。对于工程质量事故调查处理记录，若没有发生则此项无。

工程资料的整理是按单位工程来整理的，除上述 7.3.1、7.3.2 资料可以按一个项目整理外，其他章节可根据建筑的栋数分栋号整理。

7.3.3 桩基础·地基处理等子分部工程资料

包括施工质量管理资料、施工质量主控资料与安全和功能检验资料及主要功能抽查记录资料。对特殊的地层须检测土壤氡浓度。

本小节桩基础、地基处理工程一般为分包工程，资料由分包单位收集整理。工程基线复核表中要画建筑物基线平面示意图，图中应标注轴线间隔距离尺寸，轴线编号及轴线偏差情况，在平面图右上角空白处画个方位图表示建筑物的朝向。地基验槽时勘察单位必须参加，并在验槽记录表中的验收意见栏作出明确结论。

桩施工记录、施工工艺试验记录表中有关栏目数据应及时测量填写，监理见证人员及时见证（在备注栏中注明“有关数据属实”）签证。

采用人工挖孔桩的，桩身入岩至终孔时，须对入岩深度、嵌岩段及孔底持力层岩（土）性进行核验。

灌注桩混凝土试块留置：每浇筑 50 m^3 必须有 1 组试件，小于 50 m^3 的桩，每根桩必须有 1 组试件。

灌注混凝土充盈系统不得小于 1.0。

桩基有关术语说明：

（1）桩顶设计标高：是指设计要求桩进入承台、在承台内桩顶的标高；

（2）设计有效桩长：是指从桩顶设计标高至桩尖末端的长度；

（3）桩身混凝土浇筑标高：是指施工中桩顶混凝土面标高，桩身混凝土浇筑标高宜比桩顶设计标高高出 0.8~1.0 m；

（4）“钢筋笼安装”一栏中“笼顶安装标高”是指钢筋笼安装后纵筋顶部的标高。

桩基承载力和桩身质量检测由检测机构检测并出具检测报告，检测数量按图纸要求抽查，检测结构必须符合设计和规范要求。

土方开挖进行基槽验收时，可一并验收桩基工程。桩基工程验收前施工单位须编制完成桩位偏差图。

7.3.4 地基与基础分部工程资料

包括施工质量管理资料、施工质量主控资料与安全和功能检验资料及主要功能抽查记录资料。对地下室防水效果要进行检查。

大体积砼的测温是指如地下室底板这种厚大体积的砼，浇筑后由于砼中的水泥水化产生热量造成砼开裂现象，为此在浇筑大体积砼时须采取必要的降温措施，同时进行砼内部温度的测试，以掌握砼温度变化值有否超出预定范围。

7.3.5 主体结构分部工程资料

包括施工质量管理资料、施工质量主控资料与安全和功能检验资料及主要功能抽查记录资料。并做好烟气（风）道工程的检查，建筑物沉降观测，垂直度、标高、全高的测量记录。

资料收集过程中需要掌握的内容有：各种原材复试均按规范要求进行见证取样。比如钢筋的原材检测，以每种规格不大丁 60T 为一验收批，如：项目一次进来了 Φ12 钢筋 80T、Φ18 钢筋 45T，则对本次进场钢筋原材检测 Φ12 钢筋须取二组试件，Φ18 钢筋取一组试件，检验合格方可使用。

混凝土结构钢筋按规范要求均应有一定的保护层，设计图纸有要求的按图纸，无要求的按规范。施工时通过箍筋尺寸的制作和设保护层垫块来保证，砼浇筑完成后要进行检测。

7.3.6 钢结构子分部工程资料

包括施工质量管理资料、施工质量主控资料与安全和功能检验资料及主要功能抽查记录资料。对主要构件如钢结构构件（整体）侧向弯曲、钢柱垂直度网架工程挠度等变形情况，主体结构的整体垂直度、整体平面弯曲情况要进行测量。

7.3.7 建筑装饰装修分部工程资料

包括施工质量管理资料、施工质量主控资料与安全和功能检验资料及主要功能抽查记录资料。

外墙用陶瓷面砖要进行拉拔试验。防水层隐蔽验收是在如地下室底板防水层、屋面防水层、外墙防水层、厨卫间防水层等的防水工程完成后，在进行下道工序之前进行验收。有防水要求的地面要进行蓄水试验。

每一层（段）门窗工程在进行填嵌处理以前、每一层（段）吊顶分顶工程在进行封闭以前必须进行隐蔽验收。外门窗的三项物理性能（抗风压性能、空气渗透性能、雨水渗漏性能）的检测，是根据设计图纸中的尺寸，每种规格门窗取一樘送相关检测单位进行检测。

吊顶内的管道设备的安装及水道试压工作必须完成后方可进行吊顶施工。

轻质隔墙隐蔽验收以前，必须提交相应部位的轻质隔墙隐蔽验收记录，可以结合现场实际，对于达到隐蔽要求的轻质隔墙工程进行分段验收，范围小于分部工程验收。

室内用花岗石放射性检测针对所使用的每一种花岗石进行的复验；轻质隔墙工程应对人造木板甲醇含量进行复验。

室内环境检测是在工程完工后、竣工验收前请相关单位对工程环境进行的检测。

7.3.8 幕墙子分部工程资料

包括施工质量管理资料、施工质量主控资料与安全和功能检验资料及主要功能抽查记录资料。要有幕墙抗渗漏淋水试验记录，以及幕墙抗风压性能、空气渗透性能、雨水渗漏性能检测报告。

玻璃幕墙的三项物理性能检测在测试前，须向检测方提供如下技术资料：

送检幕墙的建筑施工图一份；检测试件分格图、节点图、型材断面图一式三份；设计计算书一式三份；试件材料清单一式三份；幕墙设计单位的专项设计资质证书及幕墙施工单位的幕墙施工资质证书复印件一式三份。以上资料中试件图纸、材料清单、计算书、相溶性试验报告须加盖设计单位公章（或设计专用章）及建设单位公章。

7.3.9 建筑屋面分部工程资料

包括施工质量管理资料、施工质量主控资料与安全和功能检验资料及主要功能抽查记录资料。对屋面进行淋水或蓄水试验，检查渗漏情况。

7.3.10 建筑给水排水及采暖分部工程资料

包括施工质量管理资料、施工质量主控资料与安全和功能检验资料及主要功能抽查记录资料、其他子分部（分部）工程资料。其他子分部工程资料主要有：锅炉（烘炉、煮炉）及其系统安装工程资料（按有关部门要求整理）和消防工程资料（按消防部门要求整理）。

7.3.11 建筑电气分部工程资料

包括施工质量管理资料和施工质量主控资料与安全和功能检验资料及主要功能抽查记录资料。电气工程完工后，在竣工验收前，建设（监理）、施工单位须对电器器具通电安全等进行检查，做好照明系统全负荷通电连续性试运转、大型灯具的照明灯具承载试验、避雷接地电阻测试，线路、插座、开关接地检验等的检测。

7.3.12 智能建筑分部工程资料

包括施工质量管理资料和施工质量主控资料与安全和功能检验资料及主要功能抽查记录资料。智能建筑系统试运行情况，系统电源、接地等进行测试。

7.3.13 通风与空调分部工程资料

包括施工质量管理资料和施工质量主控资料与安全和功能检验资料及主要功能抽查记录资料。要对通风、空调系统试运行情况，风量、温度情况，洁净室洁净度和制冷机组试运行情况进行检测。

7.3.14 电梯分部工程资料

电梯分部工程一般均为专业分包工程，由分包单位整理资料。电梯隐蔽工程验收记录各项隐蔽内容，与原图有出入应绘示意图说明，重要或特殊部位应有设计单位共同验收签证。要有电梯运行记录，并取得有关部门出具的认可文件或准许使用文件。

7.3.15 建筑节能分部工程资料

与其他分部不同，节能分部工程的全部资料单独成册。包括竣工验收资料、施工质量管理资料、质量控制资料及功能检验（检测）资料。其涉及的节能内容有：墙体节能工程、幕墙节能工程、门窗节能工程、屋面节能工程、地面节能工程、通风与空调节能工程、空调与采暖系统冷热源及管网节能工程、配电与照明节能工程和监测与控制节能工程九个方面内容。

7.3.16 住宅工程质量分户验收管理办法

本章是在建筑工程完工后，由建设单位、监理单位、施工单位对每个房号进行的验收，主要抽测房间室内层高、开间净尺寸等，并形成分户验收记录表。

7.3.17 海南省太阳能热水系统工程竣工验收资料

太阳能热水系统工程的全部资料单独成册，包括竣工验收资料、施工质量管理资料、施工质量主控资料与安全和使用功能检验资料及主要功能抽查资料。其涉及的专业有给水排水工程、建筑电气工程和智能建筑工程三个方面内容。

在资料整理中，设计图纸会审记录须按不同的专业进行分类汇总、整理，归在不同的专业分部内。

交接检查记录适用于不同施工单位之间的移交检查，由移交单位、接收单位和见证单位共同对移交工程进行验收，并对质量情况、遗留问题、工序要求、注意事项、成品保护等进行记录。当在总包管理范围内的分包单位之间移交时，见证单位应为“总包单位”；当在总包单位与其他专业分包单位之间移交时，见证单位应为“监理（建设）单位”。

工程中物资种类繁多，且来自不同厂家，把好材料质量关，是整个工程质量保证的基础。各种物资进场均须提供有产品合格证、检验报告等质量证明文件。由于这些物资全部来自外单位，因此，此类资料的可追溯性尤为重要，由此资料质量证明文件要尽量使用原件，当不得不使用复印件时，要清晰、齐全、有效，并且加盖原件存放单位公章，注明原件存放处。

将所收集到的资料按《海南省建筑工程竣工验收资料》要求及目录进行归类整理装订，且每册资料经施工单位项目经理审查确认资料完整，内容符合要求后，报经监理工程师审核确认。分包工程的资料由分包单位整理，完工后报交总包单位归档。

7.4 建筑工程各分部工程施工作业流程

建筑工程施工遵循先地下后地上、先结构后装饰的作业流程。主要分部工程的作业流程如下。

7.4.1 地基与基础工程主要施工工艺流程

一般为：桩基→支护→基坑土方开挖→基槽验收→基础垫层→轴线放线→基础含基础梁（钢筋、模板、砼）→基础砌体→房心土方回填。

桩基工程为一个独立子分部，完成后可单独验收。若为分包项目，分包单位负责资料的整理，完成后提交总包单位。

基础结构工程完成后、土方回填前，应进行基础结构观感验收。待结构试件检测报告等资料完整后，方与监理或建设单位协商确定分部验收日期。若是地下室结构，可先回填室外土方，待基础后浇带等全部内容完成后再组织验收。

基础分部工程相关检验批验收记录表见表 7.1 和表 7.2。

表 7.1　混凝土灌注桩（钢筋笼）工程检验批质量验收记录表

<table>
<tr><td colspan="3">单位（子单位）工程名称</td><td colspan="10">××花园</td></tr>
<tr><td colspan="3">分部（子分部）工程名称</td><td colspan="5">地基与基础（桩基）</td><td colspan="4">验收部位</td><td>8# ~ 15# 桩</td></tr>
<tr><td colspan="3">施工单位</td><td colspan="5">××建筑工程公司</td><td colspan="4">项目经理</td><td>×××</td></tr>
<tr><td colspan="3">分包单位</td><td colspan="5">—</td><td colspan="4">分包项目经理</td><td>—</td></tr>
<tr><td colspan="3">施工执行标准名称及编号</td><td colspan="10">建筑地基基础工程施工质量验收规范 GB 50202—2002</td></tr>
<tr><td colspan="4">施工质量验收规范的规定</td><td colspan="8">施工单位检查评定记录</td><td>监理（建设）单位验收记录</td></tr>
<tr><td rowspan="2">主控项目</td><td>1</td><td>主筋间距（mm）</td><td>±10</td><td>5</td><td>-5</td><td>0</td><td>10</td><td>6</td><td>-8</td><td>-5</td><td>-5</td><td rowspan="2">符合要求</td></tr>
<tr><td>2</td><td>长度（mm）</td><td>±100</td><td>20</td><td>30</td><td>-15</td><td>20</td><td>15</td><td>40</td><td>-25</td><td>20</td></tr>
<tr><td rowspan="3">一般项目</td><td>1</td><td>钢筋材质检验</td><td>设计要求</td><td colspan="8">符合要求</td><td rowspan="3">符合要求</td></tr>
<tr><td>2</td><td>箍筋间距（mm）</td><td>±20</td><td>-10</td><td>10</td><td>-10</td><td>-5</td><td>-10</td><td>5</td><td>10</td><td>15</td></tr>
<tr><td>3</td><td>直径（mm）</td><td>±10</td><td>10</td><td>8</td><td>5</td><td>-5</td><td>-5</td><td>10</td><td>5</td><td>0</td></tr>
<tr><td colspan="3" rowspan="2">施工单位检查评定结果</td><td colspan="3">专业工长（施工员）</td><td colspan="3">×××</td><td colspan="3">施工班组长</td><td>×××</td></tr>
<tr><td colspan="10">检查工程主控项目、一般项目均符合《地基与基础工程质量验收规范》（GB 50202—2002）的规定，评定合格

项目专业质量检查员：　×××　　　　××××年××月××日</td></tr>
<tr><td colspan="3">监理（建设）单位验收结论</td><td colspan="10">验收合格

专业监理工程师：　×××
（建设单位项目专业技术负责人）　　　　××××年××月××日</td></tr>
</table>

表 7.2　土方回填工程检验批质量验收记录表
GB 50202—2002

<table>
<tr><td colspan="3">单位（子单位）工程名称</td><td colspan="16">××花园</td></tr>
<tr><td colspan="3">分部（子分部）工程名称</td><td colspan="8">地基与基础</td><td colspan="4">验收部位</td><td colspan="4">基础土方回填</td></tr>
<tr><td colspan="3">施工单位</td><td colspan="8">××建筑工程公司</td><td colspan="4">项目经理</td><td colspan="4">×××</td></tr>
<tr><td colspan="3">分包单位</td><td colspan="8">—</td><td colspan="4">分包项目经理</td><td colspan="4">—</td></tr>
<tr><td colspan="3">施工执行标准名称及编号</td><td colspan="16">GB 50202—2002</td></tr>
<tr><td colspan="8">施工质量验收规范的规定</td><td colspan="10" rowspan="4">施工单位检查评定记录</td><td rowspan="4">监理（建设）单位验收记录</td></tr>
<tr><td colspan="3" rowspan="3">检查项目</td><td colspan="5">允许偏差或允许值（mm）</td></tr>
<tr><td rowspan="2">桩基基坑基槽 √</td><td colspan="2">场地平整</td><td rowspan="2">管沟 □</td><td rowspan="2">地（路）面基层 □</td></tr>
<tr><td>人工 □</td><td>机械 □</td></tr>
<tr><td rowspan="2">主控项目</td><td>1</td><td>标高</td><td>-50</td><td>±30</td><td>±50</td><td>-50</td><td>-50</td><td>-20</td><td>-20</td><td>-40</td><td>-30</td><td>-10</td><td>-25</td><td>-45</td><td>-35</td><td>-40</td><td>-40</td><td rowspan="2">符合要求</td></tr>
<tr><td>2</td><td>分层压实系数</td><td colspan="5">设计要求</td><td colspan="10">压实系数 0.96，符合设计要求</td></tr>
<tr><td rowspan="3">一般项目</td><td>1</td><td>回填土料</td><td colspan="5">设计要求</td><td colspan="10">原土回填，土质符合设计要求</td><td rowspan="3">符合要求</td></tr>
<tr><td>2</td><td>分层厚度及含水量</td><td colspan="5">设计要求</td><td colspan="10">分层厚度及含水量符合设计及质量验收规范要求</td></tr>
<tr><td>3</td><td>表面平整度</td><td>20</td><td>20</td><td>30</td><td>20</td><td>20</td><td>10</td><td>9</td><td>10</td><td>15</td><td>10</td><td>15</td><td>18</td><td>15</td><td>10</td><td>10</td></tr>
<tr><td colspan="3" rowspan="2">施工单位检查评定结果</td><td colspan="5">专业工长（施工员）</td><td colspan="5">×××</td><td colspan="5">施工班组长</td><td>×××</td></tr>
<tr><td colspan="16">主控项目全部合格，一般项目满足规范规定要求；检查评定合格
项目专业质量检查员：×××　　　　××××年××月××日</td></tr>
<tr><td colspan="3">监理（建设）单位验收结论</td><td colspan="16">验收合格
专业监理工程师：　×××
（建设单位项目专业技术负责人）　　　　××××年××月××日</td></tr>
</table>

注：土方回填是一个综合性项目，使用哪一栏时，在那一栏打“√”注明

7.4.2 主体（现浇砼结构）分部工程主要施工工艺流程

主体结构含砼结构、砌体和钢结构。钢结构为独立子分部，编为资料整理中的第四章（下）册。

在此以现浇框架（框剪）结构进行说明。

对楼层结构构件的称谓：剪力墙、柱称其楼层名，如一层的柱子称为一层柱，而楼板则按地面位置称谓，如一层的顶板通常称为二层板，二层的顶板则称为三层板，顶层的顶板则称为屋（天）面板，施工中很少用顶板来称谓，这样自下而上的称谓是：一（首）层柱、二层板、二层柱、三层板……二十层板、二十层柱、屋面板。

1. 柱、楼板分开支模方式的施工工艺流程

首层剪力墙、柱轴线放线→首层墙柱筋绑扎（及隐蔽验收）→首层墙柱模板安装→首层墙柱砼浇筑→首层墙柱砼拆模→二层楼板模板安装→二层楼板梁板梯钢筋绑扎（及隐蔽验收）→二层楼板砼浇筑→二层剪力墙、柱轴线放线→二层墙柱筋绑扎（及隐蔽验收）→模板拆除→墙体砌筑→……→循环依此类推至屋面封顶

其中楼板模板的拆除待该楼板砼强度达到规范要求值后可拆除。

2. 柱、楼板模板整体支模方式的施工工艺流程

首层剪力墙、柱轴线放线→首层墙柱筋绑扎→首层墙柱模板安装→二层楼板模板安装→首层墙柱砼浇筑→二层楼板梁板梯钢筋绑扎→二层楼板砼浇筑→二层剪力墙、柱轴线放线→二层墙柱筋绑扎→模板拆除→墙体砌筑→……→循环依此类推

在这里要说明的是，剪力墙、柱是先绑钢筋再支模，而楼板是先支模再绑钢筋。

3. 楼层砼结构拆模后，砌体工程进入，砌体工程完成后，可进行主体结构验收。

对于多层建筑，可以在全部的砼结构、砌体工程完成后进行主体结构验收，对于高层建筑的主体结构，实行每十层一验，以便上段主体结构继续往上施工时，下段经验收后可进入装饰装修工程的抹灰作业。

主体分部工程相关检验批验收记录表见表 7.3 至表 7.6。

表 7.3 混凝土施工检验批质量验收记录表

GB 50204—2002（Ⅱ）

<table>
<tr><td colspan="4">单位（子单位）工程名称</td><td colspan="12">××花园</td></tr>
<tr><td colspan="4">分部（子分部）工程名称</td><td colspan="3">主体结构（混凝土结构）</td><td colspan="3">验收部位</td><td colspan="6">⑬-㉔/Ⓐ-Ⓜ轴屋面梁板钢筋</td></tr>
<tr><td colspan="4">施工单位</td><td colspan="3">××建筑工程公司</td><td colspan="3">项目经理</td><td colspan="6">×××</td></tr>
<tr><td colspan="4">施工执行标准名称及编号</td><td colspan="12">混凝土结构工程施工质量验收规范（GB 50204—2002）</td></tr>
<tr><td colspan="5">施工质量验收规范的规定</td><td colspan="10">施工单位检查评定记录</td><td>监理（建设）单位验收记录</td></tr>
<tr><td rowspan="7">主控项目</td><td>1</td><td colspan="2">混凝土强度等级及试件的取样和留置</td><td>第 7.4.1 条</td><td colspan="10">有配合比报告，按要求留置试块，符合要求</td><td rowspan="7">符合要求</td></tr>
<tr><td>2</td><td colspan="2">混凝土抗渗及试件取样和留置</td><td>第 7.4.2 条</td><td colspan="10">符合要求</td></tr>
<tr><td rowspan="4">3</td><td rowspan="4">原材料每盘称量的偏差</td><td>材料名称</td><td>允许偏差</td><td colspan="10"></td></tr>
<tr><td>水泥、掺合料</td><td>±2%</td><td>-1</td><td>-1</td><td>0</td><td>-2</td><td>1</td><td>0</td><td>-1</td><td>2</td><td>2</td><td>1</td></tr>
<tr><td>粗、细骨料</td><td>±3%</td><td>1</td><td>0</td><td>-2</td><td>0</td><td>-1</td><td>2</td><td>2</td><td>0</td><td>3</td><td>-1</td></tr>
<tr><td>水、外加剂</td><td>±2%</td><td>0</td><td>1</td><td>0</td><td>2</td><td>0</td><td>-1</td><td>-1</td><td>0</td><td>-2</td><td>2</td></tr>
<tr><td>4</td><td colspan="2">初凝时间控制</td><td>第 7.4.4 条</td><td colspan="10">符合要求</td></tr>
<tr><td rowspan="3">一般项目</td><td>1</td><td colspan="2">施工缝的位置和处理</td><td>第 7.4.5 条</td><td colspan="10">符合要求</td><td rowspan="3">符合要求</td></tr>
<tr><td>2</td><td colspan="2">后浇带的位置和浇筑</td><td>第 7.4.6 条</td><td colspan="10">符合要求</td></tr>
<tr><td>3</td><td colspan="2">混凝土养护</td><td>第 7.4.7 条</td><td colspan="10">符合要求</td></tr>
<tr><td colspan="4" rowspan="2">施工单位检查评定结果</td><td colspan="2">专业工长（施工员）</td><td colspan="4">×××</td><td colspan="4">施工班组长</td><td colspan="2">×××</td></tr>
<tr><td colspan="12">主控项目全部合格，一般项目满足规范规定要求；检查评定合格
项目专业质量检查员：××× ××××年××月××日</td></tr>
<tr><td colspan="4">监理（建设）单位验收结论</td><td colspan="12">验收合格
专业监理工程师：×××
（建设单位项目专业技术负责人）： ××××年××月××日</td></tr>
</table>

表 7.4　钢筋加工检验批质量验收记录表

GB 50204—2002（Ⅰ）

单位（子单位）工程名称	×× 花园		
分部（子分部）工程名称	主体结构（混凝土结构）	验收部位	⑬-㉔/Ⓐ - Ⓜ轴屋面梁板钢筋
施工单位	×× 建筑工程公司	项目经理	×××
施工执行标准名称及编号	混凝土结构工程施工质量验收规范（GB 50204—2002）		

施工质量验收规范的规定					施工单位检查评定记录										监理（建设）单位验收记录
主控项目	1	力学性能检验		第 5.2.1 条	有合格证，并按要求取样复试合格										符合要求
	2	抗震用钢筋强度实测值		第 5.2.2 条	符合要求										
	3	化学成分等专项检验		第 5.2.3 条	符合要求										
	4	受力钢筋的弯钩和弯折		第 5.3.1 条	符合要求										
	5	箍筋弯钩形式		第 5.3.2 条	符合要求										
	6	钢筋直径		第 5.3.3 条	符合要求										
	7	钢筋重量		第 5.3.4 条	符合要求										
一般项目	1	外观质量		第 5.2.4 条	符合要求										符合要求
	2	钢筋调直		第 5.3.3 条	符合要求										
	3	钢筋加工的形状、尺寸	受力钢筋顺长度方向全长的净尺寸	±10	5	-9	8	-9	6	4	1	-2	3	-5	
			弯起钢筋的弯折位置	±20	4	11	2	15	9	-18	6	13	11	-4	
			箍筋内净尺寸	±5	4	1	-3	5	-2	0	1	-3	-4	5	

施工单位检查评定结果	专业工长（施工员）	×××	施工班组长	×××
	主控项目全部合格，一般项目满足规范规定要求；检查评定合格 项目专业质量检查员：×××　　　　××××年××月××日			
监理（建设）单位验收结论	验收合格 专业监理工程师： （建设单位项目专业技术负责人）：×××　　　　××××年××月××日			

表 7.5　现浇结构外观及尺寸偏差检验批质量验收记录表

GB 50204—2002

（Ⅰ）

单位（子单位）工程名称	×× 花园		
分部（子分部）工程名称	主体结构（混凝土结构）	验收部位	⑬-㉔/Ⓐ-Ⓜ轴 首层结构外观及尺寸偏差
施工单位	×× 建筑工程公司	项目经理	×××
施工执行标准名称及编号	混凝土结构工程施工质量验收规范（GB 50204—2002）		

	施工质量验收规范的规定				施工单位检查评定记录										监理（建设）单位验收记录
主控项目	1	外观质量		第 8.2.1 条	经检查砼外观无露筋，孔洞，夹渣，疏松，裂缝等严重缺陷										符合要求
	2	过大尺寸偏差处理及验收		第 8.3.1 条	无过大尺寸偏差										
一般项目	1	外观质量一般缺陷		第 8.2.2 条	无构件钢筋外露现象，混凝土表面密实，无蜂窝，外观质量较好，符合要求										符合要求
	2	轴线位置（mm）	基础	15											
			独立基础	10											
			墙、柱、梁	8	4	5	2	6	5	5	5	4	9	6	
			剪力墙	5	1	4	3	4	6	3	2	5	1	2	
	3	垂直度（mm） 层高	≤ 5 m	8	2	1	2	6	2	5	1	5	1	2	
			>5 m	10											
		垂直度（mm）	全高（H）	H/1 000 且 ≤ 30	2	1	2	2	2	3	1	3	1	2	
	4	标高（mm）	层高	±10	3	4	-1	-3	3	3	-4	2	1	4	
			全高	±30	20	14	-8	-5	15	20	-4	20	10	14	
	5	截面尺寸		+8，-5	3	5	7	1	5	4	6	2	5	6	
	6	电梯井	进筒长、宽对定位中心线（mm）	+25，0	6	15	15	10	5	5	12	20	5	7	
			井筒全高（H）垂直度（mm）	H/1 000 且 ≤ 30	1	1	2	0	1	2	1	1	1	1	
	7	表面平整度（mm）		8	3	4	1	2	4	2	3	3	5	3	
	8	预埋设施中心线位置（mm）	预埋件	10	11	2	2	2	4	2	5	10	3	4	
			预埋螺栓	5											
			预埋管	5	4	4	1	1	2	3	3	3	0	4	
	9	预留洞中心线位置（mm）		15	10	3	12	5	4	5	5	5	14	3	

施工单位检查评定结果	专业工长（施工员）	×××	施工班组长	×××
	主控项目全部合格，一般项目满足规范规定要求；检查评定合格 项目专业质量检查员：×××　　×××× 年 ×× 月 ×× 日			
监理（建设）单位验收结论	验收合格 专业监理工程师：××× （建设单位项目专业技术负责人）　　×××× 年 ×× 月 ×× 日			

表 7.6　填充墙砌体工程检验批质量验收记录表

GB 50203—2002

单位（子单位）工程名称	×× 花园		
分部（子分部）工程名称	砌体结构工程	验收部分	一层墙体砌筑
施工单位	×× 建筑工程公司	项目经理	×××
分包单位	—	分包项目经理	—
施工执行标准名称及编号	《砌体结构工程施工质量验收规范》GB 50203—2002		

施工质量验收规范的规定						施工单位检查评定记录										监理（建设）单位验收记录
主控项目	1	烧结空心砖、小砌块和砌筑砂浆的强度等级			9.2.1 条	符合要求										符合要求
	2	与主体结构连接			9.2.2 条	符合要求										
	3	植筋实体检测			9.2.3 条	见填充墙砌体植筋锚固力检测记录										
一般项目	1	填充墙砌体	轴线位移		10	3	10	8	2	5	3	0	2	2	4	符合要求
			垂直度	≤ 3 m	5	3	2	0	4	3	1	3	3	1	2	
				>3 m	10											
			表面平整度		8	3	5	1	4	5	6	3	5	4	2	
			门窗洞口高、宽（后塞口）		±10	6	-3	-5	10	6	-4	-5	6	2	3	
			外墙上下窗口偏移		20	12	5	14	3	6	5	2	7	10	2	
	2	砂浆饱满度	空心砖砌体	水平	≥ 80%											
				垂直	填满砂浆，不得有透明缝，瞎缝、假缝											
			蒸压加气混凝土砌块、轻骨料混凝土小型空心砌块砌体	水平	≥ 80%	90	93	85	80	90	86	88	80	93	85	
				垂直	≥ 80%	95	90	94	95	88	86	85	95	97	88	
	3	拉结筋、网片位置和长度			第 9.3.3 条	符合要求										
	4	搭砌长度			第 9.3.4 条	符合要求										
	5	水平灰缝厚度和竖向灰缝宽度			第 9.3.5 条	符合要求										

	专业工长（施工员）	×××	施工班组长	×××
施工单位检查评定结果	主控项目全部合格，一般项目满足规范规定要求；检查评定合格 项目专业质量检查员：×××　　　××××年××月××日			
监理（建设）单位验收结论	验收合格 专业监理工程师：　××× （建设单位项目专业技术负责人）　　××××年××月××日			

7.4.3 装饰装修工程主要施工工艺流程

装饰装修工程内容很多，有地面、内外墙面、隔墙、门窗、幕墙、吊顶、护栏等工程，施工中往往在结构施工后期进入。其工作流程主要为：主体结构验收后，室内墙面（天棚）抹灰→外墙面抹灰→门窗框安装→地面施工→天棚、内墙面面层→其他构件

装饰工程的各专业间通常是交叉作业，外墙面抹灰层完成后达到基底条件如干燥度后，进行面层的施工。门窗扇一般在室内装饰面层完成前要安装完毕。

可根据施工部分、施工工艺、空间和时间的不同确定检验批的划分，一般按层划分检验批。

装饰装修分部工程的验收与其他后几个分部一样，一般都在施工的收尾阶段完成。

装饰装修分部工程相关检验批表见表 7.7 至表 7.13。

表 7.7　护栏和扶手制作与安装工程检验批质量验收记录表

GB 50210—2001

<table>
<tr><td colspan="4">单位（子单位）工程名称</td><td colspan="12">×× 花园</td></tr>
<tr><td colspan="4">分部（子分部）工程名称</td><td colspan="7">建筑装饰装修（细部）</td><td colspan="4">验收部位</td><td>一层阳台栏杆</td></tr>
<tr><td colspan="4">施工单位</td><td colspan="7">×× 建筑工程公司</td><td colspan="4">项目经理</td><td>×××</td></tr>
<tr><td colspan="4">分包单位</td><td colspan="7">—</td><td colspan="4">分包项目经理</td><td>—</td></tr>
<tr><td colspan="4">施工执行标准名称及编号</td><td colspan="12">建筑装饰装修工程施工质量验收规范（GB 50210—2001）</td></tr>
<tr><td colspan="5">施工质量验收规范的规定</td><td colspan="10">施工单位检查评定记录</td><td>监理（建设）单位验收记录</td></tr>
<tr><td rowspan="5">主控项目</td><td>1</td><td colspan="2">材料质量</td><td>第 12.5.3 条</td><td colspan="10">符合要求</td><td rowspan="5">符合要求</td></tr>
<tr><td>2</td><td colspan="2">造型、尺寸</td><td>第 12.5.4 条</td><td colspan="10">符合要求</td></tr>
<tr><td>3</td><td colspan="2">预埋件及连接</td><td>第 12.5.5 条</td><td colspan="10">符合要求</td></tr>
<tr><td>4</td><td colspan="2">护栏高度、位置与安装</td><td>第 12.5.6 条</td><td colspan="10">符合要求</td></tr>
<tr><td>5</td><td colspan="2">护栏玻璃</td><td>第 12.5.7 条</td><td colspan="10">—</td></tr>
<tr><td rowspan="5">一般项目</td><td>1</td><td colspan="2">转角、接缝及表面质量</td><td>第 12.5.8 条</td><td colspan="10">符合要求</td><td rowspan="5">符合要求</td></tr>
<tr><td rowspan="4">2</td><td rowspan="4">安装允许偏差</td><td>护栏垂直度（mm）</td><td>3</td><td>2</td><td>0</td><td>1</td><td>0</td><td>0</td><td>1</td><td>0</td><td>1</td><td>2</td><td>2</td></tr>
<tr><td>栏杆间距（mm）</td><td>3</td><td>3</td><td>3</td><td>0</td><td>2</td><td>2</td><td>3</td><td>2</td><td>1</td><td>3</td><td>3</td></tr>
<tr><td>扶手直线度（mm）</td><td>4</td><td>2</td><td>4</td><td>2</td><td>1</td><td>2</td><td>1</td><td>4</td><td>4</td><td>3</td><td>1</td></tr>
<tr><td>扶手高度（mm）</td><td>3</td><td>1</td><td>1</td><td>2</td><td>1</td><td>0</td><td>1</td><td>2</td><td>1</td><td>2</td><td>3</td></tr>
<tr><td colspan="4" rowspan="2">施工单位检查评定结果</td><td colspan="3">专业工长（施工员）</td><td colspan="4">×××</td><td colspan="4">施工班组长</td><td>×××</td></tr>
<tr><td colspan="12">主控项目、一般项目全合格，符合设计及施工质量验收规范要求
项目专业质量检查员：×××　　　　××××年××月××日</td></tr>
<tr><td colspan="4">监理（建设）单位验收结论</td><td colspan="12">验收合格
专业监理工程师：×××
（建设单位项目专业技术负责人）　　　　××××年××月××日</td></tr>
</table>

表 7.8　砖面层检验批质量验收记录表

GB50209—2002

单位（子单位）工程名称	×× 花园		
分部（子分部）工程名称	建筑装饰装修（地面工程）	验收部位	一层电梯前室地面和公共走道地面及踢脚线瓷砖
施工单位	×× 建筑工程公司	项目经理	×××
分包单位	—	分包项目经理	—
施工执行标准名称及编号	建筑地面工程施工质量验收规范（GB 50209—2010）		

		施工质量验收规范的规定		施工单位检查评定记录	监理（建设）单位验收记录
主控项目	1	砖面层所用板块产品应符合设计要求和国家现行有关标准的规定	第 6.2.5 条	符合要求	符合要求
	2	砖面层所用板块产品进入施工现场时，应有放射性限量合格的检测报告	第 6.2.6 条	符合要求	
	3	面层与下一层的结合（粘结）应牢固，无空鼓（单块砖边角允许有局部空鼓，但每自然间或标准间的空鼓砖不应超过总数的 5%）	第 6.2.7 条	符合要求	
一般项目	1	砖面层的表面应洁净、图案清晰，色泽一致，接缝平整，深浅一致，周边顺直。板块无裂纹、掉角和缺楞等缺陷	第 6.2.8 条	符合要求	符合要求
	2	面层邻接处的镶边用料及尺寸应符合设计要求，边角整齐、光滑	第 6.2.9 条	符合要求	
	3	踢脚线表面应洁净，与柱、墙面的结合应牢固。踢脚线高度及出柱、墙厚度应符合设计要求，且均匀一致	第 6.2.10 条	符合要求	
	4	楼梯、台阶踏步的宽度、高度应符合设计要求，踏步板块的缝隙宽度应一致；楼层梯段相邻踏步高度差不应大于 10 mm；每踏步两端宽度差不应大于 10 mm，旋转楼梯梯段的每踏步两端宽度的允许偏差不应大于 5 mm。踏步面层应做防滑处理，齿角应整齐，防滑条应顺直、牢固	第 6.2.11 条	符合要求	
	5	面层表面的坡度应符合设计要求，不倒泛水、无积水；与地漏、管道结合处应严密牢固，无渗漏	第 6.2.12 条	符合要求	

序号		项目	允许偏差										
6	允许偏差	表面平整度	2.0 mm	1.9	1	1	2	2	1.8	2	1	1.8	2
7		缝格平直	3.0 mm	2	1	1	3	2	1	2	0	2	0
8		接缝高低差	0.5 mm	0	0	0.5	0	0	0.5	0	0	0	0.5
9		踢脚线上口平直	3.0 mm	3	1	1	1	2	0	2	2	1	2
10		板块间隙宽度	2.0 mm	1	2	1	1	1	1.5	1	1	2	0

施工单位检查评定结果	专业工长（施工员）：××× 施工班组长：×××
	主控项目全部合格，一般项目满足规范规定要求；检查评定合格 项目专业质量检查员：×××　　××××年××月××日
监理（建设）单位验收结论	验收合格 专业监理工程师：××× （建设单位项目专业技术负责人）　　××××年××月××日

表 7.9　一般抹灰工程检验批质量验收记录表

GB 50210—2001

<table>
<tr><td colspan="4">单位（子单位）工程名称</td><td colspan="13">×× 花园</td></tr>
<tr><td colspan="4">分部（子分部）工程名称</td><td colspan="7">建筑装饰装修（抹灰）</td><td colspan="3">验收部位</td><td colspan="3">一层内墙及天棚抹灰</td></tr>
<tr><td colspan="4">施工单位</td><td colspan="7">×× 建筑工程公司</td><td colspan="3">项目经理</td><td colspan="3">×××</td></tr>
<tr><td colspan="4">分包单位</td><td colspan="7">—</td><td colspan="3">分包项目经理</td><td colspan="3">—</td></tr>
<tr><td colspan="4">施工执行标准名称及编号</td><td colspan="13">建筑装饰装修工程施工质量验收规范（GB 50210—2001）</td></tr>
<tr><td colspan="6">施工质量验收规范的规定</td><td colspan="10">施工单位检查评定记录</td><td>监理（建设）单位验收记录</td></tr>
<tr><td rowspan="4">主控项目</td><td>1</td><td colspan="2">基层表面</td><td colspan="2">第 4.2.2 条</td><td colspan="10">基层表面尘土污垢已清除并浇水湿润</td><td rowspan="4">符合要求</td></tr>
<tr><td>2</td><td colspan="2">材料品种和性能</td><td colspan="2">第 4.2.3 条</td><td colspan="10">水泥、砂子经复试符合要求</td></tr>
<tr><td>3</td><td colspan="2">操作要求</td><td colspan="2">第 4.2.4 条</td><td colspan="10">符合要求</td></tr>
<tr><td>4</td><td colspan="2">层粘结及面层质量</td><td colspan="2">第 4.2.5 条</td><td colspan="10">粘结牢固，无脱层、空鼓，面层无爆灰及裂缝。</td></tr>
<tr><td rowspan="11">一般项目</td><td>1</td><td colspan="2">表面质量</td><td colspan="2">第 4.2.6 条</td><td colspan="10">表面光滑洁净均匀无抹纹</td><td rowspan="11">符合要求</td></tr>
<tr><td>2</td><td colspan="2">细部质量</td><td colspan="2">第 4.2.7 条</td><td colspan="10">符合要求</td></tr>
<tr><td>3</td><td colspan="2">层与层间材料要求及层总厚度</td><td colspan="2">第 4.2.8 条</td><td colspan="10">符合要求</td></tr>
<tr><td>4</td><td colspan="2">分格缝</td><td colspan="2">第 4.2.9 条</td><td colspan="10">—</td></tr>
<tr><td>5</td><td colspan="2">滴水线（槽）</td><td colspan="2">第 4.2.10 条</td><td colspan="10">—</td></tr>
<tr><td rowspan="6">6</td><td rowspan="6">允许偏差</td><td>项目</td><td colspan="2">允许偏差（mm）
普通抹灰 / 高级抹灰</td><td colspan="10">实测值（mm）</td></tr>
<tr><td>立面垂直度</td><td>4</td><td>3</td><td>3</td><td>2</td><td>1</td><td>1</td><td>3</td><td>2</td><td>1</td><td>2</td><td>1</td><td>2</td></tr>
<tr><td>表面平整度</td><td>4</td><td>3</td><td>2</td><td>3</td><td>4</td><td>1</td><td>2</td><td>3</td><td>1</td><td>1</td><td>2</td><td>4</td></tr>
<tr><td>阴阳角方正</td><td>4</td><td>3</td><td>1</td><td>4</td><td>3</td><td>2</td><td>1</td><td>2</td><td>4</td><td>1</td><td>4</td><td>1</td></tr>
<tr><td>分格条（缝）直线度</td><td>4</td><td>3</td><td></td><td></td><td></td><td></td><td></td><td></td><td></td><td></td><td></td><td></td></tr>
<tr><td>墙裙、勒脚上口直线度</td><td>4</td><td>3</td><td></td><td></td><td></td><td></td><td></td><td></td><td></td><td></td><td></td><td></td></tr>
<tr><td colspan="4" rowspan="2">施工单位检查评定结果</td><td colspan="4">专业工长（施工员）</td><td colspan="4">×××</td><td colspan="4">施工班组长</td><td>×××</td></tr>
<tr><td colspan="13">主控项目全部合格，一般项目满足规范规定要求；检查评定合格
项目专业质量检查员：×××　　　　××××年××月××日</td></tr>
<tr><td colspan="4">监理（建设）单位验收结论</td><td colspan="13">验收合格
专业监理工程师：×××
（建设单位项目专业技术负责人）　　　　××××年××月××日</td></tr>
</table>

表 7.10 金属门窗安装检验批质量验收记录表

（铝合金门窗）

GB 50210—2001

<table>
<tr><td colspan="3">单位（子单位）工程名称</td><td colspan="3">××花园</td></tr>
<tr><td colspan="3">分部（子分部）工程名称</td><td>建筑装饰装修（门窗）</td><td>验收部位</td><td>一层铝合金门窗</td></tr>
<tr><td colspan="3">施工单位</td><td>××建筑工程公司</td><td>项目经理</td><td>×××</td></tr>
<tr><td colspan="3">分包单位</td><td>—</td><td>分包项目经理</td><td>—</td></tr>
<tr><td colspan="3">施工执行标准名称及编号</td><td colspan="3">建筑装饰装修工程施工质量验收规范（GB 50210—2001）</td></tr>
<tr><td colspan="4">施工质量验收规范规定</td><td>施工单位检查评定记录</td><td>监理（建设）单位验收记录</td></tr>
<tr><td rowspan="4">主控项目</td><td>1</td><td>门窗质量</td><td>第 5.3.2 条</td><td>符合要求</td><td rowspan="9">符合要求</td></tr>
<tr><td>2</td><td>框和副框安装预埋件</td><td>第 5.3.3 条</td><td>符合要求</td></tr>
<tr><td>3</td><td>门窗扇安装</td><td>第 5.3.4 条</td><td>符合要求</td></tr>
<tr><td>4</td><td>配件质量及安装</td><td>第 5.3..5 条</td><td>符合要求</td></tr>
<tr><td rowspan="5">一般项目</td><td>1</td><td>表面质量</td><td>第 5.3..6 条</td><td>符合要求</td></tr>
<tr><td>2</td><td>推拉扇开关应力</td><td>第 5.3..7 条</td><td>符合要求</td></tr>
<tr><td>3</td><td>框与墙体间缝隙</td><td>第 5.3..8 条</td><td>符合要求</td></tr>
<tr><td>4</td><td>密封胶条及毛毡密封条</td><td>第 5.3..9 条</td><td>符合要求</td></tr>
<tr><td>5</td><td>排水孔</td><td>第 5.3..10 条</td><td>符合要求</td></tr>
</table>

续表 7.10

			项　目		允许偏差（mm）	实测值（mm）										
一般项目	6	允许偏差	门窗槽口宽度、高度	≤ 1 500 mm	1.5	1.2	1.3	1.1	0	0	1	1	0	1.1	0.3	符合要求
				>1 500 mm	2	1	0	2	0	1	0	2	1	0	2	
			门窗槽口对角线长度差	≤ 2 000 mm	4	2	0	1	0	2	3	0	2	0	1	
				>2 000 mm	4	2	3	0	2	0	4	1	2	0	3	
			门窗框的正、侧面垂直度		2.5	1.5	1.3	0	1	2	0	0	1	2	0	
			门窗横框的水平度		2	1	0	2	0	1	0	1	1	0	0	
			门窗横框标高		5	0.3	0.2	0.4	0.5	0.1	0.2	0.3	0.1	0.3	0.1	
			门窗竖向偏离中心		5	4	1	2	5	2	1	3	2	2	0	
			双层门窗内外框间距		4											
			推拉门窗扇与框搭接量		1.5	1.2	0.3	0.6	1.2	0.1	0.3	1.1	1.3	0.9	0	

	专业工长（施工员）	×××	施工班组长	×××
施工单位检查评定结果	主控项目全部合格，一般项目满足规范规定要求；检查评定合格 项目专业质量检查员：×××　　××××年××月××日			
监理（建设）单位验收结论	验收合格 专业监理工程师：××× （建设单位项目专业技术负责人）　　××××年××月××日			

表 7.11　水性涂料涂饰工程检验批质量验收记录表

GB 50210—2001

单位（子单位）工程名称	×× 花园		
分部（子分部）工程名称	建筑装饰装修（涂饰）	验收部位	一层公共走道、楼梯间墙面及天棚涂料
施工单位	×× 建筑工程公司	项目经理	×××
分包单位	—	分包项目经理	—
施工执行标准名称及编号	建筑装饰装修工程施工质量验收规范（GB 50210—2001）		

施工质量验收规范的规定						施工单位检查评定记录	监理（建设）单位验收记录
主控项目	1	材料质量			第 10.2.2 条	符合要求	符合要求
	2	涂饰颜色和图案			第 10.2.3 条	符合要求	
	3	涂饰综合质量			第 10.2.4 条	符合要求	
	4	基层处理			第 10.2.5 条	符合要求	
一般项目	1	与其他材料和设备衔接处			第 10.2.9 条	符合要求	符合要求 符合要求
	2	薄涂料涂饰质量允许偏差	颜色	普通涂饰	均匀一致	符合要求	
				高级涂饰	均匀一致	—	
			泛碱、咬色	普通涂饰	允许少量轻微	符合要求	
				高级涂饰	不允许	—	
			流坠、疙瘩	普通涂饰	允许少量轻微	符合要求	
				高级涂饰	不允许	—	
			砂眼、刷纹	普通涂饰	允许少量轻微砂眼、刷纹通顺	符合要求	
				高级涂饰	无砂眼、无刷纹	—	
			装饰线、分色线直线度	普通涂饰	2	0 1 1 0 1 1 2 0 2 1	
				高级涂饰	1		
	3	厚涂料涂饰质量允许偏差	颜色	普通涂饰	均匀一致	—	
				高级涂饰	均匀一致	—	
			泛碱、咬色	普通涂饰	允许少量轻微	—	
				高级涂饰	不允许	—	
			点状分布	普通涂饰	—	—	
				高级涂饰	疏密均匀	—	
	4	复层涂饰质量允许偏差	颜色		均匀一致	—	
			泛碱、咬色		不允许	—	
			喷点疏密程度		均匀、不允许连片	—	

施工单位检查评定结果	专业工长（施工员）	×××	施工班组长	×××
	主控项目全部合格，一般项目满足规范规定要求；检查评定合格 项目专业质量检查员：××× ××××年××月××日			
监理（建设）单位验收结论	验收合格 专业监理工程师：××× （建设单位项目专业技术负责人） ××××年××月××日			

表 7.12 石材幕墙工程检验批质量验收记录表

（主控项目）

GB 50210—2001

（Ⅰ）

<table>
<tr><td colspan="3">单位（子单位）工程名称</td><td colspan="3">××花园</td></tr>
<tr><td colspan="3">分部（子分部）工程名称</td><td>建筑装饰装修（幕墙）</td><td>验收部位</td><td>三层、四层、五层外墙</td></tr>
<tr><td colspan="3">施工单位</td><td>××建筑工程公司</td><td>项目经理</td><td>×××</td></tr>
<tr><td colspan="3">分包单位</td><td>××装饰工程公司</td><td>分包项目经理</td><td>×××</td></tr>
<tr><td colspan="3">施工执行标准名称及编号</td><td colspan="3">建筑装饰装修工程施工质量验收规范（GB 50210—2001）</td></tr>
<tr><td colspan="4">施工质量验收规范的规定</td><td>施工单位检查评定记录</td><td>监理（建设）单位验收记录</td></tr>
<tr><td rowspan="12">主控项目</td><td>1</td><td>材料质量</td><td>第 9.4.2 条</td><td>所用材料的品种，规格及各项性能指标均符合设计要求</td><td rowspan="12">符合要求</td></tr>
<tr><td>2</td><td>造型、分格、颜色、光泽、花纹、图案</td><td>第 9.4.3 条</td><td>观察，符合设计要求</td></tr>
<tr><td>3</td><td>石材孔、槽</td><td>第 9.4.4 条</td><td>石材孔，槽的数量、深度、位置及尺寸符合设计要求</td></tr>
<tr><td>4</td><td>预埋件和后置埋件</td><td>第 9.4.5 条</td><td>不锈钢预埋件、数量均符合设计要求</td></tr>
<tr><td>5</td><td>各种构件连接</td><td>第 9.4.6 条</td><td>各部位的连接牢固，连接方法符合设计要求</td></tr>
<tr><td>6</td><td>框架和连接件防腐</td><td>第 9.4.7 条</td><td>防腐处理符合设计要求</td></tr>
<tr><td>7</td><td>防雷装置</td><td>第 9.4.8 条</td><td>石材幕墙的防雷装置与主体结构防雷装置连接可靠</td></tr>
<tr><td>8</td><td>防火、保温、防潮材料</td><td>第 9.4.9 条</td><td>填充密实、均匀、厚度一致</td></tr>
<tr><td>9</td><td>结构变形缝、墙角连接点</td><td>第 9.4.10 条</td><td>连接节点应符合设计要求和技术标准的规定</td></tr>
<tr><td>10</td><td>表面和板缝处理</td><td>第 9.4.11 条</td><td>石材表面和板缝的处理符合设计要求</td></tr>
<tr><td>11</td><td>板缝注胶</td><td>第 9.4.12 条</td><td>饱满、密实、连续、均匀、无气泡，板缝宽度和厚度符合设计要求</td></tr>
<tr><td>12</td><td>防水</td><td>第 9.4.13 条</td><td>经淋水试验检查，无渗漏现象</td></tr>
<tr><td colspan="3" rowspan="2">施工单位检查评定结果</td><td colspan="3">专业工长（施工员） ××× 施工班组长 ×××</td></tr>
<tr><td colspan="3">主控项目、一般项目全合格，符合设计及施工质量验收规范要求

项目专业质量检查员：××× ××××年××月××日</td></tr>
<tr><td colspan="3">监理（建设）单位验收结论</td><td colspan="3">验收合格

专业监理工程师： ×××
（建设单位项目专业技术负责人） ××××年××月××日</td></tr>
</table>

表 7.13 石材幕墙工程检验批质量验收记录表

（一般项目）

GB 50210—2001

（II）

单位（子单位）工程名称	×× 花园		
分部（子分部）工程名称	建筑装饰装修（幕墙）	验收部位	三层、四层、五层外墙
施工单位	×× 建筑工程公司	项目经理	×××
分包单位	×× 装饰工程公司	分包项目经理	×××
施工执行标准名称及编号	建筑装饰装修工程施工质量验收规范（GB 50210—2001）		

施工质量验收规范的规定					施工单位检查评定记录										监理（建设）单位验收记录
一般项目	1	表面质量		第 9.4.14 条	表面平整、洁净、无污染、缺损和裂痕，颜色和花纹协调一致										符合要求
	2	压条		第 9.4.15 条	压条平直、洁净、接口严密、安装牢固										
	3	细部质量		第 9.4.16 条	接缝横平竖直、宽窄均匀										
	4	密封胶缝		第 9.4.17 条	胶缝横平竖直、深浅一致、宽窄均匀、光滑顺直										
	5	滴水线		第 9.4.18 条	滴水线、流水坡向正确、顺直										
	6	石材表面质量	裂痕、明显划伤和长度 >100 mm 的轻微划伤	不允许	符合要求										
			长度≤ 100 mm 的轻微划伤	≤ 8 条	符合要求										
			擦伤总面积	≤ 500 mm²	符合要求										
	7	安装允许偏差 mm	幕墙垂直度：幕墙高度≤ 30 m	10	3	3	1	5	2	4	4	1	4	3	
			幕墙垂直度：30 m< 幕墙高度≤ 60 m	15											
			幕墙垂直度：60 m< 幕墙高度≤ 90 m	20											
			幕墙垂直度：幕墙高度≤ 90 m	25											
			幕墙水平度	3	0	1	2	1	1	1	0	3	2	2	
			幕墙表面平整度	√光 2 麻 3	1	0	1	2	1	1	2	2	0	2	
			板材立面垂直度	3	1	3	2	2	0	2	2	1	3	2	
			板材上沿水平度	2	1	2	1	2	0	0	2	1	2	1	
			相邻板材板角错位	1	0	1	1	0	1	1	1	1	0	0	
			阳角方正	√光 2 麻 4	1	1	2	1	2	2	2	0	1	2	
			接缝直线度	√光 3 麻 4	2	0	0	2	0	1	1	2	1	3	
			接缝高底差	√光 1 麻 1	0	1	1	1	1	0	1	0	1	1	
			接缝宽度	√光 1 麻 2	1	0	1	1	1	0	1	1	0	0	

施工单位检查评定结果	专业工长（施工员）：××× 施工班组长：××× 主控项目、一般项目全合格，符合设计及施工质量验收规范要求 项目专业质量检查员：××× ×××× 年 ×× 月 ×× 日
监理（建设）单位验收结论	验收合格 专业监理工程师：××× （建设单位项目专业技术负责人） ×××× 年 ×× 月 ×× 日

7.4.4 屋面工程主要施工工艺流程

主体结构完成后，可进入屋面工程的施工。屋面工程指屋面结构层以外的施工内容，内有找平层、防水层、保温层、保护层、面层等，从底部向上逐层进行。

屋面分部工程相关检验批表见表 7.14。

表 7.14　卷材防水层检验批质量验收记录表

GB 50207—2002

<table>
<tr><td colspan="4">单位（子单位）工程名称</td><td colspan="11">×× 花园</td></tr>
<tr><td colspan="4">分部（子分部）工程名称</td><td colspan="6">建筑屋面（防水与密封）</td><td colspan="2">验收部位</td><td colspan="3">屋面防水层</td></tr>
<tr><td colspan="4">施工单位</td><td colspan="6">×× 建筑工程公司</td><td colspan="2">项目经理</td><td colspan="3">×××</td></tr>
<tr><td colspan="4">分包单位</td><td colspan="6">—</td><td colspan="2">分包项目经理</td><td colspan="3">—</td></tr>
<tr><td colspan="4">施工执行标准名称及编号</td><td colspan="11">屋面工程质量验收规范（GB 50207—2012）</td></tr>
<tr><td colspan="4">施工质量验收规范的规定</td><td colspan="10">施工单位检查评定记录</td><td>监理（建设）单位验收记录</td></tr>
<tr><td rowspan="3">主控项目</td><td>1</td><td>材料的质量</td><td>设计要求</td><td colspan="10">符合要求</td><td rowspan="3">符合要求</td></tr>
<tr><td>2</td><td>不得有渗漏和积水现象</td><td>第 6.2.11 条</td><td colspan="10">符合要求</td></tr>
<tr><td>3</td><td>细防水部构造要求</td><td>第 6.2.12 条</td><td colspan="10">符合要求</td></tr>
<tr><td rowspan="5">一般项目</td><td>1</td><td>搭接缝的工艺要求</td><td>第 6.2.13 条</td><td colspan="10">符合要求</td><td rowspan="5">符合要求</td></tr>
<tr><td>2</td><td>收头的工艺要求</td><td>第 6.2.14 条</td><td colspan="10">符合要求</td></tr>
<tr><td rowspan="2">3</td><td>卷材防水层的铺贴</td><td>第 6.2.15 条</td><td colspan="10">符合要求</td></tr>
<tr><td>卷材搭接宽度</td><td>-10 mm</td><td>-2</td><td>-4</td><td>-5</td><td>-10</td><td>-7</td><td>-6</td><td>-2</td><td>-3</td><td>-2</td><td>-4</td></tr>
<tr><td>4</td><td>屋面排气构造</td><td>第 6.2.16 条</td><td colspan="10">符合要求</td></tr>
<tr><td colspan="3" rowspan="2">施工单位检查评定结果</td><td>专业工长（施工员）</td><td colspan="5">×××</td><td colspan="5">施工班组长</td><td>×××</td></tr>
<tr><td colspan="12">主控项目全部合格，一般项目满足规范规定要求；检查评定合格

项目专业质量检查员：×××　　　　×××× 年 ×× 月 ×× 日</td></tr>
<tr><td colspan="3">监理（建设）单位验收结论</td><td colspan="12">验收合格

专业监理工程师：×××
（建设单位项目专业技术负责人）　　　　×××× 年 ×× 月 ×× 日</td></tr>
</table>

7.4.5 建筑给排水及采暖工程主要施工工艺流程

建筑给排水及采暖工程有室内给水系统、室内排水系统、卫生器具安装、室内采暖系统工程，一般情况下在基础、主体结构工程完成后才进入安装，与装饰装修工程同时作业，埋入地下的管首可在基础回填前和回填后安装，管道完成后须进行相关试水、试压等试验。可按一个设计系统或设备组别划分检验批。

建筑给排水及采暖分部工程相关检验批表见表 7.15 和表 7.16。

表 7.15　室外排水管沟及井池工程检验批质量验收记录表
GB 50242—2002

<table>
<tr><td colspan="3">单位（子单位）工程名称</td><td colspan="4">×× 花园</td></tr>
<tr><td colspan="3">分部（子分部）工程名称</td><td colspan="2">建筑给水排水及采暖（室外排水管网）</td><td>验收部位</td><td>室外</td></tr>
<tr><td colspan="3">施工单位</td><td colspan="2">×× 建筑工程公司</td><td>项目经理</td><td>×××</td></tr>
<tr><td colspan="3">分包单位</td><td colspan="2">—</td><td>分包项目经理</td><td>—</td></tr>
<tr><td colspan="3">施工执行标准名称及编号</td><td colspan="4">《建筑给水排水及采暖工程施工质量验收规范》GB 50242—2002</td></tr>
<tr><td colspan="4">施工质量验收规范规定</td><td colspan="2">施工单位检查评定记录</td><td>监理（建设）单位验收记录</td></tr>
<tr><td rowspan="2">主控项目</td><td>1</td><td>沟基的处理和井池的底板</td><td>设计要求</td><td colspan="2">设计要求</td><td rowspan="2">符合要求</td></tr>
<tr><td>2</td><td>检查井、化粪池的底板及进出口水管</td><td>设计要求</td><td colspan="2">共检查 10 处，最大值为 15 mm，最小值为 8 mm</td></tr>
<tr><td rowspan="3">一般项目</td><td>1</td><td>井池的规格，尺寸和位置砌筑、抹灰</td><td>第 10.3.3 条</td><td colspan="2">井、池的规格、尺寸以及砌筑和抹灰符合设计要求</td><td rowspan="2">符合要求</td></tr>
<tr><td>2</td><td>井盖标识、选用正确</td><td>第 10.3.4 条</td><td colspan="2">符合设计和质量验收规范要求</td></tr>
<tr><td></td><td></td><td></td><td colspan="2"></td><td></td></tr>
<tr><td colspan="3" rowspan="2">施工单位检查评定结果</td><td>专业（工长）施工员</td><td>×××</td><td>施工班组长</td><td>×××</td></tr>
<tr><td colspan="4">主控项目、一般项目全合格，符合设计及施工质量验收规范要求

项目专业质量检查员：×××　　　　××××年××月××日</td></tr>
<tr><td colspan="3">监理（建设）单位验收结论</td><td colspan="4">验收合格

监理工程师：　×××
（建设单位项目专业技术负责人）　　　　××××年××月××日</td></tr>
</table>

表 7.16 室内给水管道及配件安装工程检验批质量验收记录表

GB 50242—2002

单位（子单位）工程名称	×× 花园		
分部（子分部）工程名称	建筑给水排水及采暖（室内给水系统）	验收部位	十四层 J3L–1 管道系统立管及水平支管
施工单位	×× 建筑工程公司	项目经理	×××
分包单位	—	分包项目经理	—
施工执行标准名称及编号	《建筑给水排水及采暖工程施工质量验收规范》GB 50242—2002		

		施工质量验收规范规定		施工单位检查评定记录	监理（建设）单位验收记录
主控项目	1	给水管道水压试验	设计要求	按要求做了水压试验，有试验记录，结果合格	符合要求
	2	给水系统通水试验	第 4.2.2 条	已全数进行通水试验合格	
	3	生活给水系统管 冲洗和消毒	第 4.2.3 条	给水管道及系统消毒冲洗合格	
	4	直埋金属给水管道防腐	第 4.2.4 条	—	
一般项目	1	给排水管铺设的平行、垂直净距	第 4.2.5 条	经检查给排水管净距均符合要求	符合要求
	2	金属给水管道及管件焊接	第 4.2.6 条	—	
	3	给水水平管道坡度坡向	第 4.2.7 条	给水管坡向泄水装置的坡度符合要求	
	4	管道支、吊架	第 4.2.9 条	安装牢固，直径为 20 mm 的复合管间距为 2 m	
	5	水表安装	第 4.2.10 条	表前与阀门间距为 20 mm	

	序号	项目	管材	范围	允许偏差											监理（建设）单位验收记录
一般项目	6	水平管道纵、横方向弯曲允许偏差	钢管	每 m	1 mm											符合要求
				全长 25 m 以上	≯ 25 mm											
			塑料管复合管	每 m	1.5 mm	0	1	1	1	1	0	1	0	1	0	
				全长 25 m 以上	≯ 25 mm											
			铸铁管	每 m	2 mm											
				全长 25 m 以上	≯ 25 mm											
		立管垂直度允许偏差	钢管	每 m	3 mm											
				5 m 以上	≯ 8 mm											
			塑料管复合管	每 m	2 mm	1	1	1	1	1	2	1	2	1	1	
				5 m 以上	≯ 8 mm	0	2	1	2	4	5	7	4	5	2	
			铸铁管	每 m	3 mm											
				5 m 以上	≯ 10 mm											
		成排管段和成排阀门		在同一平面上的间距	3 mm	1	1	1	0	1	3	2	0	2	2	

施工单位检查评定结果	专业工长（施工员）	×××	施工班组长	×××
	主控项目、一般项目全合格，符合设计及施工质量验收规范要求 项目专业质量检查：×××　　　　×××× 年 ×× 月 ×× 日			
监理（建设）单位验收结论	验收合格 专业监理工程师：××× （建设单位项目专业技术负责人）　　　　×××× 年 ×× 月 ×× 日			

7.4.6 电气工程的施工工艺流程

电气工程有变配电室、供电干线、电气动力、电气照明安装、电源安装、防雷及接地安装等。电气工程在基础施工时需做好防雷接地安装，并在结构施工中利用结构钢筋做好接地，在砼楼板、剪力墙、柱施工中进行水平管线预埋，砌体施工时埋入墙面管线，待楼层进入装饰阶段后一并进行穿线、器具等的安装。电气工程完成后须进行相关测试。

电气分部工程相关检验批表见表 7.17 和表 7.18。

表 7.17　安装工程检验批质量验收记录表

（III）照明配电箱（盘）

GB 50303—2002

<table>
<tr><td colspan="4">单位（子单位）工程名称</td><td colspan="11">×× 花园</td></tr>
<tr><td colspan="4">分部（子分部）工程名称</td><td colspan="4">建筑电气（电气照明安装）</td><td colspan="4">验收部位</td><td colspan="3">一层至十二层楼层及暗装用户照明配电箱</td></tr>
<tr><td colspan="4">施工单位</td><td colspan="4">×× 建筑工程公司</td><td colspan="4">项目经理</td><td colspan="3">×××</td></tr>
<tr><td colspan="4">分包单位</td><td colspan="4">—</td><td colspan="4">分包项目经理</td><td colspan="3">—</td></tr>
<tr><td colspan="4">施工执行标准名称及编号</td><td colspan="11">《建筑电气工程施工质量验收规范》GB 50303—2002</td></tr>
<tr><td colspan="4">施工质量验收规范规定</td><td colspan="10">施工单位检查评定记录</td><td>监理（建设）单位验收记录</td></tr>
<tr><td rowspan="4">主控项目</td><td>1</td><td>金属框架的接地或接零</td><td>第 6.1.1 条</td><td colspan="10">符合要求</td><td rowspan="4">符合要求</td></tr>
<tr><td>2</td><td>电击保护和保护导体的截面积</td><td>第 6.1.2 条</td><td colspan="10">符合要求</td></tr>
<tr><td>3</td><td>箱（盘）间线路绝缘电阻值测试</td><td>第 6.1.6 条</td><td colspan="10">符合要求</td></tr>
<tr><td>4</td><td>箱（盘）内结线及开关动作</td><td>第 6.1.9 条</td><td colspan="10">符合要求</td></tr>
<tr><td rowspan="6">一般项目</td><td>1</td><td>箱（盘）内检查试验</td><td>第 6.2.4 条</td><td colspan="10">符合要求</td><td rowspan="6">符合要求</td></tr>
<tr><td>2</td><td>低压电器组合</td><td>第 6.2.5 条</td><td colspan="10">—</td></tr>
<tr><td>3</td><td>箱（盘）间配线</td><td>第 6.2.6 条</td><td colspan="10">符合要求</td></tr>
<tr><td>4</td><td>箱与其面板间可动部位的配线</td><td>第 6.2.7 条</td><td colspan="10">符合要求</td></tr>
<tr><td>5</td><td>箱（盘）安装位置、开孔、回路编号等</td><td>第 6.2.8 条</td><td colspan="10">符合要求</td></tr>
<tr><td>6</td><td>垂直度允许偏差</td><td>≤ 1.5‰</td><td>1‰</td><td>1‰</td><td>1‰</td><td>1‰</td><td>1‰</td><td>1‰</td><td>1‰</td><td>1‰</td><td>1‰</td><td>1‰</td></tr>
<tr><td colspan="3" rowspan="2">施工单位检查评定结果</td><td colspan="2">专业工长（施工员）</td><td colspan="4">×××</td><td colspan="5">施工班组长</td><td>×××</td></tr>
<tr><td colspan="12">主控项目全部合格，一般项目满足规范规定要求；检查评定合格
项目专业质量检查员：×××　　　　××××年××月××日</td></tr>
<tr><td colspan="3">监理（建设）单位验收结论</td><td colspan="12">验收合格
监理工程师：×××
（建设单位项目专业技术负责人）　　　　××××年××月××日</td></tr>
</table>

表 7.18　电缆桥架安装和桥架内电缆敷设检验批质量验收记录表
GB 50303—2002

<table>
<tr><td colspan="3">单位（子单位）工程名称</td><td colspan="5">××花园</td></tr>
<tr><td colspan="3">分部（子分部）工程名称</td><td colspan="2">建筑电气（电气动力）</td><td>验收部位</td><td colspan="2">一层、二层、三层电缆井内电缆桥架安装和桥架内电缆敷设</td></tr>
<tr><td colspan="3">施工单位</td><td colspan="2">××建筑工程公司</td><td>项目经理</td><td colspan="2">×××</td></tr>
<tr><td colspan="3">分包单位</td><td colspan="2">—</td><td>分包项目经理</td><td colspan="2">—</td></tr>
<tr><td colspan="3">施工执行标准名称及编号</td><td colspan="5">《建筑电气工程施工质量验收规范》GB 50303—2002</td></tr>
<tr><td colspan="4">施工质量验收规范的规定</td><td colspan="2">施工单位检查评定记录</td><td colspan="2">监理（建设）单位验收记录</td></tr>
<tr><td rowspan="2">主控项目</td><td>1</td><td>金属电缆支架、支架和引入、引出的金属导管的接地或接零</td><td>第 12.1.1 条</td><td colspan="2">符合要求</td><td colspan="2" rowspan="2">符合要求</td></tr>
<tr><td>2</td><td>电缆敷设检查</td><td>第 12.1.2 条</td><td colspan="2">符合要求</td></tr>
<tr><td rowspan="3">一般项目</td><td>1</td><td>电缆桥架检查</td><td>第 12.2.1 条</td><td colspan="2">符合要求</td><td colspan="2" rowspan="3">符合要求</td></tr>
<tr><td>2</td><td>桥架内电缆敷设和固定</td><td>第 12.2.2 条</td><td colspan="2">符合要求</td></tr>
<tr><td>3</td><td>电缆的首端、末端和分支处的标志牌</td><td>第 12.2.3 条</td><td colspan="2">符合要求</td></tr>
<tr><td colspan="3" rowspan="2">施工单位检查评定结果</td><td colspan="2">专业工长（施工员）</td><td>×××</td><td>施工班组长</td><td>×××</td></tr>
<tr><td colspan="5">主控项目全部合格，一般项目满足规范规定要求；检查评定合格

项目专业质量检查员：×××　　　　××××年××月××日</td></tr>
<tr><td colspan="3">监理（建设）单位验收结论</td><td colspan="5">验收合格

专业监理工程师：×××
（建设单位项目专业技术负责人）　　××××年××月××日</td></tr>
</table>

7.4.7 建筑节能工程的施工工艺流程

建筑节能工程可分为墙体节能、幕墙节能、门窗节能、屋面节能、地面节能、采暖节能、通风与空调节能、配电与照明节能等项。节能的各分项工程穿插于建筑各个分部工程中，从中分离出节能部分。

7.5 工序（检验批）报验

以钢筋绑扎、模板安装、拆模申请、模板拆除、混凝土浇筑、拆模完后的砼外观质量检验几个过程为例。

1. 钢筋绑扎报验

某项目三层楼板的梁板钢筋绑扎完成了，资料员将报验资料准备好，本次的报验资料组成有：

封面：报验申请表（这是用于办理审批手续）。

内附表：

（1）钢筋加工检验批质量验收记录表。

（2）钢筋安装工程检验批质量验收记录表。

（3）（钢筋工程）隐蔽工程验收记录。

（4）钢筋接头连接试验报告。

资料填写要真实，准确、规范，要符合设计图纸、现场实际，不能闭门造车。如：施工图纸上梁无弯曲钢筋，钢筋加工检验批质量验收记录表中对应该项就不能填写。钢筋连接接头试验报告是截取本检验批上的钢筋连接接头试件做的试验报告。在钢筋绑扎中，可以先抽取工人已制作好的几个接头截取下来，按规范规定的接头数量送试验室检测，这个检测很简单，可以随到随检，且马上就可以知道合格与否，及取得试验室出具的试验报告。若赶不及的，本报告可以延后再报送监理。

模板工程虽然不是建筑实体的组成部分，但在砼结构施工时确是影响质量的关键，所以要进行检验批验收。

模板工程的检验批分为两块，一块为模板制作安装检验批，一块为模板的拆除检验批。为什么要设模板拆除检验批呢，主要是考虑到模板拆模时的安全情况，模板必须在砼强度达到规范要求后，在项目技术负责人的同意下才可拆除。

2. 模板制作安装检验批的报验

封面：报验申请表（同样是以该表格打头）。

内附表：模板安装工程检验批质量验收记录表。

3. 拆模申请报验

封面：报验申请表。

内附表：① 混凝土（拆模用）试块检验报告；② 拆模令。

4. 模板拆除工程检验批的报验

封面：报验申请表

内附表：模板拆除工程检验批质量验收记录表。

5. 砼施工报验

封面：报验申请表。

内附表：

（1）混凝土施工检验批质量验收记录表。

（2）混凝土原材料及配合比设计检验批质量验收记录表。

（3）商品混凝土出厂质量证明。

6. 现浇砼结构外观质量报验

封面：报验申请表。

内附表：现浇结构外观及尺寸偏差检验批质量验收记录表。

工序报验单是每次报验时的封面，为施工单位向监理单位提交的工序验收申请，上面有施工单位项目经理签字和监理工程师审查意见，见表 7.19。

表 7.19 混凝土浇筑 报审 / 验表

工程名称：×× 花园　　　　编号：××

致：×× 工程监理有限公司（项目监理机构） 我方已完成 ×× 花园工程四层楼板砼浇筑 工作，现报上该工程报验申请表，请予以审查、验收 附件： 1．混凝土施工检验批质量验收记录表 2．混凝土原材料及配合比设计检验批记录 3．商品混凝土出厂质量证明 施工单位（盖章）：×× 建筑工程公司 项目经理（签字）：××× ×××× 年 ×× 月 ×× 日
审查、验收意见： 项目监理机构（盖章）：×× 工程监理有限公司 专业监理工程师（签字）：××× ×××× 年 ×× 月 ×× 日

注：本表一式二份，项目监理机构、施工单位各一份

7.6 工程竣工验收资料的收集、整理

7.6.1 开工准备阶段资料的收集、整理

根据第 3 章内容，工程开工前施工单位要配合建设单位办理施工报建、工程质量、安全监督申请，签订施工承包合同等工作，建立项目管理机构，进行现场布置、施工力量准备，组织专业人员熟悉图纸，完成由建设单位、监理单位组织的设计单位、施工单位四方参加的设计交底和图纸会审，编制施工组织设计和施工方案。

施工单位向建设单位索取施工许可证、地质勘察报告、图审合格书、施工图纸等，向监理单位报审施工单位管理机构、施工组织设计，提交开工报告申请开工。此阶段收集、整理的资料主要为竣工验收资料中的第二章：工程管理资料内容。

建筑工程必须在获得施工许可证后方可正式开工。

施工单位应整理好施工组织设计文件，以及与之一体的企业职能部门审批意见报告及向报审表，这两个报告是确定施工组织设计有效性的关键文件。

工程的施工组织设计、施工方案、开工报告须盖施工单位公章，其他资料可盖项目部章。资料中有项目经理签章需要的均须盖建造师执业章。

这一阶段还要注意收集原材料、半成品、成品出厂质量证明和试验报告。同时对于材料供应商的资质也要报监理审批，确定该供应商有这方面资质，以便保证材料合格。

开工前还须根据设计图纸采用的混凝土强度、砂浆强度、砌块类型等进行砼、砂浆配合比试验和材料检验，获得配合比设计报告。若为商品砼，则要收集供货合同和随车商品砼质量资料。要在项目施工之前将使用到的砂、石、水泥和混凝土等材料的出厂质量证明和试验报告尽快收集，水泥出厂质量证明之类的试验报告的试验结果出来比较迟，临时报告为 3 天强度，正式报告为 28 天强度。采用商品混凝土的供应单位要随车提供配合比通知单，且要进行验证，确保混凝土强度达到要求，28 天之后要求提供商品合格证。

根据合同条款，建设单位会给施工单位 4 ~ 6 套完整的施工蓝图，可先将一套图收起来作将来整理资料的竣工图。其他则用于施工，不够的可请设计院再晒图或复印成白图交给施工班组。

施工蓝图上必须盖有设计单位出图章、设计师执业章、图审机构图审章。

7.6.2 施工过程中各分部工程资料的收集、整理

各分部工程资料一般包括：① 设计交底、设计变更洽商记录；② 技术交底；③ 原材料、半成品、成品出厂质量证明和复试报告；④ 施工试验报告及见证记录；⑤ 施工记录；⑥ 测量复核及报验；⑦ 隐蔽工程验收记录；⑧ 检验批、分项、分部工程验收记录等。

在收集整理分部工程资料中应重点做好以下几点：

1．及时收集整理设计变更、洽商记录

设计变更、工程洽商是工程竣工图编制工作的重要依据，其内容的准确性和修改图号的明确性与否对竣工图绘制质量至关重要，因此强调两点要求：其一，应分专业办理；其二，应注明修改图纸的图号。若在后期施工中，出现对前期某一变更或其中某条款进行重新修改的情况，则必须在前期被修改条款上注明“作废”字样。设计变更通知必须是由原设计单位下达的，必须要有设计人员的签名和设计单位的印章，所以收集时应注意设计变更通知单需有建设（监理）单位和设计专业负责人签认方可有效。对各种设计变更，要将原件归档，并可用复印件传达给施工员、班组长，以便做好该部位的施工。

2．做好施工试验资料的收集、整理

施工前，应根据施工组织设计做好钢筋、水泥、砂、石等原材料试验计划方案，做好同条件养护试块留置方案及钢筋首焊试验（工艺检测）。在原材料送检中批量必须符合要求，混凝土批量及留置组数应符合规范和标准要求。进口材料和设备应有商检证明和中文版的质量证明文件、性能检测报告以及中文版的安装、使用、维修和试验要求等技术文件。

（1）材料的现场验证和复试

材料的现场验证：

材料进场后，首先进行现场验证。由施工单位质检员、监理工程师、见证员检查材料外观、规格、包装、合格证、证物相符、数量等是否符合要求，收集好材料合格证明、标牌，填写材料清单。如钢材料进场后要跟车提供钢材出厂合同证、质量证明、铭牌，现场检查钢筋直径，钢筋身上的标识与供货商提供的质量证明报告一致否，钢筋外观质量、钢筋直径等，现场检查后要根据内容填写材料进场记录。

材料的复试：

一些对工程质量、结构影响较大的材料如钢筋、水泥等原材料进场时要进行复试，即在其厂家出具的合格证明的基础上，进场时施工单位还应按规范要求取样送检测室检验。重点是水泥、钢筋、砂子、碎石、砖、外加剂等。若采用商品砼的，则不用再检测砼用的水泥、砂子、碎石。

如钢筋现场验证后要请钢筋班长按规范要求截取钢筋原材，汇同监理见证员送检，及时索取检测合格报告，以便现场确定本批钢材的合格使用。钢筋送检及截取试件的规定：每种规格每 60 T 为一验收批，不足 60 T 的亦为一批。每种规格取 5 根试件，两头切平，长不少于 50 cm，做抗弯、抗拉、最大力总伸长率和重量偏差检测。

水泥的检测按每批量少于 200 T 作为一验收批，合格后方可使用。当现场进来的水泥出厂时间超过三个月后，施工单位必须进行复试，并提供试验报告。

（2）试块的留置

项目一般留置的结构试块有砼试块和砂浆试块。

不论是现场搅拌砼还是商品砼，在浇筑点现场均须制作检验强度用的试块。砼强度试块的试模为 150×150×150 正方体，抗渗试块（用于有抗渗设计的地下室砼）为顶面直径为 175，底面直径为 185，高度为 150 的圆台体。混凝土强度等级试件每组 3 块，抗渗试块每组 6 块。

砼强度试块分为三种，一为标养试块，用于检验工程砼强度等级，墙柱、楼板每检验批均需留置。该试块在制作完成 2 d 内，要送试验室进行标准养护，待 28 d 龄期后试验室自行试压并出具结果报告。二为同养试块，同养试块按基础、主体每种强度任取 3~10 组，将制作好的试块放在其代表的工程部位上，该部分砼浇筑养护时也一并养护，即为同养。同养试块从制作的当日开始填写每日气候温度，待累计达到 600 ℃时（但是当施工地区温度特殊时，还应保证养护时间不能低于 14 d，不能高于 60 d），送试验室试压。第三种为拆模试块，即为拆模用的试块。该试块只留取楼板砼试块，一般在楼板砼浇筑完成即试块制作达到 7 天龄期后送试验室试压，视其强度达到规范规定的拆模强度与否，报送监理同意，有项目技术负责人下达该层楼板拆模令。该试块报告可随拆模令一同归类。

根据《建筑砂浆基本性能试验方法标准》JGJ/T 70—2009 规定，砂浆试块为砌筑砂浆的试块，用强度要求，试块尺寸 70.7×70.7×70.7，一组 3 个，一般每一层留一组即可。

试块在制作后约半天到一天的时间就可拆试模，用毛笔在试块上标明工程名称、试块代表的部分、浇筑时间、设计等级。

试块的评定。试块报告出来后，要按部分、强度等级进行评定，一个评定期的试块小于 10 组的按非统计法评定，超过 10 组的按统计法评定。砼试块中，标养试块和同养试块均须评定。

（3）钢筋连接接头检验

钢筋连接接头一般是指剪力墙、柱竖向钢筋的钢筋的连接，和楼板上梁受力钢筋的连接。钢筋的连接方式有绑扎连接、焊接连接和机械连接，而焊接、机械连接的接头质量须经试验室检测合格后方可定性为合格，那么在楼层钢筋绑扎过程中，可以将工人已连接好的接头截取下来，按规范规定的接头数量送试验室检测。按每种规格、每 300 个接头为一验收批取一组试件，一般施工中以一个检验批每种规格送一组即可，且梁板和墙柱要分开送样。

（4）工程试验

除了材料、试块（试件）的检测外，工程从开工到完工之间还有些其他的检验、试验，如桩基的静载和动测、铝窗的检测、给排水管道的检测、电气方面、防雷方面的检测等等，这些过程和结果的检测都很重要，要及早准备及时完成。

（5）见证取样

建筑工程材料、试件实行见证取样制，即材料现场验证后，施工方要在监理方人员见证下按规定提取一定数量的材料一同送到试验室进行检验，并完成见证取样记录。

施工过程质量检测试验项目见表 7.20。

施工工艺参数检测试验项目应由施工单位根据工艺特点及现场施工条件确定。

表 7.20　施工过程质量检测试验项目、主要检测试验参数和取样依据

<table>
<tr><th>序号</th><th>类别</th><th>检测试验项目</th><th>主要检测试验参数</th><th>取样依据</th><th>备 注</th></tr>
<tr><td rowspan="3">1</td><td rowspan="3">土方回填</td><td rowspan="2">土工击实</td><td>最大干密度</td><td rowspan="2">《土工试验方法标准》GB/T 50123</td><td rowspan="2"></td></tr>
<tr><td>最优含水率</td></tr>
<tr><td>压实程度</td><td>压实系数 *</td><td>《建筑地基基础设计规范》GB 50007</td><td></td></tr>
<tr><td rowspan="4">2</td><td rowspan="4">地基与基础</td><td>换填地基</td><td>压实系数 * 或承载力</td><td rowspan="2">《建筑地基处理技术规范》JGJ 79
《建筑地基基础工程施工质量验收规范》GB 50202</td><td rowspan="2"></td></tr>
<tr><td>加固地基、复合地基</td><td>承载力</td></tr>
<tr><td rowspan="2">桩基</td><td>承载力</td><td rowspan="2">《建筑桩基检测技术规范》JGJ 106</td><td></td></tr>
<tr><td>桩身完整性</td><td>钢桩除外</td></tr>
<tr><td rowspan="4">3</td><td rowspan="4">基坑支护</td><td>土钉墙</td><td>土钉抗拔力</td><td rowspan="4">《建筑基坑支护技术规程》JGJ 120</td><td></td></tr>
<tr><td rowspan="2">水泥土墙</td><td>墙身完整性</td><td></td></tr>
<tr><td>墙体强度</td><td>设计有要求时</td></tr>
<tr><td>锚杆、锚索</td><td>锁定力</td><td></td></tr>
</table>

续表 7.20

4	结构工程	钢筋连接	机械连接工艺检验*	抗拉强度	《钢筋机械连接通用技术规程》JGJ 107	
			机械连接现场检验			
			钢筋焊接工艺检验*	抗拉强度	《钢筋焊接及验收规程》JGJ 18	
				弯曲		适用于闪光对焊、气压焊接头
			闪光对焊	抗拉强度		
				弯曲		
			气压焊	抗拉强度		
				弯曲		适用于水平连接筋
			电弧焊、电渣压力焊、预埋件钢筋T形接头	抗拉强度		
			网片焊接	抗剪力		热轧带肋钢筋
				抗拉强度		冷轧带肋钢筋
				抗剪力		
		混凝土	混凝土配合比设计	工作性	《普通混凝土配合比设计规程》JGJ 55	指工作度、坍落度和坍落扩展度等
				强度等级		
			混凝土性能	标准养护试件强度	《混凝土结构工程施工质量验收规范》GB 50204《混凝土外加剂应用技术规范》GB 50119《建筑工程冬季施工规程》JGJ 104	
				同条件试件强度*（受冻临界、拆模、张拉、放张和临时负荷等）		同条件养护28d转标准养护28d试件强度和受冻临界强度试件按冬期施工相关要求增设，其他同条件试件根据施工需要留置
				同条件养护28d转标准养护28d试件强度		
				抗渗性能	《地下防水工程质量验收规范》GB 50208《混凝土结构工程施工质量验收规范》GB 50204	有抗渗要求时
		砌筑砂浆	砂浆配合比设计	强度等级	《砌筑砂浆配合比设计规程》JGJ 98	
				稠度		
			砂浆力学性能	标准养护试件强度	《砌体工程施工质量验收规范》GB 50203	
				同条件养护试件强度		冬期施工时增设
		钢结构	网架结构焊接球节点、螺栓球节点	承载力	《钢结构工程施工质量验收规范》GB 50205	安全等级一级、$L \geq 40$ m且设计有要求时
			焊缝质量	焊缝探伤		
		后锚固（植筋、锚栓）		抗拔承载力	《混凝土结构后锚固技术规程》JGJ 145	
5	装饰装修	饰面砖粘结		粘结强度	《建筑工程饰面砖粘结强度检验标准》JGJ 110	

注：带有“*”标志的检测试验项目或检测试验参数可由企业试验室试验，其他检测试验项目或检测试验参数的检测应符合相关规定

工程实体质量与使用功能检测内容见表 7.21。

表 7.21　工程实体质量与使用功能检测项目、主要检测参数和取样依据

<table>
<tr><th>序号</th><th>类别</th><th>检查项目</th><th>主要检测参数</th><th>取样依据</th></tr>
<tr><td rowspan="4">1</td><td rowspan="4">实体质量</td><td rowspan="2">混凝土结构</td><td>钢筋保护层厚度</td><td rowspan="2">《混凝土结构工程施工质量验收规范》GB 50204</td></tr>
<tr><td>结构实体检验用同条件养护试件强度</td></tr>
<tr><td rowspan="2">围护结构</td><td>外窗气密性能（适用于严寒、寒冷、夏热冬冷地区）</td><td rowspan="2">《建筑节能工程施工质量验收规范》GB 50411</td></tr>
<tr><td>外墙节能构造</td></tr>
<tr><td rowspan="14">2</td><td rowspan="14">使用功能</td><td rowspan="5">室内环境污染物</td><td>氡</td><td rowspan="5">《民用建筑工程室内环境污染控制规范》GB 50325</td></tr>
<tr><td>甲醛</td></tr>
<tr><td>苯</td></tr>
<tr><td>氨</td></tr>
<tr><td>TVOC</td></tr>
<tr><td rowspan="9">系统节能性能</td><td>室内温度</td><td rowspan="9">《建筑节能工程施工质量验收规范》GB 50411</td></tr>
<tr><td>供热系统室外管网的水力平衡度</td></tr>
<tr><td>供热系统的补水率</td></tr>
<tr><td>室外管网的热输送效率</td></tr>
<tr><td>各风口的风量</td></tr>
<tr><td>通风与空调系统的总风量</td></tr>
<tr><td>空调机组的水流量</td></tr>
<tr><td>空调系统冷热水、冷却水总流量</td></tr>
<tr><td>平均照度与照明功率密度</td></tr>
</table>

建筑节能检测内容见表 7.22。

表 7.22　建筑节能检测内容

序号	分项工程		检测项目	抽样频率	相关标准
1	墙体节能工程	原材料检验	保温隔热材料的导热系数、密度、抗压强度或压缩强度	同一厂家的同一种产品，当单位工程建筑面积在 20 000 m^2 以下时各抽查不少于 3 次；当单位工程建筑面积在 20 000 m^2 以上时各抽查不少于 6 次	《绝热材料稳态热阻及有关特性的测定防护热板法》GB 10294—88
		保温浆料	导热系数、干密度和压缩强度	采用相同材料、工艺和施工做法的墙面，每 500 ~ 1 000 m^2 面积划分为一个检验批，不足 500 m^2 也为一个检验批。每个检验批应抽样制作同条件养护试块不少于 3 组	
		墙体结构	传热系数	每一单位工程同一保温构造的墙面抽检一组	《建筑构件稳态热传递性质的测定标准和防护热箱法》GB /T 13475—92
			保温浆料的构造厚度	每一单位工程同一保温构造的墙面抽检三处	
2	屋面、地面节能工程		保温隔热材料的导热系数、密度、抗压强度或压缩强度	同一厂家同一品种的产品各抽查不少于 3 组	《绝热材料稳态热阻及有关特性的测定防护热板法》GB 10294—88
3	门窗节能工程		传热系数	同一厂家的同一类型的产品抽查不少于 3 樘（件）	《建筑外窗保温性能分级及检测方法》GB 8484—2002
			中空玻璃露点		
			玻璃遮阳系数		遮阳系数越小越好
			可见光透射比		可见光透射比越大越好
			气密性		
4	配电与照明节能工程		电缆、电线截面和每芯导体电阻值	同厂家各种规格总数的 10%，且不少于 2 个规格	《电缆绝缘和护套材料通用试验方法》GB 2951
5	通风与空调节能工程		风量	同一厂家的风机盘管机组按数量复验 2%，但不得少于 2 台	
			绝热材料的导热系数、密度、吸水率	同一厂家同材质的绝热材料复验次数不得少于 2 次	

3．做好施工记录和隐蔽工程验收记录

施工记录是对现场施工情况的真实反应，要如实填写。隐蔽工程验收记录即对隐蔽工程进行验收，并通过表格的方式将工程隐检项目的隐检内容、质量情况、检查意见、复查意见等记录下来，作为日后建筑工程的合理使用、维护、改造、扩建等所需的重要技术资料。施工试验合格是检验批（分项 / 分部）工程验收的前提条件。如钢筋连接试验报告是钢筋安装检验批验收的前提，混凝土试验报告是混凝土施工检验批验收的前提。所以施工试验记录要根据工程施工进度逐项进行和完成，以免遗漏，影响后续施工。隐蔽工程验收合格后方可进入下道工序施工。

凡未经隐蔽工程验收或验收不合格的工程，不得进入下道工序的施工。

4．做好检验批、分项、分部工程质量验收记录

检验批是工程验收的最小单位，是分项工程乃至整个建筑工程质量验收的基础，每完成一个检验批时，都要整理好相关资料报给监理工程师核定，并注意资料的时间性（各工序间有时间先后的关系），监理工程师现场核定、验收合格后才允许进入下道工序施工。

一个专业内容的检验批完成后汇总验收该分项工程验收。检验批中各项评定合格与否直接影响到分项工程乃至整个建筑工程质量验收。检验批中各个应检项目要填写齐全、不应漏填，如有预埋件部位的钢筋安装检验批中的预埋件项，有施工缝部位的混凝土施工检验批中的施工缝项。

分部工程的质量验收是在分项工程质量验收基础上进行的。除了对该分部工程中所含各分项工程进行评定外，还要检查该分部工程中所涉及的质量控制资料、安全和功能检验（检测）报告，对分部工程进行观感质量验收。分部工程验收单位由施工单位、勘察单位、设计单位、监理单位、建设单位五方共同组成，并有质检部门进行监督。

（1）分项工程所含检验批完成后，可组织分项工程验收。分项工程验收条件:

① 分项工程所含的检验批均应符合合格质量规定。

② 分项工程所含的检验批的质量验收记录应完整。

（2）分部工程所含分项工程完成后，可组织分部工程的验收。分部工程的验收条件:

① 所含分项工程质量均应合格;

② 质量控制资料应完整;

③ 分部工程中有关结构安全与功能的检测结果应符合设计及关规定;

④ 观感质量应符合要求

工程资料就这样由各个工序完成后，形成检验批验收，汇集成分项工程验收，再汇总分部工程验收一项项地收集整理、汇总而成，最后是归档装订。

5．做好技术交底

技术交底是使参与建筑施工的人员熟悉和了解工程项目和特点、设计意图和应注意的质量问题、质量标准的施工资料。技术交底分三级，由企业技术负责人、项目技术负责人（施工管理人员）、班组分别对项目管理人员、班组工人进行的交底，对保证工程质量起到至关重要的作用。技术交底必须满足设计和施工规范、标准、规程、工艺标准和质量验评标准的规定，所有技术交底资料均应列入工程技术档案。技术交底必须以书面形式进行，并有交底人和被交底人签字。

6．记录好施工日志

施工日志是项目在工程施工中所做的施工过程日记，是项目施工过程的真实写照，它是对工程施工的过程行为和技术资料实施追溯的一种索引，是施工管理中一种十分重要的质量记录，它的作用主要是在于便于日后的质量及安全追溯。

施工日志由现场值班技术人员记录。填写施工日志要注意: ① 因工程施工时间周期长，要逐日记载，不得后补，若工程施工期间有间断，应在日志中加以说明，可在停工最后一天或复工第一天进行描述; ② 施工记录不应是流水账，要有时间、天气情况、施工部位、机械作业及人员情况、工作内容、

检验内容、检查内容和其他与施工相关的内容等；③停水、停电一定要记录清楚起止时间，停水、停电时正在进行什么工作，是否造成损失。如连续下雨中断施工可在一页连续说明，而不必每页记录“下雨停工”。

7.6.3 竣工资料收尾阶段的整理

工程施工完成后要进行分户验收（每户一验）、节能验收、防雷验收、消防验收、人防验收、空气检测、水压试验、电气用具检测等等，完成各分部以及最终的安全和功能检测。所有项目完成后便可迎来工程的验收。

一个工程完成后，在收集整理好各个分部工程资料后，就要进入竣工资料整理。

（1）施工单位出具《工程竣工报告》，向监理机构和建设单位报告工程已完成，要求进入竣工验收程序，并提供全套施工技术资料交监理机构核查。监理机构核查技术资料和工程实体，认为技术资料基本齐全、整理有序，工程实体已按设计、按合同要求完成后，交由建设单位在《工程竣工报告》上签章，签章后，工程进入竣工验收阶段

（2）收集监理、设计、勘察三方分别出具的竣工验收报告资料。

（3）收集单位（子单位）工程质量竣工验收记录：汇总表，工程质量主要控制资料核查记录、安全和功能检验资料核查及主要功能抽查记录，观感检查记录，实测实量记录等。

（4）编制竣工图。其方法是在原图上编制和重新绘制竣工图。凡是利用原图编制竣工图的，图面必须达到八成新以上，无油污、无磨损、图字清晰，并在显示标题栏的页面空白处加盖竣工图章后方可作为竣工图，竣工图编制人、技术负责人应逐张签字。同时现场监理工程师及总监理工程师亦签字方可归档。对结构、形式、工艺发生重大变化的，由施工单位按照实际情况绘制竣工图。设计变化不大的，施工单位可将变更部分修改在原施工图上，加盖竣工图章后作为竣工图。对于工程变化较大的一定要重新绘制竣工图，对结构件和门窗重新编号。竣工图绘制后要请建设单位建筑监理人员在图签栏内签字，并加盖竣工图章。竣工图是其他竣工资料的纲领性总图，一定要如实地反映工程实况。

习题

7.1 现浇混凝土结构试件的留置有哪些要求？写出混凝土抗压强度（标准养护和同条件养护）的试块留置、送检及养护条件。

7.2 砌筑砂浆试块的留置有何规定，试块尺寸多少？

7.3 楼板拆模应满足什么条件？

7.4 一个统计期内的C30混凝土试件抗压强度分别为：36.2、34.3、35.0、35.5、37.2、36.1、33.6、35.7、31.5、34.4、36.3、37.6、36.9，请对该批混凝土强度进行评定。（提示：$S_{f_{cu}}=1.609$）

7.5 什么是隐蔽验收？建筑工程哪些部位或工序须进行隐蔽验收？

7.6 质量证明文件若为复印件，应如何处理才能符合资料归档要求？

7.7 建筑工程有哪几个分部工程？其中土建工程包含哪几个分部？建筑设备工程包含哪几个分部？

7.8 《海南省建筑工程竣工验收资料》（2012版）对资料的收集分几个章节，分别是什么内容？

参考文献

[1] 陈光 . 资料员岗位实务知识 [M]. 北京：中国建筑工业出版社，2007.

[2] 李光 . 建筑工程资料管理实训 [M].2 版 . 北京：中国建筑工业出版社，2013.

[3] 海南省建设工程质量安全监督管理局 . 海南省建筑工程竣工验收资料（2012 版）[M]. 海口：海南出版社，2012.

[4] 中国建设监理协会 . 建设工程监理规范（GB/T 50319—2013）应用指南 [M]. 北京：中国建筑工业出版社，2013.

[5] 建设部城建档案工作办公室 . 建设工程文件归档整理规范（GB/T 50328—2001）[M]. 北京：中国建筑工业出版社，2002.